国家级教学成果奖
“十二五”普通高等教育本科国家级规划教材

U1020416

中国人民大学会计系列教材

会计学

（第7版·立体化数字教材版）

主编　徐经长　孙蔓莉　周　华

中国人民大学出版社
· 北京 ·

总　序

中国人民大学会计系列教材（简称“系列教材”）自 1993 年推出至今，已 30 多年。这期间我国经济高速发展，会计制度与会计准则发生巨大变化，大学会计教育无论规模还是质量都有了长足进步。回顾 30 年的发展历程，系列教材中每一本的每一版，都在努力适应会计环境和教育环境的变化，尽可能满足高校会计教学的需要。

系列教材第 1 版是由我国当时的重大会计改革催生的。编写时关注两个重点：一是适应我国会计制度的变化，遵循 1992 年颁布的“两则两制”的要求；二是教材之间尽可能避免内容重复。系列教材包括：《初级会计学》《财务会计学》《成本会计学》《经营决策会计学》《责任会计学》《高级会计学》《财务管理学》《审计学》《计算机会计学》。

自 1997 年 10 月起，系列教材陆续推出第 2 版。为适应各院校的课程开设需要，将《经营决策会计学》与《责任会计学》合并为《管理会计学》。

自 2001 年 11 月起，系列教材陆续推出第 3 版。根据修订的《中华人民共和国会计法》、国务院颁布的《企业财务会计报告条例》、财政部颁布和修订的企业具体会计准则以及财政部颁布的《企业会计制度》等对教材内容进行修订。

自 2006 年 7 月起，系列教材陆续推出第 4 版。进一步修订了教材与 2007 年 1 月 1 日起施行的企业会计准则和中国注册会计师审计准则之间的不协调之处，并将《计算机会计学》更名为《会计信息系统》。

自 2009 年 6 月起，系列教材陆续推出第 5 版。对《高级会计学》《财务管理学》《财务会计学》等的框架结构做了较大调整，新增《会计学（非专业用）》一书。

自 2012 年 6 月起，系列教材陆续推出第 6 版。针对教育部强化本科教育实务性、应用性的要求，新增“简明版”和“模拟实训”两个子系列，并为《初级会计学》和《成本会计学》配备实训手册。

自 2014 年 4 月起，系列教材陆续推出第 7 版。深入阐释了财政部自 2014 年 1 月起发布或修订的多个会计准则，并新增《财务报表分析》一书。

自 2017 年 8 月起，系列教材陆续推出第 8 版。体现了营改增、会计准则、增值税税率变化等最新动态，并新增《政府与非营利组织会计》，在“简明版”中新增《会计学》《中级财务会计》。为适应数字化对教学的影响，《财务会计学》率先推出“立体化数字教材版”。

自 2020 年 11 月起，系列教材陆续推出第 9 版。根据《高等学校课程思政建设指导纲要》对教材的要求，以及数字时代线上线下教学相结合的特点，着力打造立体化数字教材，并重点体现课程思政等内容。

2023 年是“中国人民大学会计系列教材”出版 30 周年，系列教材陆续推出第 10 版。将党的二十大精神融入教材内容，并开始第二轮立体化数字教材的升级工作，为主要教材配套双题库（主教材和学习指导书），以方便教学。

至此，系列教材围绕核心课程，形成了如下课程体系：

主教材 （11 本）	学习指导书 （7 本）	模拟实训 （5 本）	简明版 （7 本）
《会计学》	√		《会计学》
《基础会计（原初级会计学》	√	√	
《财务会计学》	√	√	《中级财务会计》
《财务管理学》	√	√	《财务管理》
《成本会计学》	√	√	《成本与管理会计》
《管理会计学》	√	√	
《审计学》			
《会计信息系统》			《会计电算化》
《高级会计学》	√		
《财务报表分析》			
《政府与非营利组织会计》			《政府会计》
			《会计专业英语》

系列教材在 30 多年的出版历程中，以高品质荣获众多奖项，并多次入选国家级规划教材。2001 年，系列教材入选由教育部评选的“经济类、管理类专业和法学专业部分主干课程推荐教材”；2003 年，系列教材入选“普通高等教育‘十五’国家级规划教材”；2005 年，系列教材以“精心组织，持续探索，打造跨世纪会计精品教材（教材）”荣获“第五届高等教育国家级教学成果奖二等奖”；2008 年，系列教材入选“普通高等教育‘十一五’国家级规划教材”，其中《会计信息系统》被教育部评为 2008 年度普通高等教育精品教材，《审计学》被评为 2009 年度普通高等教育精品教材，《财务管理》被评为 2011 年度普通高等教育精品教材；2012 年，系列教材入选“‘十二五’普通高等教育本科国家级规划教材”；2014 年，系列教材以“以立体化教材建设支撑会计学专业教学改革（教材）”荣获“2014 年国家级教学成果奖（高教类）二等奖”。

《高等学校课程思政建设指导纲要》指出，培养什么人、怎样培养人、为谁培养人是教育的根本问题，立德树人成效是检验高校一切工作的根本标准。具体到会计学专业，在会计准则国际趋同的大背景下，要着力培养既能立足祖国大地又有国际视野的时代新人。基于此，系列教材积极融入习近平新时代中国特色社会主义思想，深刻把握会计学专业学生培养目标，积极应对数字化对教学的冲击和挑战，更加重视学生的长远发展，注重培养学生的基本素质和能力，尤其是培养学生发现问题、分析问题和解决问题的能力。

系列教材是在我国著名会计学家阎达五教授等老一辈会计学者的精心呵护下诞生，在广大兄弟院校的大力支持下逐渐成长的。我们衷心希望系列教材能够继续得到大家的认可，也诚恳地希望大家多提改进建议，以便我们在今后的修订中不断完善。

中国人民大学会计系

前 言

《会计学》作为中国人民大学会计系列教材之一，自2010年出版发行以来，一直受到理论界和实务界同仁的广泛关注。其间，该教材获评“十二五”普通高等教育本科国家级规划教材，并与系列教材中的其他教材一起获得国家级教学成果奖。很多院校将该教材用作商学院或经济管理学院本科生学科基础课的指定用书；也有很多院校将该教材用作财政学、金融学、税收学、经济学、人力资源管理、国民经济管理、农林经济管理等相关学科专业选修课的必备教材；很多老师将该教材带到了MBA、EMBA的课堂上，用作会计学课程的学习用书；也有很多老师将该教材用作企业高管培训必备的案头读物。本书的广泛使用赋予我们不断修订、持续完善的责任和动力。

2017年财政部陆续发布了修订后的《企业会计准则第22号——金融工具确认和计量》《企业会计准则第23号——金融资产转移》《企业会计准则第24号——套期会计》《企业会计准则第37号——金融工具列报》《企业会计准则第16号——政府补助》《企业会计准则第14号——收入》，其间还发布了《企业会计准则第42号——持有待售的非流动资产、处置组和终止经营》，2018年财政部又发布了修订后的《企业会计准则第21号——租赁》，2019年财政部、国家税务总局、海关总署联合发布《关于深化增值税改革有关政策的公告》。为了及时反映上述企业会计准则修订和相关税收政策发布对会计工作和会计教学的最新要求，我们自2018年初开始对本教材进行了持续的更新和修订，先后出版了第4版、第5版和第6版。

近年来，会计学教学和其他专业课教学一样，需要不断适应课程思政、信息技术等教学内容和教学手段变革的要求，为此，我们在第6版的基础上，修订出版了第7版。本次修订主要涉及三个方面的内容：

一是在各章的教学内容中融入了课程思政的要求。课程思政是以构建全员、全程、全课程育人格局的形式将各类课程与思想政治理论课同向同行，形成协同效应，把“立德树人”作为教育根本任务的一种综合教育理念，会计教材的编写和会计课程的学习自然也要全面贯彻这一理念。本次修订遵循“立德树人”这一根本宗旨，采用显性（专栏）和隐性相结合的方式，并通过二维码链接了大量拓展性的学习资料，引导当代大学生树立正确的国家观、民族观、历史观和文化观，将课程思政融入具体的会计专业知识的讲授中，着力打造学生在中国经济高质量发展中“守正创新”的品格，着力培养学生在中国式现代化建设中会计管理的能力。

二是为每章立体化的教学资源补充了即测即评。立体化的教学资源建设是未来包括会计教学在内的各专业教学改革的方向，它是大数据和人工智能等新兴技术发展对会计教学变革提出的必然要求。立体化教学资源建设要求教学资源在传统的教材之外作更深更广的拓展和延伸，包括录制与教材相配套的音频和视频、适时的在线答疑、课后的自我测试等。本次修订为每章增加了课后即测即评，具体包括判断题、单项选择题和多项选择题三种客观题，让学生在学习完每章的内容之后能够便捷地进行自我测试和自我检查；同时每道自测题都标注了对应的知识点和难易程度，并附有详细的解析，便于学生把握每章的重难点，提高学习效率。这些即测即评加上每章后的主观题、学习指导书上的客观题和主观题，组成了本书重要的教辅资源——题库。广大一线教师可利用在线组卷系统，根据教学进度布置作业，自动或手动生成单元测、期中测、期末测等难易程度不同的测试卷，方便教师做好过程考核。

题库使用教程

网页版题库（tk. rdyc. cn）还支持无限次在线随堂测、期中期末组卷并导出，教师用手机号加验证码登录即可使用。具体使用详情见二维码。

三是对部分章节的教学内容作了删繁就简的处理。本教材第6版已经全面反映了近年我国企业会计准则在与国际财务报告准则持续趋同背景下最新修订的内容，但是根据兄弟院校的老师和学生使用本教材后反馈的情况看，本教材还存在一些表述烦琐、不太适合教学的内容，本次修订对这些内容作了进一步的精简。同时，对于第6版中一些不够准确的表述以及校对方面的问题，本次一并进行了修改和校正。

在本次修订过程中，中国人民大学出版社陈永凤编辑付出了辛勤的劳动，确保了本次修订的质量，谨向她表示衷心的感谢！

本次修订的分工为：第1，2章：孙蔓莉；第3，4，10，11，12，13章：周华；第5，6，7，8，9章：徐经长。由于编者水平有限，本书仍然存在很多不足之处，敬请广大读者批评指正。

目　录

第 1 章 Chapter 1 总 论

素养提升

1. 结合社会主义核心价值观中“公正”和“法治”的要求，掌握会计法规构成。学习《中华人民共和国会计法》第一章，了解《中华人民共和国证券法》和《中华人民共和国刑法》中针对会计虚假陈述的处罚规定。

2. 从社会主义核心价值观“敬业”和“诚信”出发，理解会计职业道德的要求。

学习目标

1. 掌握：会计基本假设和基本质量特征的含义；三种公司组织形式及财务会计报告特点；会计职业道德的重要意义。

2. 理解：会计信息的主要使用者及其会计信息需求；资产负债表、利润表、现金流量表的主要构成内容。

3. 了解：会计与经济环境的关系；会计法规体系；会计职业发展机会。

1.1 会计概述

在系统学习会计理论和方法之前，我们有必要清晰地认识会计的起源和本质。会计学作为一门社会科学，是在人类的生产实践和经济发展达到一定程度之后，应对经济环境的需要而产生和不断发展的。会计的根本目的是为经济发展和社会进步服务，一旦经济、社会环境发生重大变革，会计的理论和规则也必然随之变化。

1.1.1 会计与经济环境的关系

1. 经济环境决定会计的产生和发展

影响会计学科发展的环境因素很多，诸如经济、政治、法律、社会文化、教育等，而经济环境始终是最复杂、最重要的决定性因素。

在生产力极其低下的原始社会，物质极度缺乏，私有制尚未萌芽，客观上不需要对经济活动的进程和成果进行核算，因此也就不存在会计。

当人类社会进入到奴隶社会和封建社会时期，生产力的发展取得了实质性的进步，私有制逐步兴盛，奴隶主庄园和地主庄园成为经济的基本组织形式和基本经济单位，庄园产品自给自足，属于典型的自然经济。奴隶主和地主为了管理和控制自己的财产，设立账目，记录进出仓库的生产资料和消费品的种类和数量，并在此基础上产生了会计的雏形——单式簿记。同一时期，国家出于财政管理的需要，也采用了这一记账形式。在我国，西周时期设立了最早的会计职位“司会”，专职政府财政收支的会计核算。在单式簿记中，会计记录以流水账为主，采用序时记录的方式记录经济活动，并佐以文字解释和说明，类似于现代的日记账，且每一笔业务中均包含时间、内容、数量和计量单位等基本要素。随着封建社会的发展，商品流通日益频繁，人们又在序时账的基础上发明了类似于分类账性质的总账，并根据具体业务特点增加了专门体现借贷往来和不同业务地点的明细记录，进一步提高了经济管理的效率和效果。

经济环境在资本主义阶段发生了根本性的变化。在资本主义发展前期，由自然经济形态向商品经济形态演进，商业和金融业兴起。13世纪佛罗伦萨银行业繁盛。银行的主要业务为银钱往来，其每一笔经济业务的账务记录都必然涉及借款方和贷款方。由此形成了复式簿记思想的开端，银行信贷业务的风行逐渐引领单式簿记向复式簿记转变。在此基础上，1494年数学家卢卡·帕乔利出版了《算术、几何、比及比例概要》，写下了包括复式簿记在内的《簿记论》，从此，簿记学乃至会计学才诞生并成为一门独立的科学。

资本主义社会的核心观念是对私有财产的占有与保护，并以法律的形式予以规定。由私人控制的公司经济成为资本主义社会的基础，市场经济的本质表现为产权经济。所有的法律制度和经济管理制度都是以维护产权为核心内容。《簿记论》将产权与经济记录连接起来，明确了簿记在落实产权方面的基础性作用，使得经济记录对于产权保护的作用日益彰显。《簿记论》围绕商业经济与财产权益问题，揭示了在资本、资产、负债、损益各要素之间客观上存在的借贷平衡关系，并把数学中的平衡法则与平衡原理应用于复式簿记的定期结算，使其沿着对应转账的路径，顺理成章地走向试算平衡，最终把考核的重点落实到业主权益方面，从而集中体现了簿记或会计对于产权的反映与控制。①

19世纪末，英国持久的工业革命促使簿记学完成了向近代会计学的转变。

---

① 郭道扬．会计史研究．北京：中国财政经济出版社，2008：267.

在工业革命时期，机器大工业时代到来，股份制企业成为近代市场经济的基本单元，古老的意大利复式簿记已无法满足经济管理的需要。按照英国的公司法，为了适应股份公司所有权与经营权分离的管理要求，公司必须向外部股东提供会计报告，并且需要经过专业人员审计。在会计方面，开始注重账簿记录的公允性，提出了会计基本等式以及持续经营、折旧、资产估价和收益计量等相关概念和原则，试图更为精确地计量工业企业的产品成本，为 20 世纪初进入现代会计发展阶段创造了条件。

进入 20 世纪后，尤其是第二次世界大战以后，科技革命导致新兴工业部门崛起，新产品不断涌现，市场经济极大繁荣，劳动生产率提高，产量增加，成本下降。发达国家出现了大规模兼并运动，产生了许多多元化经营的联合企业。以金融企业为核心的垄断集团，使经济业务日益多样化、复杂化，对会计理论和方法提出了更高的要求。随着经济条件的变化，现代会计学在研究思想、研究领域方面也在不断地进步和拓展。会计理论与会计实务紧密结合，建立了比较完善的成本会计、管理会计、审计理论和方法体系，确立了人力资源会计和社会责任会计等新的研究方向，成立了注册会计师协会等职业组织，形成了各种不同的会计教育构成的会计教育体系。

由世界会计学科和实务发展的历史可见，会计产生于记录、核算、报告生产实践和经济活动的客观需求，并且将随着这种需求的变化而不断成熟和完善。

2. 我国当前的经济环境与会计改革

1949 年新中国成立以后，鉴于当时的政治形势和国际经济往来情况，我国的会计理论与实务方法在很大程度上学习和借鉴了苏联的模式。改革开放以后，我国大力发展经济，与全球经济往来渐趋紧密，而当时我国的会计体系与西方国家截然不同，西方国家的人士难以读懂按照我国会计制度所编制的企业会计报表，无法实现中外企业对话，极大地阻碍了对外贸易和资本流动。为了消除这一障碍，1992 年，经国务院批准，财政部决定与国际会计标准和惯例接轨，陆续发布了以国际会计准则为主要参照的《企业会计准则》和一系列具体会计准则。为了便于企业的具体会计工作，2001 年财政部又颁布了《企业会计制度》。

1992 年的会计准则体系虽然在很大程度上解决了中外企业会计信息的相通问题，但是该会计准则体系非常强调中国特色，而且这些特色遍布于会计准则的各个方面。这套会计准则的突出优点是符合我国社会主义初级阶段企业的组织和治理特点，便于企业实施，有一定的合理性；缺点是与国际通行的会计标准和惯例存在分歧和差异。

随着经济快速市场化和国际化，尤其是我国加入世界贸易组织（WTO）后对外贸易的扩大以及随之而来的外贸争端，我国越来越多的企业参与海外上市和海外并购，民营经济加速发展与转型，商业银行改革和外汇改革渐次展开，金融全球化、融资证券化和金融创新迅速发展，这些都对会计信息提出了更高的要求，也使得会计准则的重要性日益突出。然而，中外会计准则的差异性直接影响了国际投资者对我国企业财务报告信息的认同。在经济领域，利益相关者迫切要求我国会计准则与国际财务报告准则趋同。

经过多年的发展，我国企业内外部环境也发生了巨大变化。公司治理结构逐步建立和完备，普遍实行了独立董事制度，明确了注册会计师的法律责任，涌现和培育了大量机构投资者。这些措施为上市公司构筑了多道“防火墙”。同时，投资者已充分具备风险意识和投资理念，市场监管进一步加强，不断出台新的法律法规，资本市场正在步入良性发展轨道，具备了向国际市场提高开放程度的基本条件。

上述经济环境的变化使得我国会计准则的重心发生重大转移——从过去简单地规范会计行为转向为范围广阔的市场经济发展和国际经贸合作服务。顺应我国经济快速市场化和国际化的需要，2006年2月15日，财政部发布了包括1项基本准则和38项具体准则在内的新企业会计准则体系，作为企业会计工作的唯一标准。新会计准则的指导思想是与国际财务报告准则趋同，最大限度缩小中外会计标准的差异，获得了国际会计准则委员会的认可。相比旧会计准则，新会计准则建立起了更为完善的会计要素确认、计量和报告标准，在会计计量、企业合并、金融工具会计等方面实现了质的飞跃和突破，对促进我国资本市场发展、优化资源配置、提高对外开放水平和加速融入全球经济都具有重要意义。

2006年颁布的会计准则体系由1项基本准则、38项具体准则和相关应用指南构成，自2007年1月1日起在上市公司施行。2014年新增和修订了8项具体准则。① 2017年再次修订和印发7项具体准则。② 2018年修订了租赁准则。2019年修订了非货币性资产交换准则和债务重组准则。《企业会计准则——基本准则》是具体准则的制定依据，主要规范了财务报告目标、会计基本假设、会计基础、会计信息质量要求、会计要素及其确认与计量原则、财务报告等内容。具体准则和应用指南涵盖了目前各类企业各项经济交易或事项的会计处理。具体准则分为一般业务准则、特殊业务准则和报告类准则，主要规范了各项具体业务事项的确认、计量和报告，具体内容包括：存货，长期股权投资，投资性房地产，固定资产，生物资产，无形资产，非货币性资产交换，资产减值，职工薪酬，企业年金基金，股份支付，债务重组，或有事项，收入，建造合同，政府补助，借款费用，所得税，外币折算，企业合并，租赁，金融工具确认和计量，金融资产转移，套期会计，原保险合同，再保险合同，石油天然气开采，会计政策、会计估计变更和差错更正，资产负债表日后事项，财务报表列报，现金流量表，中期财务报告，合并财务报表，每股收益，分部报告，关联方披露，金融工具列报，首次执行企业会计准则，公允价值计量，合营安排，其他主体中权益的披露，以及持有待售的非流动资产、处置组和终止经营。应用指南是对具体准则相关条款的细化及为其重点难点内容提供的操作性规定。另外，在新会计准则实施后，财政

---

① 2014年，财政部先后发布了财务报表列报（修订），公允价值计量，职工薪酬（修订），合并财务报表（修订），合营安排，长期股权投资（修订），在其他主体中权益的披露，金融工具列报（修订）8项会计准则。

② 2017年，财政部先后发布了金融工具确认和计量（修订），金融资产转移（修订），套期会计（修订），金融工具列报（修订），持有待售的非流动资产、处置组和终止经营，政府补助（修订）和收入（修订）7项会计准则。执行修订后收入准则的企业将不再执行建造合同准则。

部还就实务中遇到的实际问题随时印发解释公告，作为准则规定的补充和解释。

1.1.2　会计信息的使用者和需求

长久以来，会计信息一直被誉为“商业语言”。有些人认为，会计是一个专业性很强的领域，只有受过相关专业教育的人才能够接触和使用会计工具。然而实际生活中，会计是无处不在的，我们经常看到的“成本”“收入”“利润”“资产”“负债”等都是会计的基本术语。在现代经济社会中，几乎所有的个人和单位都会主动或被动地卷入经济活动中，没有哪一种经济活动不需要记录和核算，因此也就都离不开会计。

从企业的角度考察，当今的企业数量增长迅猛，规模和结构趋于庞大和复杂。企业需要寻求供应商和客户，银行需要决定贷款对象，投资者需要比较不同企业，政府需要核查企业纳税和监管。而这些经济决策的制定都以系统获取企业信息为基本前提。企业会计工作的最终产品——财务报告就是企业信息的最主要来源之一。

企业提供会计信息的目的正是有助于决策者了解企业的经营情况和制定经济决策。即如前述观点，企业的会计工作是为了满足决策者的信息需求，是为经济管理服务，而非为会计而会计。所以，编制财务报告并不是企业会计工作的根本目的，它只是为信息使用者服务的一种手段和方式。会计人员在将经济业务按照一定的会计规则加工和转换为财务报告之前，必须明确两个问题：第一，谁是会计信息使用者；第二，会计信息使用者的信息需求是什么。只有按照经济运行的需求来编制财务报告和管理会计工作，才能使会计信息对决策有用。

从总体上说，所有可能或已经从事企业相关经济活动的个人或单位都是会计信息的使用者。例如，持有企业股票的投资者、企业产品的消费者、企业生产原料的供应商、企业的开户银行等。我们不可能将所有的会计信息使用者都列示出来，最主要的会计信息使用者有如下几类。

1. 投资者

投资者本身可以是个人投资者，也可以是机构投资者①。企业在经营过程中可以请求已有投资者追加投资或引入新的投资者。符合一定条件的企业则可以在资本市场上发行股票或债券。公司股票和债券是当前投资者最主要的投资对象之一。投资行为的出发点是取得投资收益，投资者最关心的是权益的风险，投资是否能够增值，能够有多大的投资收益，这些决定了投资者的投资决策。因此投资者关注投资对象获取利润的潜力和持续性。理性的投资者作出新增投资或转让投资决策前，需要利用企业的会计信息，分析和预测投资这家企业的未来收益和风

① 机构投资者从广义上讲，是指用自有资金或者从分散的公众手中筹集的资金专门进行有价证券投资活动的法人机构。在中国，机构投资者目前主要是具有证券自营业务资格的证券经营机构以及符合国家有关政策法规的基金公司等。

险程度，与其他企业相比较，并综合考虑宏观经济趋势等其他因素。投资者还可以根据财务数据，如盈利数据，评价现有企业管理层的管理效果，从而维持或改组现有管理层。所以，在市场经济条件下，需要会计信息的首先是企业的投资者和潜在的投资者。在我国，投资者表现出以下特征：第一，大多数上市公司仍然属于国有控股企业，国家是企业最大的投资者；第二，在社会公众股股东中，大多数是分散的个人或者小股东，他们中的绝大部分对财务信息的理解能力仍极为有限，大多数人仅仅利用个别财务指标进行投资决策，缺乏综合的财务信息分析能力；第三，机构投资者还处于初创阶段，专业财务分析师队伍有待培育和发展。在发达国家证券市场中机构投资者居多，这些机构投资者经验丰富，注重长远目标，对财务报告内容和质量要求较高。

2. 政府机构

政府机构承担着对社会经济的宏观调控职能和对企业的征税及监管职能。为了保证这些职能的实施，提高社会资源的配置效率，政府及其各职能部门需要定期获得企业的会计信息。例如，企业每期须以财务报表为基础，按照税法要求调整后，向税务机关申报纳税；国有企业需向国资委报送财务报表，说明国有资产的保值增值情况；股份公司为了申请上市或发行债券，需要向证券监管部门报送全面财务资料和各项财务指标，以确保上市公司的质量；等等。

3. 债权人

企业除了可以从投资者那里取得资源外，举债融资也是企业所需资金的主要来源之一。企业的主要债权人是银行等金融机构。企业可以申请向银行借入短期或长期贷款，也可能通过赊购货物的方式请求供应商暂时垫款，形成向其他企业融通的短期负债。债权人最关注的是贷款本息的安全性。在作出贷款决定前，债权人必然要求企业提供详细的财务资料，以评判企业未来还本付息的能力和风险。一般来说，债权人主要关注的是风险问题，即企业在未来偿还债务本金和利息的能力。债权人按偿还期限可以分为短期债权人和长期债权人。短期债权人主要关注企业的短期偿债能力和资产流动性，关注企业有多少资产作为偿付债务的保证，特别是有多少易于变现的资产，如银行存款、股票、债券和应收账款；而对长期债权人来说，他们关心的则是企业连续支付利息和若干年后债务到期时偿还债务本金的能力。这种能力必须是长期的和持续的。因此，除了偿债能力之外，盈利能力也是长期债权人关心的指标。随着金融工具的不断涌现，债权人所面临的风险也在快速变化，这就需要企业能够及时披露反映业务运作状况的会计信息，为债权人提供及时、准确的决策依据，使各种风险得到及时发现和控制。

4. 企业的职工以及代表职工利益的组织

企业不仅为职工提供了获得劳动报酬的场所，还为职工的自我发展提供了机会。作为就业者，当然希望他们为之付出时间和精力的是一家处于良性发展轨道、具有长远发展前景的企业，而财务报告中提供的资产和盈余变化趋势可以很好地回答这一问题。在部分工会组织发达的西方国家，职工甚至运用企业的财务报告数据，在薪酬和劳动时间以及其他福利方面与资方谈判，维护自己的权益。

5. 客户

客户作为企业产品的购买方和使用者，要求产品销售企业能够保证产品的质量和后续服务，如设备的保修。产品销售企业财务报告中的资产价值和利润水平能够很好地显示它的持续经营能力，销售额和应收账款的变化也能够说明其产品质量以及企业信誉为社会所认可的程度。

6. 企业内部管理当局

企业内部的管理部门对企业日常经营活动进行控制和管理，信息的及时性和充分性对提高管理效率有着至关重要的作用。企业内部管理当局在制定重大的投资、筹资和经营决策，进行财务预测和预算时，随时可取得的详细的会计信息是其决策基础。

会计信息的使用或需求对象不同，其对会计信息的内容、形式和侧重点也会不同。投资者更关心资产的保值增值；债权人更关注企业的偿债能力；税务部门更关注利润的计算是否符合税务法规；职工最希望了解的是职工薪酬和福利；客户更需要了解产品的品质、价格和服务；内部管理人员希望掌握详细的企业运营情况；等等。众口难调，企业所提供的财务信息不可能同时满足所有信息使用者的需求。为了讲求效益，投资者和债权人的需求往往被置于最重要的地位。会计信息在满足投资者和债权人决策需要的基础上，尽可能兼顾其他信息需求。

1.1.3 会计信息的供给

1. 会计信息供给与信息使用者

提供会计信息是会带来成本的。因此，只有在存在会计信息需求时，企业才会依照信息使用者的要求提供决策有用信息。也就是说，信息使用者的需求是产生会计信息的原动力。现在我们所看到的财务报告都是对应于信息使用者的决策需求而产生的。因此，不同特征的信息需求产生了不同类别的会计信息。

按照现代企业制度，实施所有权与经营权分离。企业成立后，由董事会聘请职业经理人管理企业。因此，企业的所有利益相关者按照是否参与企业的经营管理，可分为两大类别：外部信息使用者和企业内部信息使用者。针对内外两种不同的信息需求，企业会计信息的提供相应被划分为两大领域：财务会计和管理会计。

(1) 财务会计。投资者、债权人、政府机构和客户构成主要的外部信息使用群体，也称为企业的“外部人”。外部信息使用者的共同特点是处于企业之外，对企业的具体经营情况不了解，需要企业提供各会计期间的盈利情况、资产情况、负债情况和现金流等信息。为此，产生了财务会计，负责提供上述信息。

概括来讲，财务会计是以货币为基本计量单位，通过确认、计量、记录、报告等方式，向企业外部利益相关者提供企业的财务状况、经营成果以及现金流量信息的报告体系。其中：

确认是指对经济业务事项进行解释和分析，判断经济业务事项所引起的变化是否符合会计报表要素的定义，其影响是否应记入会计记录和会计报表。确认主要解决某项经济业务事项“是什么，是否应当在会计上反映”的问题。

计量是指用货币或其他量度单位计量各项经济业务及其结果的过程。计量主要解决某项经济业务事项在会计上“反映多少”的问题。

记录是指用专门的会计方法将经济业务事项在会计凭证和会计账簿中登记的过程。记录主要解决某项经济业务事项在会计上“如何登记”的问题。

报告是指将会计记录的结果以财务报告的形式综合反映的过程。

（2）管理会计。与财务会计相对应，管理会计是为企业内部管理和决策服务的。企业内部管理当局是管理会计信息的主要使用者。企业管理层不仅需要关注财务报告所提供的经营成果和财务状况，还需要更为详尽的能对经营决策起支持作用的数据和资料。由此，管理会计应运而生。管理会计信息是在财务会计信息基础上的进一步加工、分析、深入和细化。

与财务会计相比，管理会计的方法和内容更为灵活多样。因为财务报告是由企业内部人编制并报送给外部信息使用者的，可能出现管理层为自身利益最大化而欺诈投资者和债权人的行为，因此，各国政府均对企业的财务报告制定严格的规范，如财务报表的编制格式、方法和表外披露内容等。而管理会计信息是企业内部编制的，供企业管理层使用，因此不存在欺诈的风险，相应地也就不会受到政府的监管。而且不同的决策需要不同的数据支持，所以管理会计信息呈现出多样性的特征。

必须说明的是，本教材的教学内容限于企业财务会计。

2. 会计信息供给与企业组织形式

毋庸置疑，会计信息是由企业的财务部门提供的。企业按照会计法规的要求向所有利益相关者提供会计信息。由此，企业需要根据自身实际设立会计或财务部门处理企业经济业务的核算和报告。按照组织形式的不同，企业分为个人独资企业、合伙企业和公司。不同的企业组织形式，其会计信息供给也有不同的特点和要求。

（1）企业组织形式。个人独资企业是指由一个自然人出资，企业财产为投资者个人所有，投资者以其个人财产对企业债务承担无限责任的经营实体。合伙企业是指由各合伙人订立合伙协议，共同出资、合伙经营、共享收益、共担风险，并对合伙企业债务承担无限连带责任的营利性组织。个人独资企业和合伙企业均不具有法人资格，出资人对企业债务负有无限责任。当企业资产不足以清偿企业债务时，出资人有义务以其自有财产清偿债权人。

与前两种企业组织形式不同，公司是独立的企业法人，在法律上有独立的法人财产，享有法人财产权。公司以其全部财产对公司的债务承担责任。公司的投资者称为股东。当公司资产不足以抵偿公司债务时，股东只承担有限责任，其最大损失限于对公司的投资，债权人对其个人资产没有求偿权。

公司又可分为有限责任公司和股份有限公司。

有限责任公司的股东以其认缴的出资额为限对公司承担责任。在我国，有限责任公司的股东人数有限，为 50 人以下。有限责任公司的股份转让受到一定限制，向股东以外的人转让股份须得到其他股东过半数同意。

股份有限公司的全部资本划分为等额股份，股东以其所持股份为限对公司承担责任，公司以其全部资产对公司的债务承担责任。经国务院证券管理部门批准，股份有限公司可以向社会公开发行股票，并在证券交易所上市交易，也可以到境外上市交易。股票上市交易的公司即通常所说的“上市公司”。

（2）不同的企业组织形式对应不同形式的会计信息供给。

个人独资企业一般规模较小，经济业务简单。尤其是它们的出资人只有业主一个人，且业主一般直接参与或熟悉经营情况，对会计信息的需求不大。其债务较少或没有，只有向银行贷款时才需要报送财务报表。因此，个人独资企业会计信息的主要使用者是税务机关。按照我国的相关规定，纳税人、扣缴义务人应当在领取营业执照之日起 15 日之内设置账簿（包括总账、日记账以及其他辅助性账簿），根据合法有效的凭证记账进行核算。对于生产经营规模很小又确无建账能力的企业，经过主管税务机关核准，也可以不设置账簿，聘请注册会计师或者经过税务机关认可的财会人员，代为建账和办理财务。聘请上述人员确有困难的，经过主管税务机关批准，可按照规定建立收支凭证粘贴簿、进销货登记簿等。

与个人独资企业相比，合伙企业的突出特点是涉及多个合伙人的利益。因此合伙企业更有必要建立独立的财务账簿和报表，聘用会计人员负责处理日常业务上的资金往来及资产 ，以便合伙人知悉合伙企业的资产及现金情况。

但是，由于规模的限制及业务特点，个人独资企业和合伙企业的会计工作还是被最大限度地简化了。即使对于规模中等以上的这类企业，虽有必要设立独立的会计部门，规范会计核算，但在核算的难度和会计报表的设计上相对于公司制企业也要简化得多。

按照《中华人民共和国公司法》（以下简称《公司法》）的要求，有限责任公司和股份有限公司的所有权和经营权分离，股东并不直接经营公司业务，而是成立董事会，由董事会负责聘用专业管理人士管理公司日常业务。公司的股东人数较多，尤其是上市的股份有限公司，投资者多以万计。所有权和经营权的分离，一方面提高了公司管理团队的素质和专业性，另一方面也产生了向股东报告经营成果的客观要求。另外，由于投资者人数众多，公司制企业有能力集中更多的财务资源，可以产生规模较大的公司，尤其上市公司更具有这样的优势。大中型企业财力更为雄厚，对债权人的权益更具保障能力，因而公司制企业不仅可以从银行获得长短期贷款，而且在经营过程中会形成大量的应付款。企业的贷款和应付款均为债权人权益。所有者和债权人均处于企业外部，是企业最为重要的外部利益相关者。所有者和债权人不直接参与企业经营，在信息方面处于劣势。依照经济学相关理论，企业内外部信息的不对称可能诱导企业管理者以损害投资者和债权人的利益为代价，实现自我利益最大化。因此，为了保护投资者和债权人权益，各国均颁布了严格的法规和制度，其中对会计信息的规范和会计核算组织的要求非常严格。按照规定，公司须在每一会计年度终了时编制财务会计报告，并依法经会计师事务所审计。有限责任公司须在一定期限内将审计后的财务会计报告送交各股东；股份有限公司的财务会计报告应当在召开股东大会年会的20日前置备于本公司，供股东查阅。股票公开上市的股份有限公司除年度报告以外，还要在每季度末提供季报，在年度过半时提供半年报，并在报纸、网络等公共媒体上进行公告。

3. 财务会计信息供给的形式和内容

企业的财务会计信息的主要供给形式是财务会计报告。财务会计报告由两个部分组成：审计报告和财务报表。

（1）审计报告。按照相关法律法规的规定，公司财务会计报告必须经注册会计师审计。审计报告即是注册会计师根据独立审计准则的要求，基于对被审计单位财务报表数据的真实性和公允性所出具的用于对被审计单位会计报表发表审计意见的书面文件。注册会计师根据审计过程所获取的证据和对有关问题的处理情况，形成四种不同类型的审计意见。

1）无保留意见的审计报告。如果被审计单位获得了标准无保留审计意见，则表明注册会计师认为：被审计的会计报表符合国家颁布的企业会计准则和相关会计制度的规定，在所有重大方面公允反映了被审计单位的财务状况、经营成果和现金流量；注册会计师的审计工作在审计过程中未受到限制；不存在应当调整或披露而被审计单位未予调整或披露的重要事项。

2）保留意见的审计报告。注册会计师对被审计单位会计报表审计后，如果认为被审计单位会计报表的反映就其整体而言是恰当的，但还存在下列情形之一时，注册会计师应当出具保留意见的审计报告：会计政策的选用、会计估计的作出或会计报表的披露不符合国家颁布的企业会计准则和相关会计制度的规定，虽影响重大，但不至于出具否定意见的审计报告；因审计范围受到限制，无法获取充分、适当的审计证据，虽影响重大，但不至于出具无法表示意见的审计报告。

3）否定意见的审计报告。否定意见与无保留意见相反，认为会计报表不能合法、公允地反映被审计单位的财务状况、经营成果和现金流量。注册会计师经过审计后，认为被审计单位的会计报表不符合国家颁布的企业会计准则和相关会计制度的规定，未能从整体上公允反映被审计单位的财务状况、经营成果和现金流量，应当出具否定意见的审计报告。

4）无法表示意见的审计报告。注册会计师在审计过程中，由于审计范围受到委托人、被审计单位或客观环境的限制，可能产生的影响非常重大和广泛，不能获取充分、适当的审计证据，以致对会计报表整体反映无法发表无保留、保留或否定的审计意见的，注册会计师应当出具无法表示意见的审计报告。

（2）会计报表。会计报表是财务会计报告的主体，也是最受广大投资者和债权人关注的会计信息来源。会计报表反映了企业的资产负债情况和盈亏情况，结合会计报表和其他信息，如行业信息以及国家宏观经济形势，报表使用者可以对企业的未来发展趋势加以预测，从而进行经济决策。

会计报表主要包括资产负债表、利润表、现金流量表以及会计报表附注。

资产负债表包含三个组成部分，即资产、负债和所有者权益。它能够反映企业在特定时点的财务状况，反映企业的资产质量和偿还债务的能力。

利润表包括收入、费用和利润三大内容，反映企业在过去一定期间内的盈亏情况，有助于报表使用者判断企业的盈利能力。

现金流量表在现代社会中日益受到重视。该表披露了企业在过去一定期间内现金流入和流出的情况，有利于报表使用者预测企业未来产生现金流的能力，以及现金流的充足性和及时性水平。

除了会计报表本身所提供的数据以外，分析报表数据之间的关系也有助于报表使用者的经济决策。比如，资产负债率（债务与资产的比率）体现了企业资产对债权人未来还本付息的保障程度；销售利润率（利润占销售额的比重）体现了企业产品销售的获利能力；等等。

会计报表附注是为了便于会计报表使用者理解会计报表的内容，对会计报表的编制基础、编制依据、编制原则和方法及主要项目等所做的解释，以及对未能在这些报表中列示项目的说明等。包括：不符合会计假设的说明；重要会计政策和会计估计及其变更情况、变更原因及其对财务状况和经营成果的影响；或有事项和资产负债表日后事项的说明；关联方关系及其交易的说明；重要资产转让及其出售说明；企业合并、分立的说明；重大投资、融资活动；会计报表中重要项目的说明；有助于理解和分析会计报表需要说明的其他事项。

附注对会计报表进行了必要的解释和补充。从会计角度观察，和自然科学不同，会计并不是一门精确或有唯一答案的科学。在很多情况下，对同一经济业务，尽管有多项会计法规进行规范，企业仍可在多种会计方法和会计估计范围内选用恰当的一种。而不同的会计方法或会计估计所产生的报表结果是不同的。例如，在加速折旧法下，企业的固定资产价值可能比直线折旧法下更小。因此，只有将附注和会计报表相结合，才有可能准确地把握报表内容。

1.2 会计基本假设和会计信息质量要求

1.2.1 会计基本假设

会计学是一门系统的社会科学，已经发展和形成一套较为完整的会计理论和技术方法，涵盖了确认、计量、记录和报告各阶段的内容。会计基本假设是会计理论和方法的起点。会计基本假设确定了会计核算的前提条件，界定了会计核算的时间和空间范畴，是会计学科理论的基础。

会计基本假设主要包括会计主体、持续经营、会计分期和货币计量。

1. 会计主体

会计主体（accounting entity）假设首先界定了会计确认、计量和报告的空间范畴，规定了会计核算的业务范围。这一假设回答了这样一个根本问题：企业应核算哪些业务，哪些会计信息应进入企业的财务报告。

会计主体是指从事特定经济活动的经济实体，会计主体的经济活动是会计的核算对象。企业、事业单位、社会团体、政府部门甚至个人均可以成为会计主体。法律主体一定是会计主体，因为按照规定，法人必须建立独立的财会部门，对其经济活动进行核算和报告。但是，会计主体并不一定是法律主体，只要是独立运作经济业务、独立进行会计核算的单位即可作为会计主体存在。例如，在集团公司中，总公司下属的分公司虽没有法人地位，但是在独立核算的条件下，也可以成为会计主体。

根据会计主体假设的要求，一套财务会计报告只应反映某一会计主体的经济业务，其他会计主体的经济业务均要被严格排除在外。作为某一会计主体的会计部门，必须真实完整地记录和报告该会计主体在某一期间内发生的全部经济事项。

例如，王先生同时经营一家餐厅和一家酒吧。从会计的角度看，餐厅是一个独立的会计主体。餐厅的财务报告应反映餐厅所拥有的所有资产和债务。而王先生酒吧的资产，甚至王先生自己名下的住房、汽车均不能记入餐厅的会计报表。另外，餐厅的全部资产和负债，以及实现的所有收入和发生的全部费用均应完整反映在企业的报表中，不可遗漏。

2. 持续经营

持续经营（going concern）是指在可以预见的将来，作为会计主体的企业将会按既定的发展目标继续经营下去，不会破产清算，也不会大规模削减业务。持续经营假设解决了会计记录稳定性的问题。

绝大多数会计主体都拥有一定的资产。这些资产的价格并不是恒定的，它们随着供需的变化而变化。例如，王先生所经营餐厅的房产是10年前购入的，当年的购买价格是100万元，并按此价格入账。但是，由于所处地段日益繁华，目前的市价已逐步升至500万元。那么，在这10年中，会计是否需要随时根据房产的市价对该资产的成本进行调整呢？

正是由于有了持续经营的前提，我们假设王先生的餐厅在可预见的未来不会破产清算或关闭。在此前提假设条件下，王先生购入房产是为了餐厅经营使用，而不是为了售出赚取差价，所以，房产的使用价值并无重大变化，房产市价的变化对餐厅的经营情况影响不大。在对餐厅的房产进行计量时，会计师就可以使用历史成本（原购入价格100万元），而不需要调整为清算价格（现行市价500万元）。当然，如果王先生的餐厅经营已举步维艰，很难维持下去，那么，持续经营假设就不再成立了，所有资产的会计计价基础均将随之改变。

3. 会计分期

会计分期（accounting period）是指将会计主体存在的整个寿命期划分为连续的、较短的、相同长度的会计期间。当前上市公司定期发布财务报告即是会计分期的结果。

会计分期假设解决了如何及时向会计信息使用者报告企业经营成果的问题。不论是投资者还是债权人，当他们将资金投入企业后，一定急于了解企业的经营情况。企业有一定的存续期，世界上也不乏百年老店，企业不可能一直等到关闭清算才计算清算时的净资产价值，减去当初开业时的资产价值得出损益，向投资者报告。根据会计分期的要求，企业的经营期被人为地"切"成了一个个会计期间，如一个月、一个季度、半年或一年。以一年为会计期间所出的财务报告，即称为年报，反映企业在某一年期间的财务状况和经营成果；以半年为一个会计期间所出的财务报告，称为半年报，反映企业在某一半年期间的财务状况和经营成果；季报、月报以此类推。

会计分期假设使会计信息使用者可以定期了解企业的盈亏数据和资产负债变化，提高了决策效率，但也为会计工作增加了难度和工作量。会计人员为了能够定期计算企业损益，必须在每一个会计期末分摊成本，确认收益，并进行结账和填报报表。以王先生的餐厅房产为例，假设该房产可使用 50 年，为了计算餐厅上一年的收入和成本，应有 2 万元（100/50）的房屋折旧计入当年总成本，进而核算损益。

4. 货币计量

货币计量（monetary measurement）是指会计主体在对经济业务进行会计处理过程中，以货币为基本计量单位，反映其财务状况和经营成果。

会计计量、记录和报告以货币为计量单位，而不采用实物单位（如千克、千米、件、立方米等）或其他单位（如劳动小时数），是由于货币作为商品交换的一般等价物，有着无可替代的优越性，它最便于各种不同类型的资产、负债、收入、费用之间的价值比较。因此，国际上通用以本国货币为会计基本计量单位。但是，为了方便管理，也不排除在一些个别账目中，在反映货币价值的货币计量的同时辅以其他计量单位，例如，在原材料的明细账中，除了单位和总额，也有实物件数的记录。

与其他计量工具相比，货币在具有突出优点的同时，也存在难以解决的问题，即币值不是恒定的。随着国际和国内经济形势的变化，各国货币的实际购买力总是在不断变化。举例来说，20 年前一克黄金的价格大约在 100 元，而现在的价格已超过 200 元。再如，企业在 2 年前购置的木质办公家具价格在账上体现为 50 万元，而当前市价可能已升到 55 万元。由此可见，如果货币购买力发生变化，将导致账面资产与市价之间产生差异。货币计量的这一不足也为会计核算提出了一个难题。

一般，当一国货币的购买力处于上涨阶段，该国物价趋于下降，称为通货紧缩；反之，如果一国货币的购买力处于下降阶段，该国物价趋于上涨，则称为通货膨胀。据观察，世界多数国家均有轻微的通货膨胀。在正常情况下，即使货币价值有一定波动，为了能够保持账务记录的效率和稳定性，会计人员通常也会假设货币的价值是稳定的，并在此前提下进行会计核算。当存在剧烈通货膨胀时，会计人员就有必要按照物价涨幅对资产的账面记录进行调整，以保持会计记录的真实性和有用性。

1.2.2 会计信息质量要求

会计的根本目标是为会计主体的经营决策提供有用的信息。为了达到这一最终目标，会计信息要达到一些基本的质量要求，也称为会计信息的质量特征。这些质量特征主要包括可靠性、相关性、可理解性、可比性、实质重于形式、重要性、谨慎性和及时性。

1. **可靠性**（reliability）

可靠性要求企业以实际发生的交易或者事项为依据进行会计确认、计量和报告，如实反映符合确认和计量要求的各项会计要素及其他相关信息，保证会计信息真实可靠、内容完整。可靠性是最重要的会计质量特征之一。可靠性有这样三层含义：信息是对企业所发生的经济交易和事项的真实反映，没有重大错误；企业应以中立的立场提供会计信息，不能有所偏向；在符合重要性和成本效益原则的前提下，企业应保证会计信息的完整性，不能随意遗漏或减少应予披露的信息，与使用者决策相关的有用信息都应当充分披露。

可靠性原则并不意味着会计信息是绝对精确的或是无比详尽的。对于会计信息的可靠性，应该动态地去理解。会计最基本的职能是对企业的经营情况进行反映，而这种反映的客体是复杂多变、存在很大不确定性的经济现实，即便不存在主观上的偏向，会计信息也很难是绝对精确可靠的。例如，办公楼每年应计提多少折旧？每件产品的成本中应负担多少车间管理费用？不论是从效益和效率的角度来看，还是从技术可行性的角度来考虑，均无法获得精确的数据。可行的方法是求得成本和效益的平衡，采用一定的方法对其进行估计。这些估计出来的会计数据不可能是精确的，但只要使用的方法和估计基础得当，产生的会计信息就是可靠的。

可靠性是会计信息质量的灵魂，一方面，不真实、不完整甚或是虚假的信息不仅不具备决策有用性，而且很可能误导投资者，产生重大经济损失；另一方面，提供虚假会计信息的企业最终也将面临监管部门的处罚甚至更为严重的后果。在国内外资本市场中，曾多次发生虚假财务信息的丑闻，这些事件无一例外地导致企业的众多利益相关者遭受重大损失，相关责任人也受到了法律的制裁。20 世纪以来，影响最大的当属安然事件。

美国的安然公司（Enron）曾经是世界上最大的能源、商品和服务公司之一，名列《财富》美国 500 强第 7 位。2001 年，该公司卷入会计造假丑闻，并于该年年底向纽约破产法院申请破产保护。在信息披露方面，安然公司采用多种方式虚增利润，隐瞒债务和损失。例如，担心发行股票会稀释股权，于是借债成了筹资的主要选择。然而，高负债率将使市场下调对公司的资信评级，从而提高公司再筹资的资金成本和难度。如果不在资产负债表中披露负债，上述问题就能迎刃而解。安然公司利用关联方交易和美国公认会计原则（GAAP）的规则漏洞，采用多种会计手段达到了这个目的，同时也给自己埋下了巨大的隐患。然而，虚假会计信息并不能改变公司本身存在的问题，这些问题最终是要败露的。2001 年 10 月 16 日，安然公司宣布第三季度亏损 6.18 亿美元；11 月 8 日，安然公司承认自 1997 年以来虚报盈利约 6 亿美元；12 月 2 日，公司股票价格从当年最高每股 90 美元降至每股 26 美分，下跌 99%，安然公司申请破产。

2. 相关性（relevance）

相关性要求企业提供的会计信息应当与投资者、债权人等财务报告使用者的经济决策需要相关，有助于信息使用者对企业过去、现在或者未来的情况作出评价或者预测。相关性要求会计信息不但应具有反馈价值，即有助于使用者评价企业过去的财务状况、经营成果和现金流量，还应具有预测价值，有助于使用者根据财务报告所提供的会计信息预测企业的未来发展趋势。

企业的会计信息主要集中于财务会计报告。财务会计报告是会计部门工作的最终成果和产品。然而，实际上，决策者真正需要的并不是财务报告这种形式，而是从中可以获得的在经济决策中可用的会计信息。

那么，什么是决策相关信息？首先，会计人员应运用专业知识，在确认、计量和报告会计信息的过程中，从决策者的会计信息需求角度出发，具体判断某一信息是否与决策有关。从上一节的介绍中，我们知道会计信息的需求者和企业利益相关者众多，不同的信息使用者的信息需求和偏重也有所不同。但是从财务会计的角度考虑，企业最主要的信息使用者是投资者和债权人，因此，与这两个群体决策相关的财务会计信息应重点披露。其次，相关性是以可靠性为基础的，只有可靠的信息才谈得上决策相关。也就是说，会计信息在可靠性的前提下，应尽可能满足相关性，以满足投资者等财务报告使用者的决策需要。例如，某企业拥有大额随时可出售的股票资产，对于投资者和债权人，这种随时可变现的股票资产既关系企业的盈余能力，又可作为偿债的资产保证。所以，这些股票的可变现价格和当初购入的投资成本都是信息使用者的决策相关信息。

3. 可理解性（understandability）

按照会计准则的要求，企业提供的会计信息应当清晰明了，便于财务会计报告使用者理解和使用。信息的可理解性也是相关性的前提条件。一条信息虽然与决策相关，但是如果信息使用者无法正确地理解这一信息的含义，则同样对决策没有帮助。因此，不具备可理解性的信息是无用的信息。

当然，财务会计报告是具有较强专业性的信息载体形式。无论如何简化和通俗化，也难以保证所有投资者和债权人都能够准确地把握其内涵。以投资者为例，我国有着庞大的个人投资者群体，其年龄和知识背景千差万别，其中不乏达不到小学毕业水平的特定人群，要使他们读懂财务会计报告极为困难。因此，会计信息质量要求中的“可理解性”只是针对那些具备一定知识背景并且愿意花费时间和精力阅读和思考的信息使用者而言的。

4. **可比性**（comparability）

企业提供的会计信息应当具有可比性。为了保证会计信息有助于决策，不同企业之间、同一企业不同时期之间的会计信息必须可比。

第一，从横向角度考虑，不同企业之间的会计信息应具备可比性。投资者和债权人在投资决策时面临多种选择，理性的投资者期望他们的资金能够取得最高的经济回报。为此，在决策过程中，投资者一般会通过多种渠道，获得不同行业、不同企业的相关信息，相互比较，取舍之后决定资金流向。例如，A企业的利润为5 000万元，B企业的利润为7 000万元，从利润指标上看，投资者可能更为倾向投资B企业。但是，从会计技术的角度来看，并不能确定B企业的盈利能力是否一定优于A企业。因为对于同一类经济事项，有多种可选择的会计政策和估计方法，不同的会计方法所获得的盈余数字可能相差很大。如果A，B两家企业所使用的会计方法相同，则它们的会计盈余数据是具有可比性的，在其他条件相同或类似的情形下，投资者应选择B企业投资；反之，如果两家企业所选用的会计方法有重大差异，则两家企业的会计利润不具备可比性，不能简单地判断B企业的盈利能力优于A企业。各国的会计准则在制定过程中均考虑到了可比性问题，因此，都尽可能限制会计方法的可选择范围，使不同企业对相同或者相似的交易或者事项的会计处理方法和计算口径趋于一致。

第二，从纵向角度考虑，同一企业不同时期的会计信息也应具备可比性。投资者在决定资金投向时，不仅可以进行同行业不同企业之间的比较，还可以比较企业不同时期的业绩，以判断未来走势。业绩前后期的比较结果也是股东考核企业管理层业绩的重要指标。出于这些信息需求，企业在各个会计期间所提供的会计信息应该是可比的。因此，会计准则要求同一企业不同时期发生的相同或者相似的交易或者事项应当采用一致的会计政策，不得随意变更。会计政策确需变更的，应当在附注中说明，并且披露这一变化对企业财务状况和经营成果的累计影响。

5. **实质重于形式**（substance over form）

企业应当按照交易或者事项的经济实质进行会计确认、计量和报告，而不应仅以交易或者事项的法律形式为依据。例如，会计准则在定义资产时，规定企业“拥有”或“控制”的资源都可以确认为企业的资产。而从法律上讲，只有“拥有”才代表企业对资产的所有权。例如，甲企业将自有房产以5 000万元出售给乙金融机构，并约定一年后以5 400万元的价格重新从乙金融机构购回该房产。

从法律形式考虑，对于甲企业这是两项业务——先是以 5 000 万元出售房产，再是以 5 400 万元购入房产。但从经济实质上考虑，尽管甲企业出售了房产给乙金融机构，但乙金融机构并未取得过该房产的控制权，它必须在一年后按照约定将其再出售给甲企业。按照《企业会计准则第 14 号——收入》的规定，在会计上依据经济实质对此业务进行处理。综合两笔交易的经济结果，实际上是甲企业以房产为质押，从乙金融机构取得融资，房产交易的前后差价 400 万元，应视为甲企业付给乙金融机构的贷款利息。

6. 重要性（materiality）

企业提供的会计信息应当反映所有与企业财务状况、经营成果和现金流量等有关的重要交易或者事项。

会计工作是经济管理工作的组成部分。经济管理的基本思想是经济行为应符合成本效益原则。会计信息的取得、加工和报告都会产生人力和物力成本，如果信息使用者从这些信息中所获得的效益大于会计部门提供这些信息的成本，则这些信息应包含在财务报告之中；反之，如果这些信息的决策价值低于产生这些信息的成本，则不应报告。

因此，虽然企业可能具有复杂的资产负债结构，可能进行大量的交易，但是并不要求企业的会计部门精确地、事无巨细地报告所有数据。对资产、负债、损益等有较大影响，进而可能影响财务报告使用者据以做出合理判断的重要会计事项，必须按照规定的会计方法和程序进行处理，并在财务报告中予以充分准确的披露；对于次要的、不重要的会计事项，可适当简化处理，以节约会计核算成本。例如，对于金额较大的可使用多年的机器设备等固定资产，为了核算每一个会计期间的损益，必须对这些机器设备计提折旧费用；而对于一些同样可长期使用的清洁用品、照明用品，如果单位金额很低，则没有必要按会计期间进行折旧，在投入使用时一次计入费用即可。

7. 谨慎性（prudence conservatism）

企业对交易或者事项进行会计确认、计量和报告应当保持应有的谨慎，不应高估资产或者收益、低估负债或者费用。

谨慎性要求主要源于会计环境中存在的大量不确定性因素，这些不确定性影响会计要素的精确确认和计量，必须按照一定的标准进行估计和判断。例如，某汽车制造企业遭到用户指控：因质量问题导致该用户在交通事故中受伤。该用户已对汽车制造企业提出法律诉讼并要求巨额赔偿，目前尚未宣判。显然，最终的判决结果是不确定的。这一事件的影响是否需要计入汽车制造企业的负债？如果确认为负债，应计多少金额？再如，企业在向客户赊销产品时，会产生应收账款，这些客户所欠企业的款项是否可以全额收回？对于这些不确定事件应如何处理？一般认为，会计信息应建立在谨慎性的基础上，避免少计费用和损失、夸大利润和权益，这样做有利于保护投资者和债权人的利益，可以抵消管理者过于乐观的负面影响。

谨慎性原则要求会计人员在处理带有不确定性的交易或事项时，如果存在两种以上不同的会计处理方法和程序可供选择，应尽可能选用一种不虚增利润、不夸大资产和所有者权益的会计处理方法和程序进行会计处理，充分预计可能的负债、损失和费用，以免会计报表反映的会计信息引起报表使用者的盲目乐观。将这一原则应用于前面所述的汽车事故诉讼中，如果被判赔的可能性很大，汽车制造企业就应按概率估计赔付金额，并确认为一项负债。在应收账款的问题上，企业应预估其未来可能发生坏账的金额，并将其确认为损失。

8. **及时性**（timeliness）

企业对于已经发生的交易或者事项，应当及时进行会计确认、计量和报告，不得提前或者延后。

财务会计报告的根本目的是帮助信息使用者制定经济决策，只有及时的信息才具备决策价值，因此会计信息必须具备及时性特征。

涉及信息使用者最为广泛的企业无疑是上市公司。根据我国资本市场监管法规的要求，上市公司必须在指定时间段向公众发布其年报、半年报和季报，这些要求直接体现了及时性质量特征在决策中的重要作用。

1.3 财务报表和会计要素

财务报表构成了财务会计报告的主体。投资者和债权人最关心财务报表所列示的资产、负债和盈亏数据，可以通过财务报表各项目数据之间的比率关系，判断企业的筹资能力、偿债能力和盈余能力等。

企业的财务报表主要包括资产负债表、利润表和现金流量表。

1.3.1 资产负债表

企业成立之初，投资者以现金或其他资产形式投入资源，形成企业的资产和所有者权益。在之后的经营活动中，资产的形式不断发生变化。例如，以现金购买设备和商品，形成固定资产和存货；销售产品时如果客户没有即时付款，则形成应收账款资产；企业以现金购买股票债券，形成短期投资资产；等等。同时，绝大多数企业在经营过程中都会产生负债。例如，企业向银行借款，向社会公众发行公司债券，向供应商赊购商品，等等。另外，所有者权益也不是固定不变的，企业每一期经营的盈亏将结转到期末的所有者权益中去，计量出投资者在企业中的权益。

资产负债表是反映企业在特定时点的财务状况的报表。所谓财务状况，是指资产、负债和所有者权益的金额以及相互之间的关系。

企业一般在年末、季末甚至月末编制资产负债表。表1－1列示了一张简化的资产负债表。

表 1-1 资产负债表（简化）

编制单位：万方公司　　　　2022 年 12 月 31 日　　　　单位：元

资产	金额	负债和所有者权益	金额
货币资金	882 500	短期借款	901 000
应收票据	870 000	应付账款	896 000
应收账款	920 500	应交税费	403 000
存货	862 000	应付职工薪酬	460 000
固定资产	1 065 000	实收资本	1 010 000
		未分配利润	930 000
资产合计	4 600 000	负债和所有者权益合计	4 600 000

以上述资产负债表为例，资产负债表的表头由三部分组成，分别是编报企业的名称、会计报表的名称以及日期。资产负债表的概念中特别强调了“特定时点”，这是因为资产负债表所反映的资产、负债和所有者权益各项目在各个时间点是不同的。比如，发生购买业务时，存货、货币资金或应付账款随即发生变化；如果企业持有可以在公开市场上交易的股票或债券，其价值将随投资市价的波动而波动。因此，资产负债表中的数据只能代表某一特殊时点的财务状况，这一特定时间必须在报表上方标明，这一时间代表的日期通常称为资产负债表日。

资产负债表的主要内容由资产、负债和所有者权益三个基本部分构成，因此，资产、负债和所有者权益都是会计的基本要素。

1. 资产

根据我国会计准则的定义，**资产**（assets）是指企业过去的交易或者事项形成的、由企业拥有或者控制的、预期会给企业带来经济利益的资源。

资产只能是由过去的交易或事项所形成的，未来将要进行的交易不能形成企业现有资产。例如，已购进的存货应计入企业资产，而企业已签订的在下月购进存货的合同，不能作为计入存货的依据。企业过去的交易或者事项包括购买、生产、建造行为等。

资产必须是由企业拥有或控制的经济资源。只有在法律上具有所有权或在实际上具备控制力，才可作为企业的资产入账；反之，即使企业能够使用某项资源，如空气，显然空气不能成为企业的资产。

只有能够直接或者间接导致现金和现金等价物流入企业的潜力，预期会给企业带来经济利益的资源才可计入资产。例如，向客户赊销商品时产生的应收账款，可以在未来一定期间增加企业的现金流，因此可确认为资产；而一旦有证据表明，客户无力还款，应收账款回收的可能性已很小，则这项应收账款在未来不能产生经济利益流入，将被从资产项中转出，计入费用。

从形式上看，资产包括各种财产、债权和其他权利。例如，现金、银行存款、存货和固定资产均是以财产这种形式出现的；应收账款代表未来向债务人收取现金的权利，是一种债权；而专利权、特许经营权、土地使用权等无形资产也属于企业资产的范畴。资产分为流动资产、长期投资、固定资产、无形资产及其他资产。资产是由企业过去的交易或事项所引起的，是企业拥有或可支配的、具有一定价值的经济资源，可为企业带来经济利益。

在资产负债表上，资产一般分为流动资产和非流动资产。流动资产是指在一年或一个经营周期内能够转化为现金的资产。也就是说，在短期内可变现的资产，它可以作为短期偿债的保证。现金、银行存款、应收账款和存货等都属于流动资产。而以使用为主要目的持有的固定资产等则属于非流动资产。

在资产负债表上，资产通常列示在左侧，而且按照流动性的强弱顺序由上而下排列。这里所说的流动性，是指资产变现的难易程度和时间长短。在表1-1的资产负债表示例中，货币资金主要是由现金和银行存款构成，不需变现，所以出现在资产项中的第一位；应收票据和应收账款对应着收取现金的权利，列示在货币资金之后；存货可能直接换得现金，但也有可能通过赊销的方式先转换为应收账款，而后变现，因此位列应收账款之后；机器设备和厂房等固定资产将为企业的生产和经营服务多年，其成本的回收最慢，因此，它所代表的非流动资产排在资产项的最后。

2. 负债

资产负债表中的第二个会计要素是**负债**（liability）。负债是指企业过去的交易或者事项形成的、预期会导致经济利益流出企业的现时义务，这种义务需要企业在将来转移资产或提供劳务加以清偿，从而引起未来经济利益流出。负债将减少企业未来的经济资源，偿付的债务必须是过去的交易或事项所引起的偿付义务，偿债的资源必须是企业拥有或可自主支配的经济资源。

与资产的划分类似，负债分为流动负债和非流动负债。在一年或一个经营周期内到期的负债称为流动负债或短期负债；到期日超过一年或一个经营周期的负债为非流动负债或长期负债。当一项长期负债到期日越来越近，直至变为一年之内到期时，则需重新划分为流动负债。例如，企业向公众发行了10年期的公司债券，在发行后的9年内均属于非流动负债，但在第10年应划分为流动负债。

负债一般列示在资产负债表中的右侧上部。具体负债项目是按照偿债日期的先后排列的。因此，流动负债位于非流动负债之前。

3. 所有者权益

所有者权益（owner's equity）是资产负债表中的第三项会计要素。根据我国的会计准则，所有者权益是指企业资产扣除负债后由所有者享有的剩余权益。

所有者权益是企业业主对企业资产的要求权；债权人权益（表现为企业的负债）是债权人对企业资产的要求权。从法律的视角，当企业破产或清算时，债权人权益优先于所有者权益，即只有当企业完全清偿负债之后，才能以剩余财产对投资者进行分配，因此，在所有者权益的概念中强调它是一种“剩余”权益。

所有者权益的增加有两个途径：一是业主的投资，当原始资本注入企业或追加投资时，所有者权益相应增加，这部分列示为“实收资本”；二是企业经营过程中赚取的利润，企业盈利将累计到所有者权益中，列示为“未分配利润”。

所有者权益的减少有三个途径：一是企业减资，即投资者通过一定法律程序全部或部分撤回对企业的投资；二是对业主的利润分配；三是经营亏损。所有者权益列示于资产负债表的右侧下部，也说明了它是一种剩余权益。

4. 会计恒等式

资产负债表的左右两方分别代表了同一事物的两个侧面。左方的资产反映了企业的资金是以什么形式占用的；右方的负债和所有者权益则反映了这些资金是从什么渠道取得的：向债权人借入的表现为负债，向投资者筹措的表现为所有者权益。因此，资产负债表的左方合计一定等于右方合计。

在英语中资产负债表为“balance sheet”，就是体现了这种左右两方的平衡关系，由此也引出了会计的基本恒等式：

资产＝负债＋所有者权益

另外，为了表现出所有者权益是一种“剩余”权益，会计恒等式也可以变形为：

资产－负债＝所有者权益

不论什么情况，这一等式都应是成立的。比如在表 1-1 万方公司的资产负债表中，资产合计为 460 万元，而负债和所有者权益合计也为 460 万元，二者相等。反过来，我们也可以用这个等式来初步判断资产负债表编制的正确性。只要发现资产总计不同于负债和所有者权益合计，报表编制过程中一定存在错误。

同理，根据会计恒等式，我们也可以推出，当资产增加或减少时，一定对应着负债或所有者权益的相应变动。结合表 1-1 万方公司的资产负债表数据，具体可分为以下几种情况，分别举例。

情况一，资产增加对应负债增加，所有者权益不变。假设万方公司在 2023 年 1 月 2 日向银行贷款 100 万元。这一业务将导致万方公司资产中的货币资金增加 100 万元，同时负债中的短期借款也增加 100 万元。

情况二，资产增加对应所有者权益增加，负债不变。假设万方公司的业主在 2023 年 1 月 4 日向企业追加投资 50 万元。这一业务将导致企业资产中的货币资金增加 50 万元，同时所有者权益中的实收资本也增加 50 万元。

情况三，资产减少对应负债减少，所有者权益不变。假设万方公司在2023 年 1 月 15 日通过向员工个人账户转账，结清上月所欠的职工薪酬 46 万元。这一业务将导致企业资产中的货币资金减少 46 万元，同时负债中的应付职工薪酬也减少 46 万元。

情况四，资产减少对应所有者权益减少，负债不变。假设万方公司决定在 2023 年 1 月 21 日进行利润分红 11 万元，并于当天向企业业主转账支付。这一业务将导致企业资产中的货币资金减少11万元，同时所有者权益中的未分配利润也减少11万元。

还有一些业务，只会引起会计恒等式中单个项目的内部变化，对另外两项没有影响。举例如下。

情况五，资产项目之间此消彼长。假设万方公司在2023年1月23日收到客户以前所欠应收账款80万元，转账存入银行。此时，货币资金增加80万元，同时应收账款减少80万元，资产总额保持不变，负债和所有者权益也没有变化。

情况六，负债项目之间此消彼长。假设万方公司在2023年1月26日通过另一银行借入30万元短期借款，用于偿还现存短期借款中的到期部分，则负债总额未发生变化，资产和所有者权益也无变化。

情况七，所有者权益项目之间此消彼长。假设万方公司在2023年1月31日决定以未分配利润转增企业的注册资本30万元，则企业的实收资本将增加30万元，而未分配利润减少30万元，所有者权益总额不变，资产和负债亦无变化。

如果将以上七种情况中的经济业务的影响考虑进来，则万方公司2023年1月31日的资产负债表如表1-2所示。

表1-2 资产负债表（简化）

编制单位：万方公司　　　　2023年1月31日　　　　单位：元

资产	金额	负债和所有者权益	金额
货币资金	2 612 500	短期借款	1 901 000
应收票据	870 000	应付账款	896 000
应收账款	120 500	应交税费	403 000
存货	862 000	应付职工薪酬	0
固定资产	1 065 000	实收资本	1 810 000
		未分配利润	520 000
资产合计	5 530 000	负债和所有者权益合计	5 530 000

1.3.2 利润表

利润表是反映企业一定期间内经营成果的会计报表。

按照会计分期的要求，企业的全部寿命期被划分为相等长度的会计期间。在每一个会计期间内，企业从事经营活动，通过向客户提供劳务或销售产品，赚取营业收入；在这个过程中，不可避免地将产生费用，收入与费用之差即为企业的利润或亏损，其公式可表示为：

收入－费用＝利润

出于及时向投资者和债权人报告企业盈余数据的需要，企业在每一会计期间末会将当期发生的全部收入、费用归集到利润表中，计算出当期利润。表1-3给出了简化的利润表。

表 1-3 利润表（简化）

编制单位：万方公司　　2022 年度　　单位：元

项目	金额
营业收入	1 035 000
减：营业成本	665 000
销售费用	20 200
管理费用	102 230
财务费用	11 000
利润总额	236 570
减：所得税费用	47 314
净利润	189 256

从利润表的表头部分看，与资产负债表对应部分的差别在于报表名称和日期。资产负债表强调特定的时点，具体为 2022 年 12 月 31 日，而利润表的日期则为 2022 年这样一个时间段。这是因为利润表计量的是某一会计期间企业全部经营活动的经济效益。

收入、费用和利润构成了利润表的主要内容，被定义为除资产、负债和所有者权益的另外三个基本会计要素。

1. 收入

收入（revenue）是指企业在日常活动中形成的、会导致所有者权益增加的、与所有者投入资本无关的经济利益的总流入。收入增加了企业的资产，如银行存款或应收账款；相应地，在会计恒等式的另一侧，若负债没有变化，则所有者权益将通过利润结转增加。

收入涉及的一个重点问题在于收入的确认，即什么条件下，收入可计入利润表。在企业的实际销售过程中，有多个时间点可供选择。例如，某销售业务的销售合同签署于 2022 年 12 月 2 日，合同中明确规定了双方的权利和义务；商品于 2023 年 2 月 1 日发出；同年 4 月 30 日收到货款。在上述三个时间点中，究竟应该选择哪一个作为销售收入入账的时间，并反映在入账当期的利润表上？根据我国会计准则的规定，企业应当在客户取得相关商品控制权时确认收入。取得相关商品控制权，是指能够主导该商品的使用并从中获得几乎全部的经济利益。收入确认的条件有五个：（1）合同各方已批准该合同并承诺将履行各自义务；（2）该合同明确了合同各方与所转让商品或提供劳务相关的权利和义务；（3）该合同有明确的与所转让商品相关的支付条款；（4）该合同具有商业实质，即履行该合同将改变企业未来现金流量的风险、时间分布或金额；（5）企业因向客户转让商品而有权取得的对价很可能收回。在上例中，商品发出给买方后，商品的控制权转移给买方，企业获得收取货款的权利，因此该收入应计入 2023 年 2 月。

2. 费用

费用（expenses）是指企业在日常活动中发生的、会导致所有者权益减少的、与向所有者分配利润无关的经济利益的总流出。广义的费用包括生产或购买产品所发生的成本。费用一方面可能减少资产，如以银行存款支付广告费，另一方面可能增加负债，如车间照明用电；同时费用也会通过利润结转减少所有者权益。

费用按照功能分类，可分为营业成本、管理费用、销售费用和财务费用等。费用只有在经济利益很可能流出从而导致企业资产减少或者负债增加且经济利益的流出额能够可靠计量时，才能予以确认。

在确认费用时，应保持收入与费用相互配比。企业的收入应与为产生这项收入所发生的费用相配比，以计算企业的盈利。例如，企业购进一台生产设备500万元，用于生产A产品，可用10年。也就是说，该设备有助于企业在10年内为企业赚取产品销售收入。因此，我们不能在设备购进时一次性将全部购进成本500万元计入当期费用，而是应该分10年每年分摊50万元计入当期费用，分别与当年的A产品销售收入相配比，计算出当期的利润额。在会计上，我们将这种受益期超过一个会计期间的支出称为资本性支出。资本性支出在支出当时必须记入一个资产账户，如固定资产，而后将其全部成本在其使用年限内进行摊销。反之，如果某项支出的效益只涉及一个会计期间，如为当期支付的电话费，称为收益性支出。收益性支出只应与当期收入相配比，所以应直接计入当期费用。

3. 利润

利润（profit）是指企业在一定会计期间的经营成果。利润的计算有多个口径。常见的利润表达术语有毛利、营业利润、利润总额和净利润等。

毛利是营业收入与营业成本的差额。对于制造业企业，营业成本主要是指产品的制造成本；对于商业企业，营业成本主要是指商品的购进成本。毛利是企业利润的源泉。经济分析师常用毛利率（毛利占营业收入的比重）来评价企业产品的创利能力。

毛利扣除管理费用、销售费用和财务费用等项目的差额为营业利润；营业利润与营业外收支加总后为税前利润，在报表上以利润总额表示；最后，利润总额再扣除所得税后为净利润。

4. 收付实现制和权责发生制

在前述收入和费用的确认问题上，我们强调收入是在实际取得的时点确认，费用是在为取得收入而导致的产品或劳务被耗用掉的时点确认。这种收入和费用的确认方法称为权责发生制。而实际上，会计理论中还有另一种收入和费用的确认基础，叫作收付实现制。如果遵循收付实现制，则收入和费用的确认时间完全与现金的收入和付出时间保持一致。当企业收到现金时，确认收入；当企业付出现金时，确认费用。由于权责发生制能够更好地配合会计分期假设，更为合理地体现各期收入、费用和利润水平，因此，权责发生制一直是企业会计核算的主导核算基础。

1.3.3 现金流量表

现金流量表是反映企业一定期间内现金及现金等价物流入量和流出量的报表。企业在经营过程中收取的现金及现金等价物称为现金流入量，支出的现金及现金等价物称为现金流出量。现金流入量与现金流出量的差额称为现金净增加额或现金净流量。

由于企业会计采用权责发生制进行会计核算，有些收入并不在会计当期产生现金流入量，有些费用并不在会计当期产生现金流出量。例如，企业向客户赊销商品，收入在销售当期计入利润表，但现金回笼在以后的会计期间；再如，对固定资产计提折旧费用，现金支出是在购进固定资产时一次支付的，并记入了资产账户，以后各期转为折旧费用时不再需要支出现金。因此，每期的会计利润与现金净流量之间总会存在或多或少的差异。由于资本市场中多次出现上市公司利用某些会计方法操控利润的丑闻，因此，投资者和债权人不得不越来越谨慎地看待利润数据。与会计利润相比，现金流更具客观性且难以人为控制，因此，其在投资决策过程中的参考价值日益提升。投资者和债权人甚至以现金流与利润的比值作为衡量盈余质量的指标。因此，体现企业现金流变化的现金流量表就成为最主要的会计报表之一。表 1－4 列示了一张简化的现金流量表。

表 1－4 现金流量表（简化）

编制单位：万方公司　　2022 年度　　单位：元

项目	金额
一、经营活动产生的现金流量	
销售商品、提供劳务收到的现金	862 200
购买商品、接受劳务支付的现金	430 700
经营活动产生的现金流量净额	431 500
二、投资活动产生的现金流量	
取得投资收益收到的现金	12 000
投资支付的现金	900 000
投资活动产生的现金流量净额	－888 000
三、筹资活动产生的现金流量	
取得借款收到的现金	1 500 000
分配股利、利润或偿付利息支付的现金	161 000
筹资活动产生的现金流量净额	1 339 000
四、现金及现金等价物净增加额	882 500
加：期初现金及现金等价物余额	0
五、期末现金及现金等价物余额	882 500

从表 1－3 可见，与利润表相似，现金流量表的表头也包括企业名称、报表名称和报表所反映的会计期间。

现金流量表的主体由三部分构成，分别是经营活动产生的现金流量、投资活动产生的现金流量和筹资活动产生的现金流量。这种分类有助于投资者和债权人判断企业的现金流来源和构成。一般来说，经营活动的现金流是最为稳定和有保障的，对企业未来的现金流变化趋势具有较强的预测价值；投资活动的现金流反映了企业投资的变化及收益状况；筹资活动的现金流反映了企业通过资本发行和债务发行筹措现金的能力。

1.3.4 报表之间的勾稽关系

资产负债表、利润表和现金流量表三张报表既相互独立，又是一个相互联系的有机整体，体现了会计理论和方法体系的科学性。会计报表之间的这种有机联系称为勾稽关系。

第一，资产负债表与利润表之间存在勾稽关系。资产负债表中的所有者权益可分为两大类：企业业主投入的资本（实收资本）和企业的累计盈余（未分配利润）。未分配利润的具体含义是：企业经营历年以来累积获得的利润留存在企业中的部分。而年度利润表中的净利润即为其中某一年的利润数。利润表中的“净利润”数额在年末结账时，将转入资产负债表中的“未分配利润”。

第二，资产负债表与现金流量表之间存在勾稽关系。资产负债表中的资产部分第一项是“货币资金”。而现金流量表的目的和内容就是货币资金的解释性描述：在会计期间内货币资金是如何增减变化的。具体的来源和去向分为三大内容：经营活动、投资活动和筹资活动。因此，两张报表的数字存在的对应关系为：前一期资产负债表的货币资金数是现金流量表的起点，即期初现金及现金等价物余额；后一期资产负债表的货币资金数是现金流量表的终点，即期末现金及现金等价物余额；而经营活动、投资活动和筹资活动的现金流之和，即当期现金及现金等价物的增减额，必须等于前后两期资产负债表货币资金数之差。

第三，利润表与现金流量表之间存在勾稽关系。利润表的净利润是按照权责发生制基础计量的，而现金流量表的当期现金及现金等价物增减额是按照收付实现制基础计量的。在现金流量表的编制方法中，其中一种方法是间接法，该方法即是通过一定技术手段将利润数调整为现金流量数。这种编制方法不在本书介绍范围之内，这里不再赘述。

1.3.5 会计计量

企业在记录发生的交易或事项时，首先要基于会计要素（资产、负债、所有者权益、收入、费用和利润）的定义进行确认。完成会计确认，意味着这项交易或事项的影响将被计入资产负债表或利润表。在登记入账并列报于会计报表及其附注之前，还必须按照会计准则规定的计量属性进行计量，以确定入账或入表的金额。

会计计量分为初始计量和后续计量。初始计量是对已经确认的交易和事项的金额进行首次计量。后续计量是指初始计量以后，在资产和负债的后续持有期间，对资产和负债的价值变动进行再次计量，确定该项目在资产负债表上的列示价值，并反映因资产和负债价值变动而产生的损益。例如，固定资产购入时的入账价值就是初始计量的结果；而在使用固定资产期间对其进行系统的折旧，就属于后续计量。

根据企业会计准则，会计计量属性有五种，包括历史成本、重置成本、可变现净值、现值和公允价值。

在历史成本计量下，资产按照购置时支付的现金或者现金等价物的金额，或者按照购置资产时所付出的对价的公允价值计量。负债按照因承担现时义务而实际收到的款项或者资产的金额，或者承担现时义务的合同金额，或者按照日常活动中为偿还负债预期需要支付的现金或者现金等价物的金额计量。初始计量通常采用的是历史成本计量属性。以存货的初始计量为例，企业采购的原材料按照实际采购成本入账。实际采购成本包括货物金额、除增值税进项税额以外的相关税费、运输费、装卸费、保险费以及其他可归属于存货采购成本的费用。

在重置成本计量下，资产按照当前购买相同或者相似资产所需支付的现金或者现金等价物的金额计量。负债按照当前偿付该项债务所需支付的现金或者现金等价物的金额计量。

在可变现净值计量下，资产按照其正常对外销售所能收到现金或者现金等价物的金额扣减该资产至完工时估计将要发生的成本、估计的销售费用以及相关税费后的金额计量。仍以存货为例，在年末，企业需要对存货进行减值测试，比较存货的库存账面成本与可变现净值，并按照其中较低者对存货列示于资产负债表中的金额进行后续计量。比如，在产品的可变现净值就等于该存货加工完成后的产成品的估计售价减去自当前状态加工到可销售状态估计将要发生的成本、估计的销售费用以及相关税费。

在现值计量下，资产按照预计从其持续使用和最终处置中所产生的未来净现金流入量的折现金额计量。负债按照预计期限内需要偿还的未来净现金流出量的折现金额计量。以固定资产为例，在确定固定资产的可收回金额时，就要考虑该资产的未来现金流量现值。另外，在债券发行价格的确定、并购标的企业价值的评估过程中，也都会用到现值计量。

在公允价值计量下，资产和负债按照市场参与者在计量日发生的有序交易中，出售资产所能收到或者转移负债所需支付的价格计量。其中，有序交易是指在计量日前一段时期内相关资产或负债具有惯常市场活动的交易，而非类似企业破产清算时产生的被迫交易。买方和卖方应是处于主要市场（或最有利市场）中独立的市场参与者，不存在关联关系，并且他们应当熟悉情况，能够根据可取得的信息对相关资产或负债以及交易具备合理认知，有能力并自愿进行相关资产或负债的交易。以股票投资为例，企业短期持有的少量其他上市公司股票会被分类为交易性金融资产，并以公允价值计量，表现为该股票在当期期末的收盘价。

1.4 我国的会计法规体系

1.4.1 我国会计法规体系的构成

我国的会计法规体系主要由会计法、会计准则和会计制度三个层次构成。

1. 会计法

会计法由全国人民代表大会常务委员会制定和通过，是会计法规体系中层次最高的法律规范，是制定其他会计法规的依据，也是指导会计工作的最高准则。现行的《中华人民共和国会计法》（以下简称《会计法》）最早于 1985 年颁布，并经过 1993 年第一次修正、1999 年修订和 2017 年第二次修正。《会计法》的立法宗旨是规范会计行为，保证会计资料真实完整。《会计法》的主要内容分为总则，会计核算，公司、企业会计核算的特别规定，会计监督，会计机构和会计人员，法律责任，附则七章。

素养提升：结合中国特色社会主义法治体系学习相关法规

《中华人民共和国会计法》之第一章“总则”

第一条　为了规范会计行为，保证会计资料真实、完整，加强经济管理和财务管理，提高经济效益，维护社会主义市场经济秩序，制定本法。

第二条　国家机关、社会团体、公司、企业、事业单位和其他组织（以下统称单位）必须依照本法办理会计事务。

第三条　各单位必须依法设置会计账簿，并保证其真实、完整。

第四条　单位负责人对本单位的会计工作和会计资料的真实性、完整性负责。

第五条　会计机构、会计人员依照本法规定进行会计核算，实行会计监督。

任何单位或者个人不得以任何方式授意、指使、强令会计机构、会计人员伪造、变造会计凭证、会计账簿和其他会计资料，提供虚假财务会计报告。

任何单位或者个人不得对依法履行职责、抵制违反本法规定行为的会计人员实行打击报复。

第六条　对认真执行本法，忠于职守，坚持原则，做出显著成绩的会计人员，给予精神的或者物质的奖励。

第七条　国务院财政部门主管全国的会计工作。

县级以上地方各级人民政府财政部门管理本行政区域内的会计工作。

第八条　国家实行统一的会计制度。国家统一的会计制度由国务院财政部门根据本法制定并公布。

国务院有关部门可以依照本法和国家统一的会计制度制定对会计核算和会

计监督有特殊要求的行业实施国家统一的会计制度的具体办法或者补充规定，报国务院财政部门审核批准。

中国人民解放军总后勤部可以依照本法和国家统一的会计制度制定军队实施国家统一的会计制度的具体办法，报国务院财政部门备案。

2. 会计准则

会计准则和会计制度均是在会计法的规则框架下，由财政部制定和颁布的用于规范企业的会计核算和会计报告。

现行会计准则于2006年颁布，2007年施行。会计准则体系包括1项基本准则、38项具体准则和应用指南。2014年新增和修订了8项具体准则，2017年新增和修订了7项具体准则，2018年修订了1项具体准则，2019年修订了2项具体准则。它适用于上市公司，并鼓励大中型企业使用。

3. 会计制度

自新中国成立直至会计准则体系建立之前，我国一直以会计制度体系作为会计工作的具体规范。会计制度是对经济业务进行分类、记录、汇总，并进行分析和报告的制度，是进行会计工作所应遵循的规则、方法、程序的总称。根据《会计法》的规定，国家统一的会计制度，由国务院财政部门制定；国务院有关部门可以依照本法和国家统一的会计制度制定对会计核算和会计监督有特殊要求的行业实施国家统一的会计制度的具体办法或者补充规定，报国务院财政部门审核批准。我国的会计制度体系从2000年起重构，包括企业会计制度、金融企业会计制度和小企业会计制度。

除上述法律法规以外，与会计、审计工作有关的法律还有《中华人民共和国注册会计师法》(以下简称《注册会计师法》)、《总会计师条例》、《会计基础工作规范》等。

本节主要介绍会计准则。

1.4.2 从会计制度体系到会计准则体系的演变

1978年改革开放以后，逐步由计划经济向市场经济转变，企业的经营目标由执行国家经济计划转向追求经济效益，而会计数据和会计指标是反映企业经营成果的主要手段，企业会计行为和会计信息质量越来越被国家重视。由此，1985年我国颁布了《会计法》，将会计工作纳入法制轨道。

由于经济发展的需要，国家鼓励引入外资，成立了大量的中外合资经营企业和合作经营企业。当时我国的会计制度与西方会计规则之间差异太大，为方便国外投资方理解合资、合营企业会计内容，财政部于1985年出台《中华人民共和国中外合资经营企业会计制度》(以下简称《中外合资经营企业会计制度》)。在该制度中，第一次借鉴了会计要素的确认、计量、记录和报告等国际会计理念。

1992年年初，为配合企业股份制改造和资本市场建立，财政部出台了《股份制试点企业会计制度》，并在原《中外合资经营企业会计制度》的基础上修订颁布了《中华人民共和国外商投资企业会计制度》（以下简称《外商投资企业会计制度》）。

1992年年底，财政部发布了《企业会计准则》和13个行业的会计制度，首次在我国出现了会计准则的提法。1992年的《企业会计准则》共66条，其作用相当于现在的基本准则。由于《企业会计准则》只涉及了会计原则、会计要素和会计报告的定义和基本规范，缺少规范具体经济业务会计处理的具体准则，企业的会计核算还是要依照行业会计制度的规定进行。虽然当时会计准则和会计制度并行，但从此拉开了会计准则逐步取代会计制度的序幕。

1997年我国正式加入国际会计师联合会和国际会计准则委员会。1997年至2004年年底，财政部陆续发布了16项具体准则，并在上市公司中施行。非上市公司仍以执行会计制度为主。

同期，会计制度也有所进展。2000年财政部发布《企业会计制度》（实际上是大中型企业会计制度），2001年发布《金融企业会计制度》，2004年发布《小企业会计制度》，并取代了以前的分行业的会计制度。

2005年财政部修订了基本会计准则。2006年财政部发布了全套会计准则体系，包括基本准则和38项具体准则等，2014年新增和修订了8项具体准则，2017年修订和印发了7项具体准则，2018年修订了租赁准则，2019年修订了非货币性资产交换准则和债务重组准则，目标适用范围为上市公司和所有大中型企业，标志着会计制度的逐步退出，如表1-5所示。

表1-5　企业会计准则中的具体准则一览表

编号	准则名称	发布日期	修订日期
1	存货	2006-02-15	—
2	长期股权投资	2006-02-15	2014-03-13
3	投资性房地产	2006-02-15	—
4	固定资产	2006-02-15	—
5	生物资产	2006-02-15	—
6	无形资产	2006-02-15	—
7	非货币性资产交换	2006-02-15	2019-05-09
8	资产减值	2006-02-15	—
9	职工薪酬	2006-02-15	2014-01-27
10	企业年金基金	2006-02-15	—
11	股份支付	2006-02-15	—
12	债务重组	2006-02-15	2019-05-16
13	或有事项	2006-02-15	—
14	收入	2006-02-15	2017-07-05
15	建造合同	2006-02-15	—

续表

编号	准则名称	发布日期	修订日期
16	政府补助	2006-02-15	2017-05-10
17	借款费用	2006-02-15	—
18	所得税	2006-02-15	—
19	外币折算	2006-02-15	—
20	企业合并	2006-02-15	—
21	租赁	2006-02-15	2018-12-07
22	金融工具确认和计量	2006-02-15	2017-03-31
23	金融资产转移	2006-02-15	2017-03-31
24	套期会计	2006-02-15	2017-03-31
25	原保险合同	2006-02-15	—
26	再保险合同	2006-02-15	—
27	石油天然气开采	2006-02-15	—
28	会计政策、会计估计变更和差错更正	2006-02-15	—
29	资产负债表日后事项	2006-02-15	—
30	财务报表列报	2006-02-15	2014-01-26
31	现金流量表	2006-02-15	—
32	中期财务报告	2006-02-15	—
33	合并财务报表	2006-02-15	2014-02-17
34	每股收益	2006-02-15	—
35	分部报告	2006-02-15	—
36	关联方披露	2006-02-15	—
37	金融工具列报	2006-02-15	2014-06-20 2017-05-02
38	首次执行企业会计准则	2006-02-15	—
39	公允价值计量	2014-01-26	—
40	合营安排	2014-01-27	—
41	在其他主体中权益的披露	2014-03-14	—
42	持有待售的非流动资产、处置组和终止经营	2017-04-28	—

我国会计制度到会计准则的演变过程，显示出我国会计规范逐渐融入国际经济规范体系的趋势和进程。《中外合资经营企业会计制度》首次引入了国际通行的一些会计基础理论和基本方法；后来的《外商投资企业会计制度》进一步扩大了合资制度的适用范围。1992年《企业会计准则》的颁布是一个历史性的转折，当时提出的要求明确为与国际会计准则“接轨”，但同时也保留了部分“中国特色”。但是由于没有具体准则的支持，会计制度仍担当着会计工作规范的主力，尤其是2000年《企业会计制度》的发布还加强了这种地位。加入世界贸易组织（WTO）以及我国市场经济地位的确立最终推动了2006年全套会计准则体系的建立，而且该会计准则制定的主旨在于与国际会计准则“全面趋同”，适用范围

从上市公司扩展到大中型企业，覆盖和替代了《企业会计制度》和《金融企业会计制度》的适用范围，实现了我国会计规范体系的转型，也实现了企业会计语言与国际标准的全面融合，为我国企业的国际化发展奠定了基础。

1.5 会计职业发展和职业道德

会计是一种专业性很强的工作。任何企业、单位或部门都需要会计人员对其所从事的经济活动进行记录和报告。可以说，对会计人员的需求覆盖经济社会的各个方面，覆盖各个地理区域，遍及各行各业，分布于各个层次，会计人员有着最为广泛的就业前景。随着经济规模的扩大和资本市场的发展，会计信息在宏观和微观经济运行中的作用越来越重要，会计人员在经济组织中的作用和地位也日益显现。

1.5.1 会计职业发展

具备会计教育背景和经验的专业人士的从业方向有以下四种：企业会计、注册会计师（CPA）、非营利组织会计和会计教育。

1. 企业会计

会计学专业的学生最大的毕业流向为企业。

在企业中全面负责财务会计工作的负责人一般称为**财务总监**（Chief Finance Officer，CFO）。财务总监的主要职责包括：建立健全企业财务管理体制，拟定财务管理制度；建立健全会计核算体系，向企业管理层提供会计数据和报表，并利用会计数据进行经营活动分析；参与经营决策与重大投资项目的研究、审查；负责预算、财务收支计划，拟定资金筹措方案等。

财务总监下可设财务经理和会计主管。

财务经理的主要工作内容围绕资金管理展开。主要包括：编制财务预算；做好税务筹划；协调与银行之间的关系，保证企业资金需求；协调与税务之间的关系，掌握各项税收政策，合法纳税；负责所有资产、存货、资金、收入的安全，合理利用资金；督导各项财务制度、财经纪律和财经规则执行情况等。

会计主管的工作主要涉及日常经营核算，其职责主要包括：审核原始凭证，并根据原始凭证登记记账凭证和会计账簿；账账相符、账实相符，确保资产安全；准确核算成本、费用，反映经营成果；加强会计核算和财务审核监督；开展内部审计；计算和申报各项税金等。

2. 注册会计师

在现代企业所有权和经营权分离的大背景下，企业内外存在严重的信息不对称。企业的管理层负责会计信息的编制和披露。以投资者和债权人为代表的企业外部利益相关者在投资决策时面临信息不对称的困境。根据代理理论，企业管理层在拥有信息优势的前提下，可能从自身利益最大化出发，产生道德风险问题。表现在会计上，就是我们所熟悉的会计信息操纵，如盈余管理，甚至是做假账。

为了能够最大限度地为企业所披露的会计信息质量提供保障，产生了注册会计师行业。注册会计师是独立于企业和其他利益相关者的第三方，具有会计专业技术能力和执业资质。按照规定，上市公司所披露的定期报告必须经注册会计师审计，并将审计报告与会计报表一并披露。另外，注册会计师还可验证企业资本，出具验资报告；办理企业合并、分立、清算事宜中的审计业务以及法律、行政法规规定的其他审计业务。除审计之外，注册会计师的其他业务还包括会计咨询和会计服务。

根据《注册会计师法》的要求，申请成为注册会计师的基本要求为：具有高等专科以上学校毕业学历，或者具有会计或者相关专业中级以上技术职称；参加注册会计师全国统一考试成绩合格；从事审计业务工作达两年以上。注册会计师须加入注册会计师协会才能够执业。

3. 非营利组织会计

企业是以营利为目的的经营性组织，为企业设置的会计即为营利性组织会计。与企业不同，不以赚取利润为目标的组织称为非营利组织，为其设置的会计称为非营利组织会计。

非营利组织因资源筹措和使用的法律限制不同分为两类，一类是使用公共经济资源的政府，一类是使用非公共经济资源（社会资源或民间资源）的民间非营利组织。相应地，非营利组织会计分为政府会计和民间非营利组织会计。对应政府主体的会计称为政府会计，对应民间非营利组织主体的会计称为民间非营利组织会计。

按照会计主体的预算收支管理范围，政府会计进一步分为政府财政会计和政府单位会计。政府财政会计是反映和监督政府财政预算资金的执行情况和政府财政资金财务运行及财务状况的会计；政府单位会计是反映和监督政府单位（包括行政单位和事业单位）预算资金执行情况、单位资金财务运行及财务状况的会计。

简单地看，我国政府分为五个级次——中央、省（直辖市）、市、县、乡，每一级政府的财政会计报表与其各政府单位会计报表合并，形成本级政府主体的会计报表。

上述分类如图1-1所示。

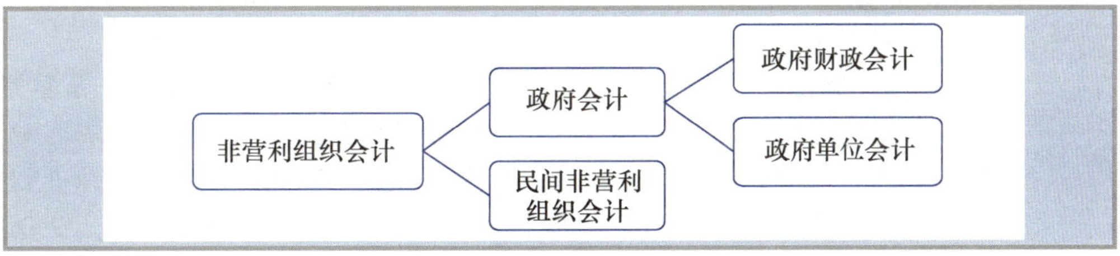

图1-1 非营利组织会计的分类

4. 会计教育

改革开放以来，我国现代企业制度逐步完善，资本市场在经济中的作用和地位日益加强，社会对高层次会计人才的需求也急剧增加。近年来，会计已成为最受欢迎的职业之一。很多高等院校都设置了会计专业，对会计教师的需求也随之上升。

会计专业教师的工作主要涉及教学和科研。科研内容主要涵盖对实务工作的研究和对会计理论的探讨。另外，中国证监会于2001年发布了《关于在上市公司建立独立董事制度的指导意见》，要求“各境内上市公司应当按照本指导意见的要求修改公司章程，聘任适当人员担任独立董事，其中至少包括一名会计专业人士”。其中，会计专业人士是指具有高级职称或注册会计师资格的人士。因此，具有高级会计专业技术职称的会计教育从业人士还可以兼任上市公司的独立董事。

1.5.2 会计职业道德

1. 会计人员的职业道德

依照《会计基础工作规范》，会计人员的职业道德主要包括以下六个方面：

（1）敬业爱岗。即会计人员应当热爱本职工作，努力钻研业务，使自己的知识和技能适应所从事工作的要求。

（2）熟悉法规。即会计人员应当熟悉财经法律、法规、规章和国家统一的会计制度，并结合会计工作进行广泛宣传。

（3）依法办事。即会计人员应当按照会计法规和国家统一会计制度规定的程序和要求进行会计工作，保证所提供的会计信息合法、真实、准确、及时、完整。

（4）客观公正。即会计人员办理会计事务应当实事求是、客观公正。

（5）搞好服务。即会计人员应当熟悉本单位的生产经营和业务管理情况，运用掌握的会计信息和会计方法，为改善单位内部管理、提高经济效益服务。

（6）保守秘密。即会计人员应当保守本单位的商业秘密，除法律规定和单位领导人同意外，不能私自向外界提供或者泄露单位的会计信息。

2. 注册会计师的职业道德

为解决注册会计师职业中违反职业道德的问题，我国注册会计师协会于2002年6月25日发布了《中国注册会计师职业道德规范指导意见》，并于2002年7月1日起施行。

《中国注册会计师职业道德规范指导意见》分为两个层次：一是基本原则，二是具体要求。基本原则包括注册会计师履行社会责任，恪守独立、客观、公正的原则，保持应有的职业谨慎，保持和提高专业胜任能力，遵守审计准则等职业规范，履行对客户的责任以及对同行的责任等。具体包括独立性、专业胜任能力、保密、收费与佣金、与执行鉴证业务不相容的工作、接任前任注册会计师的审计业务，以及广告、业务招揽和宣传等。

3. 会计诚信

在目前的市场环境中，会计诚信的重要性日益突出。会计诚信是指会计行为的诚信，既是会计人员的诚信，也是企业诚信的一部分。会计诚信的具体表现就是：企业向外界提供的财务信息应该真实、完整、准确、及时。

如前所述，在市场经济体制下，会计工作的作用日益重要，会计数据与经济利益越来越紧密地联系在一起。首先，按照现代企业制度，所有权和经营权相分离。投资者不再直接管理企业，而是委托职业经理人经营，即企业的管理层。管理层承担受托责任，需定期向投资者报告经营成果，而会计数据如资产、负债率、税后净利等即是企业经营成果的最直观体现。如果投资者与管理层所签订的契约中约定了管理层薪酬与企业业绩挂钩，那么利润数据的高低还直接影响管理层的薪酬水平。其次，在资本市场中，会计数据有时成为企业能否顺利融资的门槛。例如，企业首次公开发行股票并在创业板上市的条件中就包括“最近两年连续盈利，最近两年净利润累计不少于 1 000 万元；或者最近一年盈利，最近一年营业收入不少于 5 000 万元”。再如，已上市公司增发的条件中包括“最近 3 个会计年度加权平均净资产收益率平均不低于 6%”的规定。尤其是《中华人民共和国证券法》（以下简称《证券法》）规定，公司最近三年连续亏损，将由证券交易所决定暂停其股票上市交易。如在其后一个年度内仍未能恢复盈利，将由证券交易所决定终止其股票上市交易。

在巨大经济利益的诱惑下，国内外企业都发生过很多会计造假事件。表现为企业出于大股东或管理层局部利益，蓄意违反会计相关法规制度要求，编制虚假财务报告，使投资者蒙受损失。而这些会计丑闻暴露以后，相关企业负责人和会计负责人都受到了法律的制裁。

安然事件是全球影响最大的会计操纵案件。安然公司曾是世界最大的能源交易商，掌控着美国 20%的电能和天然气交易，2000 年的总收入超过 1 000 亿美元。破产前，安然公司营运业务覆盖全球 40 个国家和地区，共有雇员 2 万余人，资产额高达 620 亿美元。2000 年第四季度，“公司天然气业务成长翻升 3 倍，公司能源服务公司零售业务翻升 5 倍”；2001 年第一季度，“季营收成长 4 倍，是连续 21 个盈余成长的财季”……在安然，衡量业务成长的尺度不是百分比，而是倍数，这让所有的投资者都笑逐颜开。然而，2001 年 10 月 16 日，安然公布其第三季度巨额亏损 6.18 亿美元；同年 11 月安然向美国证券交易委员会（以下简称美国证监会）承认，自 1997 年以来，共虚报利润约 6 亿美元。

安然的会计造假使投资者蒙受巨额损失。安然事件曝光后，安然股价在一天之内猛跌超过 75%，创下纽约股票交易所和纳斯达克市场有史以来的单日下跌之最；次日，安然股票暴跌至每股 0.26 美元，成为名副其实的垃圾股。在此事件中受到影响的还有安然的债权人。损失比较惨重的是 JP 摩根和花旗集团。仅 JP 摩根对安然的无担保贷款就高达 5 亿美元。

安然事件后，首先遭到质疑的是安然公司的管理层，包括董事会、监事会和公司高级管理人员。他们面临的指控包括疏于职守、虚报账目、误导投资者以及牟取私利等。安然的前首席财务官安德鲁·法斯托被起诉78项罪名。2006年9月26日，他被判入狱6年。

安然假账问题也让其审计公司安达信面临被起诉的危险。安达信既没审计出安然虚报利润，也没发现其巨额债务。2006年6月15日，陪审团一致认定安达信阻碍政府调查的重罪罪名成立，使得安达信不再有资格对在美国证监会注册的上市公司的财务报表进行审计——这无疑正式宣告了有近90年历史的全球五大会计师事务所之一的安达信的终结。

我国也不乏造成广泛影响的上市公司会计造假案件。1998年，琼民源董事长及财务负责人因提供虚假财会报告罪分别获刑3年、2年，受牵连的会计师事务所、注册会计师分别被处以撤销或吊销资格证书。2003年，银广夏总裁以及相关责任人等因提供虚假财会报告罪分获3年以下有期徒刑以及3万～10万元不等的罚金，涉案的深圳中天勤会计师事务所被摘牌，审计师被判2.5年有期徒刑并处3万元罚金。万福生科为谋取上市，采用欺骗手段，将自有资金转至虚假的农户账户假作收购款，而后转回公司再冒充销售回款，并且伪造大量银行回单。2008—2011年，共虚增营业收入7.4亿元，虚增净利润1.6亿元。而此前，万福生科宣称的净利润是1.8亿元，也就是说实际利润只有2 000多万元，九成的利润是子虚乌有。2011年9月该公司上市仅仅一年后，其会计造假就被中国证监会立案调查。为万福生科审计的中磊会计师事务所被撤销其证券服务业务许可证，两名审计师被终身禁入证券市场。

2019年4月30日，康美药业通过对2017年会计报表进行重述，声称货币资金实际比账目短少近300亿元，在资本市场中造成了极其恶劣的影响。中国证监会决定就康美药业涉嫌财务造假进行立案调查，并发现该公司2016—2018年间，通过仿造、变造增值税发票等方式虚增营业收入，通过伪造、变造大额定期存单等方式虚增货币资金，将不满足会计确认和计量条件的工程项目纳入报表，虚增固定资产等，并且未披露控股股东及关联方非经营性占用的情况，在披露年报时存在虚假记载和重大遗漏。

2019年我国修订了《证券法》并于2020年开始执行。新《证券法》加大了对上市公司信息披露违法行为的处罚力度，从原来最高可处以60万元罚款，提高至1 000万元。对发行人的控股股东、实际控制人组织、指使从事虚假陈述行为，或者隐瞒相关事项导致虚假陈述的，最高可处以1 000万元罚款。

2021年，广州市中级法院对康美药业证券集体诉讼案作出一审判决：康美药业承担24.59亿元的赔偿责任；公司实际控制人马兴田夫妇及邱锡伟等4名原高管人员组织策划实施财务造假，属故意行为，承担100%的连带赔偿责任；另有13名高管人员按过错程度分别承担5%、10%、20%的连带赔偿责任。特别需要说明的是，康美药业证券集体诉讼案中，财务总监被判承担100%（24.59亿元）民事赔偿连带责任，审计机构广东正中珠江会计师事务所、正中珠江合伙人兼签字会计师承担100%（24.59亿元）连带责任。康美药业证券集体诉讼案是新《证券法》确立中国特色证券特别代表人诉讼制度后的首起案件，是迄今为止法院审理的赔偿金额最高的上市公司虚假陈述民事赔偿案件。同年，马兴田因操纵证券市场罪、违规披露、不披露重要信息罪以及单位行贿罪数罪并罚，被判处有期徒刑 12 年。

素养提升：结合中国特色社会主义法治体系学习相关法规

《证券法》(2019 年修订）第一百八十一条

发行人在其公告的证券发行文件中隐瞒重要事实或者编造重大虚假内容，尚未发行证券的，处以二百万元以上二千万元以下的罚款；已经发行证券的，处以非法所募资金金额百分之十以上一倍以下的罚款。对直接负责的主管人员和其他直接责任人员，处以一百万元以上一千万元以下的罚款。

发行人的控股股东、实际控制人组织、指使从事前款违法行为的，没收违法所得，并处以违法所得百分之十以上一倍以下的罚款；没有违法所得或者违法所得不足二千万元的，处以二百万元以上二千万元以下的罚款。对直接负责的主管人员和其他直接责任人员，处以一百万元以上一千万元以下的罚款。

《证券法》(2019 年修订）第一百九十七条

信息披露义务人报送的报告或者披露的信息有虚假记载、误导性陈述或者重大遗漏的，责令改正，给予警告，并处以一百万元以上一千万元以下的罚款；对直接负责的主管人员和其他直接责任人员给予警告，并处以五十万元以上五百万元以下的罚款。发行人的控股股东、实际控制人组织、指使从事上述违法行为，或者隐瞒相关事项导致发生上述情形的，处以一百万元以上一千万元以下的罚款；对直接负责的主管人员和其他直接责任人员，处以五十万元以上五百万元以下的罚款。

《刑法》第一百六十一条

依法负有信息披露义务的公司、企业向股东和社会公众提供虚假的或者隐瞒重要事实的财务会计报告，或者对依法应当披露的其他重要信息不按照规定披露，严重损害股东或者其他人利益，或者有其他严重情节的，对其直接负责的主管人员和其他直接责任人员，处五年以下有期徒刑或者拘役，并处或者单处罚金；情节特别严重的，处五年以上十年以下有期徒刑，并处罚金。

思考题

1. 会计的发展与经济环境的关系如何？能否结合我国当前经济发展的阶段性特点讨论我国会计体系建设的目标？

2. 企业为外部各信息使用者提供的信息与为内部管理层提供的信息相比，

最主要的区别是什么？

3. 投资者最为关注的信息是什么？债权人最为关注的信息是什么？

4. 财务会计与管理会计的主要区别有哪些？

5. 审计报告在财务会计报告中起什么作用？

6. 目前上市公司年报中主要包括哪些财务报表？

7. 请简述四个基本会计假设的含义。

8. 请简述会计信息质量要求的名称及其含义。

9. 为什么资产等于负债与所有者权益之和？

10. 资产和费用的区别是什么？

11. 资产负债表、利润表和现金流量表之间的联系体现在哪些方面？

12. 我国会计准则体系的主要构成内容有哪些？

13. 请你收集资料，结合公司上市过程中或上市后存在的财务造假问题，谈谈会计从业人员遵守职业道德的重要意义。

第1章判断题
即测即评

第1章选择题
即测即评

第 2 章

Chapter 2 会计循环

素养提升

1. 结合中国特色社会主义法治体系学习会计法规体系。学习《会计法》第四条和第九条，理解会计凭证的重要意义。

2. 联系新时代新技术情境下的现代会计核算工具，与时俱进，培养学生运用智能会计提高会计核算效率的意识，了解业财融合对企业价值提升的重要意义。

学习目标

1. 掌握：会计循环中涉及的各种会计记录；会计循环的主要环节和步骤；借贷记账法。

2. 理解：会计报表之间的勾稽关系；独立完成会计循环。

3. 了解：会计循环的含义。

2.1 会计循环概述

1. 会计循环的含义

会计循环产生于会计分期假设。企业的经营期限是不确定的，有的企业在经营初期即由于各种原因而倒闭；多数企业可存在几年甚至几十年；少数经营时间较长的企业已超过百年，这其中知名的成功企业很多，如我国的同仁堂、美国的IBM、瑞士的欧米茄等。正是因为不确定企业的生存期限，投资者在将经济资源投入企业后，无法等到企业清算才知晓原始投资是否增值。他们需要及时的企业盈亏信息。同样，债权人需要在制定贷款决策时了解企业短期或长期的偿债能力。国家税务机关需要企业定期提供数据，作为征收税收的基础。经理人需要更为频繁的会计报告以决断企业的实时经营情况变化。为满足上述信息使用者的信息需求，在会计上，企业的全部经营期间被人为地划分为相等时长的会计期间，即为会计分期假设。企业需要在每一会计期末向报表使用者提交财务报告。

从分析经济业务的会计影响开始，经过确认、计量、记录，到完成会计报表的编制（报告），即为一个会计循环过程。会计报表是财务报告的主体内容。出于填报会计报表的目的，会计部门需要保持日常账簿记录，由此产生对企业业务进行会计核算的需要。

与提交财务报告的频率相一致，企业会计核算也表现出周而复始的循环状态，称为会计循环。在每一次会计循环中，会计人员按照既定的会计方法对企业发生的经济业务进行记录、分类和汇总，进而在会计期末编制会计报表，并形成财务报告。

举例来说，光明公司的会计年度为每年的1月1日到12月31日。2×22年年底光明公司需编制当年的财务报告，包括利润表。利润表的主要内容有营业收入、营业成本和费用项目。为了填制这些数据，会计人员必须建立日常会计记录，比如收入和成本费用的账簿，当企业的销售部门完成销售业务，并将相关单据交到财务部门时，会计人员应按照相关的原则和方法，将销售业务产生的销售收入和销售成本记入对应账簿。这样，在会计年度终了时，会计人员就可以将账簿记录的期末数登记到利润表中。之后，会计人员会结转收入和成本费用账簿的余额，使之归零，以便为记录2×23年的收入和成本费用做好准备。这就是一个简单的会计循环。一个会计循环的结束，即为下一个会计循环的开端。

2. 会计循环中的主要流程

每一个会计循环的最终结果体现在财务报告中，因此会计报表是会计循环中最为重要的会计文件。

在编制报表过程中，报表数据均来自账簿，每个报表项目均对应一个或几个账簿，账簿的数量依据业务的复杂程度而定。例如，利润表中的“营业收入”就对应着两个总账账簿：“主营业务收入”和“其他业务收入”。这两个账簿的余额加总后，就被填入利润表中的“营业收入”项目。而同为利润表项目的“管理费用”就直接对应一个“管理费用”账簿，期末直接将账簿余额填入利润表即可。资产负债表中的“货币资金”则被分解为三个账簿——“库存现金”“银行存款”“其他货币资金”，须根据这些账簿期末余额之和填列。

账簿的登记不能直接来源于经济业务，中间还有一个环节：会计凭证。也就是说，当经济业务发生时，是不能直接登记账簿的。首先，会计人员要审核该业务的相关单据（称为原始会计凭证），以保证业务的真实性和会计信息的可靠性。其次，在账簿中使用的是会计语言，表现为“借”“贷”。因此，必须先把经济业务的影响转换为以借贷表示的会计语言。这种转换的方法称为借贷记账法。运用借贷记账法将该销售业务转换为会计分录。会计分录先登记在记账凭证上，然后才分别登记到各账簿中。

例如，销售部门发生“企业销售产品给客户并收到支票”的业务，会计人员的做法如下：第一步，检查销售合同、支票、发货单等原始凭证是否正确和充分；第二步，通过借贷记账法编写会计分录（借：银行存款；贷：主营业务收入），并填写记账凭证；第三步，登记银行存款账簿的借方和主营业务收入账簿的贷方；第四步，在会计期末，根据其账簿余额填写报表对应项目数据。

汇总上述会计循环的主要流程如图 2－1 所示。

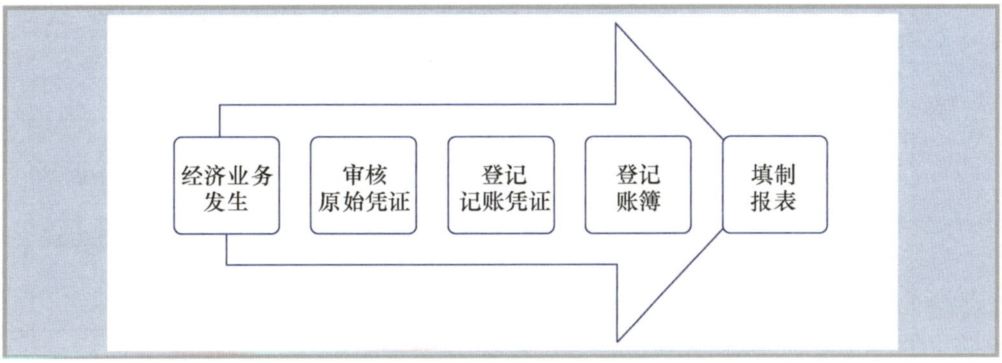

图 2－1　会计循环的主要流程

在 2.2 节中，我们将介绍会计循环中使用到的会计记录，包括会计凭证和会计账簿，并讲解如何使用借贷记账法，将经济业务转换为会计语言，即会计分录。在 2.3 节中，我们将通过企业业务案例，展示如何完成一个会计循环。

2.2　会计核算基础

2.2.1　会计科目和账户

1. 会计科目

按照会计处理流程，当日常经济业务发生时，会计部门将收到一系列原始单据，并根据这些单据分析经济业务的性质，同时按照一定的会计规则进行分类和记录，即编制会计分录。会计科目即是对各种经济数据进行分析的工具。

会计报表是会计核算的最终产品。因此，会计核算的流程应围绕报表填报的需要制定。如第 1 章所述，会计报表的全部项目由会计法规体系限定，企业应结合自身的业务特点进行适当的取舍。在企业所使用的各会计报表项目确定之后，会计报表项目就形成了会计业务记录的基本分类单位，称为会计科目。例如，资产负债表中的固定资产、短期借款等。另外，为了会计核算方便，企业也可以将会计报表项目进行适当的拆分和细化，如将资产负债表中的“货币资金”拆分为“库存现金”“银行存款”“其他货币资金”。我国企业会计准则应用指南为企业设计了主要的会计科目，涵盖了各类企业的交易或者事项。企业在会计核算实践过程中，在不违反会计准则中确认、计量和报告规定的前提下，可以根据本单位的实际情况自行增设、分拆、合并会计科目。企业不存在的交易或者事项，可不设置相关会计科目。表 2－1 简要列示了本教材中涉及的一些常用的会计科目。

表 2-1 常用会计科目表

资产类	负债类	所有者权益类	收入类	费用类	利润类
库存现金	短期借款	实收资本	主营业务收入	主营业务成本	本年利润
银行存款	应付票据	其他权益工具	其他业务收入	其他业务成本	
其他货币资金	应付账款	资本公积	公允价值变动损益	税金及附加	
交易性金融资产	预收账款	库存股	投资收益	销售费用	
应收票据	应付职工薪酬	其他综合收益	其他收益	管理费用	
应收账款	应交税费	盈余公积	资产处置损益	财务费用	
预付账款	应付利息	利润分配	营业外收入	信用减值损失	
应收股利	应付股利			资产减值损失	
应收利息	其他应付款			营业外支出	
其他应收款	长期借款			所得税费用	
坏账准备	应付债券				
在途物资	长期应付款				
原材料	未确认融资费用				
库存商品	预计负债				
生产成本	递延收益				
制造费用	递延所得税负债				
委托加工物资					
低值易耗品					
存货跌价准备					
持有待售资产					
持有待售资产减值准备					
债权投资					
债权投资减值准备					
长期应收款					
未实现融资收益					
长期股权投资					
长期股权投资减值准备					
其他债权投资					
其他债权投资减值准备					
其他权益工具投资					
固定资产					
累计折旧					
固定资产减值准备					
固定资产清理					
在建工程					

续表

资产类	负债类	所有者权益类	收入类	费用类	利润类
工程物资					
研发支出					
无形资产					
累计摊销					
无形资产减值准备					
待处理财产损溢					

会计科目可进一步分为总分类科目和明细科目。前者是对会计要素的具体内容进行总括分类，提供总括信息的会计科目，也称一级科目，如“应收账款”“原材料”等。后者是对总分类科目进一步分类，提供更详细、更具体的会计信息的科目，如“应收账款”科目按债务人名称设置明细科目，反映应收账款的具体对象；“原材料”科目按照原材料的种类和存放地点设置明细科目；“银行存款”科目按不同的银行设置明细科目。举例说明如表 2-2 所示。

表 2-2　会计总分类科目和明细科目设置举例

总分类科目	二级明细科目	三级明细科目
银行存款	中行	
	工行	
	建行	
应收账款	A 客户	
	B 客户	
	C 客户	
原材料	原料及主要材料	甲材料
		乙材料
		丙材料
	包装材料	纸箱
		包装袋
	燃料	汽油
		柴油

2. 会计账户

会计期末，会计人员需要获得能够填制资产负债表和利润表各个项目的数据，而这些项目分别对应一个或几个会计科目。因此，客观上需要为这些会计科目建立序时的跟踪、分类和汇总的会计记录，产生了以会计科目为名称的会计记录形式，称为会计账户。企业每一笔经济业务的发生对资产负债表和利润表的影响都可归类为这些会计账户记录的变化。例如，企业销售一批商品，收到100万元货款。这笔业务一方面增加了银行存款100万元，另一方面也增加了企业的主营业务收入100万元。因此，该业务将被分别记入“银行存款”账户和“主营业务收入”账户。会计期末，“银行存款”账户的余额将和“库存现金”账户的余额以及“其他货币资金”账户的余额加总在一起，记入资产负债表中的“货币资金”项目。而“主营业务收入”账户的余额与“其他业务收入”账户的余额加总后，记入利润表中的“营业收入”项目。

会计账户设计了三个主要构成部分：账户名称，列示于会计账户的上方；会计账户的左边称为借方；会计账户的右边称为贷方。

为了便于说明账户的结构和核算方法，以“库存现金”账户为例加以说明。

借方		库存现金		贷方
1/1	期初余额	23 000	1/3	5 000
1/16		780	1/5	2 800
1/26		1 500	1/15	8 700
			1/22	5 660
1/31	期末余额	3 120		

账户名称“库存现金”明确了账户的核算对象。

期初余额23 000元记录在账户左方（即借方）的第一行。期初余额是从上期期末余额结转而来的。上期期末余额的方向决定了期初余额应记录在借方还是贷方。依此例，显然，库存现金账户的上期期末（上年12月31日）有借方余额23 000元。一般来说，资产类账户常常表现为借方余额；负债类和所有者权益类账户常常表现为贷方余额。

在期初余额之后依次记录了当期发生额。借方数字表示当期现金增加额，如1月16日收到780元现金，26日收到1 500元现金；贷方数字记录了当期现金的支出情况，如1月3日支出5 000元，5日支出2 800元等；这些借方和贷方当期的增减记录称为当期发生额。

账户的最后一行为期末余额。期末余额的计算公式如下：

期末余额＝期初余额＋本期增加额－本期减少额

对比“库存现金”账户借方和贷方的合计可以发现，借方的期初余额与现金增加额之和大于贷方发生额，因此，该账户的期末余额（借方总额减贷方总额的差值）应记在借方。示例中1月31日借方期末余额为3 120元。

但需要注意的是，并不是每一个账户的借方都表示该账户金额的增加，每一个账户的贷方都表示金额的减少，而是应根据具体情况而定。这个问题我们将在“借贷记账法”部分详细说明。

账户按其所反映的经济内容不同分为资产类账户、负债类账户、所有者权益类账户、成本类账户、损益类账户等。账户的性质与会计科目的性质是一致的。例如，“银行存款”“库存商品”等属于资产类账户，“应付票据”“长期借款”等属于负债类账户，“实收资本”“利润分配”等属于所有者权益类账户，“生产成本”“制造费用”等属于费用类账户，“主营业务收入”“主营业务成本”等属于损益类账户。

账户也可以按照其他的标准进行分类。同会计科目分为总分类科目和明细科目相对应，按照核算信息的详细程度及统驭关系，账户还可以分为总分类账户（简称总账）和明细分类账户（简称明细账）。

2.2.2　借贷记账法

企业的财务部门在经济业务发生之后，必须借助一定的记账方法，将经济业务对企业各会计要素（资产、负债、所有者权益、收入、费用和利润）的影响，结合确认和计量过程，转换为会计语言，然后才有可能登记账簿和填列报表。这与计算机处理程序是类似的。计算机的运算是通过 0 和 1 的不同排列进行的，因而在处理任何数据之前，这些数据都必须按照二进制转换为 0 和 1。同理，要将经济业务反映到财务报表中，也必须先运用记账方法把这些业务“翻译”为会计系统能够处理的信息形式。

1. 单式记账法与复式记账法

早期的记账方法表现为单式记账，它的特点是，每一项经济业务的影响只记录在一个账户之中。例如，销售货品之后，仅记录现金的增加；存货交付之后，仅记录存货的减少。这种记账方式的优点是操作简单，缺点是对经济业务的反映比较片面，账户之间联系不紧密，无法实现自我复核。随着资本主义经济的发展及企业业务的数量和复杂性迅速提升，复式记账法在欧洲出现并逐步推广，完全取代了单式记账。复式记账法与单式记账法最大的不同在于，对每一笔经济业务的记录要同时反映在两个或两个以上相互联系、相互对应的账户之中，且金额相等。仍以销售业务为例，假如企业销售了 1 000 元的大米，则同时记录现金增加 1 000 元和营业收入增加 1 000 元，说明销售这一经济行为一方面增加了企业的现金资产，一方面又为企业创造了收入。当企业将货品交付买家时，假设这些大米的原始购进成本为 700 元，则应同时记录库存商品减少 700 元和营业成本增加 700 元，说明该业务一方面减少了企业的存货，一方面又增加了企业的营业成本。从上述举例中可以看出，复式记账法对经济业务的反映系统、全面，不仅准确记录了现金和存货两项资产的变动，而且反映了这次销售创造了 300 元（1 000元营业收入扣除 700 元营业成本）的毛利。另外，复式记账法使得经济业务的会计记录便于相互核对，有利于防止和减少记账差错，同时也有利于加强内部控制。

2. 借贷记账法

借贷记账法（debit-credit bookkeeping method）是目前世界上最科学、应用最为广泛的复式记账方法。借贷记账法要求对发生的每一笔经济业务，都要以相等的金额、相反的方向，在两个或两个以上相互联系的账户中进行连续、分类登记。

借贷记账法在记录经济业务时，以“借”和“贷”为记账符号记录经济业务。借贷记账法最早起源于13—14世纪的意大利。借贷记账法“借”“贷”两字，最初反映的确实是“债权”和“债务”的关系。但是，随着经济的发展，借贷记账法得到了广泛的运用，记账对象不再局限于债权债务关系，而是扩大到财产物资增减变化和经营损益，最终逐渐演变成纯粹的记账符号，不再有特殊的意义。在借贷记账法下，每一个账户均设定有“借”和“贷”两个方面，称为“借方”和“贷方”。借方和贷方记录的方向是相反的，如果借方登记该账户金额的增加，则贷方就必然记录该账户金额的减少；反之，如果借方登记该账户金额的减少，则贷方就必然记录该账户金额的增加。在账户借方记录的经济业务称为“借记某账户”；在账户贷方记录的经济业务称为“贷记某账户”。至于借方和贷方究竟哪一方用来记录金额的增加，哪一方用来记录金额的减少，则要根据账户的性质来决定，不同性质的账户，其含义是不同的。

资产是对资金或资源的占用。对于资产账户，其记账规则是借方登记增加，贷方登记减少，期末余额多数在借方。比如从银行取现500元，就应借记“库存现金”账户500元，表示现金增加；同时贷记“银行存款”账户500元，表示银行存款减少。资产类账户的记账规则用公式可表示如下：

$$\begin{matrix}\text{资产类账户}\\\text{借方期末余额}\end{matrix}=\begin{matrix}\text{借方}\\\text{期初余额}\end{matrix}+\begin{matrix}\text{借方}\\\text{本期发生额}\end{matrix}-\begin{matrix}\text{贷方}\\\text{本期发生额}\end{matrix}$$

其账户表现方式可参见本节会计账户中关于“库存现金”账户的示意图。

负债和所有者权益是企业的资金来源，它们与资产对资金的占用是相对的两个方面。前者反映资金从何处来，后者反映资金用到哪里去。比如企业可从银行取得贷款，而后运用这笔贷款购建固定资产。因此负债和所有者权益账户的借贷规则与资产账户正好相反。借方表示账户金额减少，贷方表示账户金额增加，账户的期末余额一般在贷方。以从银行取得生产经营周转贷款10万元为例，收到贷款时应贷记“短期借款”账户10万元，表示负债增加。还款时应借记“短期借款”账户10万元，表示负债清偿。负债和所有者权益类账户的记账规则用公式可表示如下：

$$\begin{matrix}\text{负债和所有者权益类}\\\text{账户贷方期末余额}\end{matrix}=\begin{matrix}\text{贷方}\\\text{期初余额}\end{matrix}+\begin{matrix}\text{贷方}\\\text{本期发生额}\end{matrix}-\begin{matrix}\text{借方}\\\text{本期发生额}\end{matrix}$$

以应付账款为例，其账户结构如下所示。

借方	应付账款		贷方
1/15	50 000	1/1 期初余额	160 000
1/18	40 000	1/22	100 000
1/29	120 000		
本期减少发生额	210 000	本期增加发生额	100 000
		1/31 期末余额	50 000

费用是企业生产经营过程中对资金或资源的一种消耗，与资产占用资金类似，所以费用类账户的借贷规则与资产类账户相同。借方记录成本费用或损失的增加额，贷方记录减少额，期末余额一般在借方。例如，企业支付广告费1万元，就应借记“销售费用”账户1万元，表示费用增加。

收入和利润可以为企业带来资金或资源的流入，与负债和所有者权益类似，因此，收入和利润类账户的借贷规则与其相同。借方记录收入和利润的减少额，贷方记录收入和利润的增加额。比如企业销售产品取得收入5万元，则应贷记“主营业务收入”账户5万元，表示收入增长。

表2-3列示了借贷符号与不同类型账户价值增减之间的关系。

表2-3 不同类型账户的增减变动

账户性质	增加	减少
资产	借	贷
负债	贷	借
所有者权益	贷	借
收入	贷	借
费用	借	贷
利润	贷	借

按照复式记账的基本要求，借贷记账法的基本原则表述为“有借必有贷，借贷必相等”。也就是说，任何一笔经济业务都必须同时分别在两个或两个以上的账户中记录；所记录的账户必须包括借、贷两个记账方向，不能只记入借方或只记入贷方；借贷金额的合计必须相等。在较为简单的经济业务中，会计记录可能只包括一个借方和一个贷方，而对有些复杂的经济业务，则需要将其登记在一个账户的借方和几个账户的贷方，或者登记在一个账户的贷方和几个账户的借方，但借贷双方的金额必须相等。

借贷记账法的基本步骤如下：

第一，分析经济业务影响的账户类型，如资产、负债、所有者权益、收入、费用或利润；

第二，从表2-1中找到对应的账户名称，并判断被影响的账户是增加还是减少；

第三，结合第一和第二步的结果确定应借记还是贷记账户；

第四，确定借贷方金额是否相等。

3. 会计分录

按照借贷记账法借记或贷记相关账户的会计记录即为会计分录，简称分录。仅包括一借一贷的分录称为简单会计分录，包含多个借方或多个贷方的分录称为复合会计分录。按照惯例，会计分录每一个借方或贷方都需独占一行，借方在贷方之前，贷方应向右侧适当缩进。

例 2-1①

2×22 年 1 月 5 日，孙先生从个人账户中提取 50 万元，投资创立一家小超市，存入超市的银行账户作为原始资本。

分析：根据会计主体假设，企业核算的只应是本企业发生的经济事项。因此超市业主孙先生个人账户的变化不必反映在超市的会计记录中。上述业务对超市的影响只是收到业主的资本金 50 万元。一方面，超市收到 50 万元，应作为企业的资产入账。根据借贷记账法的要求，资产增加应借记，对应的具体资产账户为“银行存款”。另一方面，这 50 万元是孙先生对超市的投资，应反映为所有者权益。根据借贷记账法的要求，所有者权益增加应贷记，在会计科目表中，其对应的账户名称应为“实收资本”。因此，该业务的会计分录表示为：

借：银行存款	500 000	
贷：实收资本		500 000

例 2-2

2×22 年 1 月 12 日，超市花费 30 000 元购进了货架和计算机等设备，以支票支付。

分析：一方面，超市增加了货架和计算机等固定资产，资产增加应借记；另一方面，超市以支票的形式从银行账户中支取了 30 000 元，使银行存款减少，银行存款属于资产，资产减少应贷记。因此，该业务的会计分录表示为：

借：固定资产	30 000	
贷：银行存款		30 000

例 2-3

2×22 年 1 月 15 日，超市从厂家购进各类存货，价值共计 80 000 元，约定月底付款。

分析：一方面，超市取得了存货，存货属于资产，资产增加应借记，在会计科目表中其对应的账户名称为“库存商品”；另一方面，超市购货未付现款，而是约定月底付清，表明超市目前存在对供应商的欠款 80 000 元，根据借贷记账法，负债增加应贷记。一般购销业务中的未付款项应使用“应付账款”账户。因此，该业务的会计分录表示为：

① 本章举例主要目的是讲解借贷记账法的原理及应用，为了便于理解，例题中均忽略增值税。

借：库存商品　80 000
　　贷：应付账款　80 000

例 2-4

2×22 年 1 月 20 日，超市从银行账户提取现金 5 000 元备用。

分析：一方面，超市的库存现金增加 5 000 元，库存现金为资产，资产增加应借记；另一方面，超市的银行存款减少 5 000 元，银行存款也是资产，资产减少应贷记。因此，该业务的会计分录表示为：

借：库存现金　5 000
　　贷：银行存款　5 000

例 2-5

2×22 年 1 月 25 日，员工报销联系进货和购买货架、计算机时发生的交通费 235 元。

分析：一方面，该业务减少了超市的库存现金 235 元，“库存现金”属于资产类账户，减少应贷记；另一方面，报销交通费应计入管理费用，费用增加应借记。因此，该业务的会计分录表示为：

借：管理费用　235
　　贷：库存现金　235

例 2-6

2×22 年 1 月 31 日，超市正式开业，经统计，超市当天销售额达 2 536 元，收款全部为现金。

分析：该业务中超市的库存现金增加 2 536 元，“库存现金”属于资产类账户，增加应借记；同时超市的主营业务收入增加 2 536 元，“主营业务收入”属于收入类账户，增加应贷记。因此，该业务的会计分录表示为：

借：库存现金　2 536
　　贷：主营业务收入　2 536

例 2-7

2×22 年 1 月 31 日，超市以现金支付员工当月工资 1 500 元。

分析：一方面，员工工资对于超市来说是一种销售费用，“销售费用”属于费用类账户，增加应借记；另一方面，支付现金给员工，表明超市的库存现金减少，“库存现金”属资产类账户，减少应贷记。因此，该业务的会计分录表示为：

借：销售费用　1 500
　　贷：库存现金　1 500

例 2-8

2×22 年 1 月 31 日，超市用支票转账支付当月 15 日进货时所欠的货款 80 000 元。

分析：该业务首先减少了企业的应付账款 80 000 元，“应付账款”属于负债类账户，减少应借记；同时超市以支票支付货款，直接减少了企业的银行存款

80 000元，“银行存款”属于资产类账户，减少应贷记。因此，该业务的会计分录表示为：

借：应付账款　　80 000

　贷：银行存款　　80 000

例2-9

2×22年1月31日，超市计算和结转当天销售产品的进货成本1 880元。

分析：该业务首先增加了超市的主营业务成本1 880元，“主营业务成本”属于费用类账户，增加应借记；产品销售后，其库存下降，“库存商品”属于资产类账户，减少应贷记。因此，该业务的会计分录表示为：

借：主营业务成本　　1 880

　贷：库存商品　　1 880

例2-10

2×22年1月31日，超市从银行取得3个月期限的周转贷款10万元，款项当天存入超市银行账户。

分析：该业务首先增加了银行的短期借款，“短期借款”属于负债性质，增加应贷记；同时款项入账，增加了超市的银行存款，“银行存款”属于资产性质，资产增加应借记。因此，该业务的会计分录表示为：

借：银行存款　　100 000

　贷：短期借款　　100 000

2.2.3 会计凭证

企业的经济业务首先记录在会计凭证中。会计信息质量要求之一的可靠性要求会计信息是对企业所发生的经济交易和事项的真实反映，会计凭证是达到这一要求的必要手段。

会计凭证（accounting documents）是记录经济业务并据以登记会计账簿的书面证明。会计凭证可分为原始凭证和记账凭证。

1. 原始凭证

原始凭证（source document）是指在经济业务发生时填制或取得的各种原始单据，这些原始单据是在经济业务发生的过程中直接产生的，是经济业务发生的最初证明，在法律上具有证明效力，所以能够成为会计记录的客观依据。原始凭证可以是外部取得的，如从销货企业收到的增值税发票、从航空公司取得的机票、从银行取得的银行存款存根等。企业内部也可以自行填制原始凭证，如用于记录存货减少的发货单、记录存货增加的商品入库单、记录生产成本的材料领用登记表等。

2. 记账凭证

记账凭证（voucher）是指以审核无误的原始凭证为依据，填写借贷科目及金额等相关信息并据以登记账簿的书面文件。记账凭证是会计分录的主要载体。

会计部门在收到经济业务的相关原始凭证后，依照会计循环各工作的先后顺序，首先对经济业务的影响进行分析，并将相关信息及据以编制的会计分录登记入记账凭证。原始凭证来源渠道繁杂，格式不统一，且只局限于经济业务内容，不便于直接登记会计账簿，因此需要根据原始凭证反映的不同经济业务加以归类和整理，并以会计分录的形式将原始凭证转换为会计信息，填制到具有统一格式的记账凭证中，并将相关的原始凭证附在后面，以供查验。这样不仅可以简化记账工作、减少差错，而且有利于原始凭证的保管，便于对账和查账，提高会计工作质量。

素养提升：结合中国特色社会主义法治体系学习相关法规

《中华人民共和国会计法》第四条规定，单位负责人对本单位的会计工作和会计资料的真实性、完整性负责。

《中华人民共和国会计法》第九条规定，各单位必须根据实际发生的经济业务事项进行会计核算，填制会计凭证，登记会计账簿，编制财务会计报告。任何单位不得以虚假的经济业务事项或者资料进行会计核算。

《会计基础工作规范》第五十条规定，会计机构、会计人员要根据审核无误的原始凭证填制记账凭证。记账凭证可以分为收款凭证、付款凭证和转账凭证，也可以使用通用记账凭证。

记账凭证可以分为收款凭证、付款凭证和转账凭证，也可以使用通用记账凭证。

通用记账凭证（general purpose voucher）是适用于所有经济业务的、统一格式的记账凭证，会计人员需要根据具体业务所涉及的会计科目逐个填写各借方科目和贷方科目（如图 2－2 所示）。

记　账　凭　证　　凭证号:

年　月　日　　附件___张

摘　要	总账科目	明细科目	√	借方金额										√	贷方金额									
				千	百	十	万	千	百	十	元	角	分		千	百	十	万	千	百	十	元	角	分

会计主管:　　记账人:　　审核人:　　填制人:

图 2－2　通用记账凭证（示意图）

收款凭证（receipt voucher）记录现金和银行存款等货币资金流入企业的业务；**付款凭证**（payment voucher）记录现金和银行存款等货币资金流出企业的业务；**转账凭证**（transfer voucher）记录不涉及货币资金变动的业务。单独设立收款凭证和付款凭证的目的是加强货币资金的管理，有效监督货币资金的使用。

结合前面的例2-1、例2-2和例2-3，分别列示三种记账凭证的格式，如表2-4、表2-5和表2-6所示。

表2-4　收款凭证

借方科目：银行存款　　2022年1月5日　　银收字第1号

摘要	会计科目	明细科目	金额	记账
孙先生缴投资款	实收资本		500 000	√
合计			500 000	

会计主管：　记账：　出纳：　审核：　填制：

表2-5　付款凭证

贷方科目：银行存款　　2022年1月12日　　银付字第1号

摘要	会计科目	明细科目	金额	记账
支付购置货架和计算机款项	固定资产		30 000	√
合计			30 000	

会计主管：　记账：　出纳：　审核：　填制：

表2-6　转账凭证

2022年1月15日　　转字第1号

摘要	会计科目	明细科目	借方金额	贷方金额	记账
购进存货	库存商品		80 000		√
	应付账款			80 000	√
合计			80 000	80 000	

会计主管：　记账：　审核：　填制：

3. 会计凭证的主要内容

会计凭证的主要内容包括凭证名称、日期、摘要、借贷方科目以及金额。摘要以简要的形式描述了交易的性质和内容；借贷方科目包括一级会计科目和明细会计科目。在收款凭证中，借方科目只包括“库存现金”或“银行存款”，列示于凭证上方；在付款凭证中，贷方科目只包括“库存现金”或“银行存款”，列示于凭证上方；转账凭证中的借贷科目要根据业务内容确定，借贷方科目先后列示于凭证的“会计科目”栏中。记账凭证中的最后一栏“记账”表示该分录是否已登入账簿中，如果已完成这一过账程序，将在这一栏中填入“√”，否则为空，这样可以防止会计人员漏记账簿或重复记账。

2.2.4 会计账簿

完成会计凭证的编制工作以后，会计凭证中的所有信息应记入会计账簿。会计账簿是指将会计主体所有账户的增减变动按照一定格式进行序时和分类记录的会计簿籍。

会计账簿按照用途可以分为序时账、分类账和备查账。

1. 序时账

序时账，也称日记账，是以业务发生的时间顺序为依据逐笔、连续记录会计信息的账簿。我国企业一般仅设置现金日记账和银行存款日记账，其目的是加强对货币资金收付结存的管理和控制。因此，凡是涉及库存现金和银行存款变动的会计分录必须单独记入现金日记账和银行存款日记账。

根据例 2-5，对应的现金日记账记录如表 2-7 所示。

表 2-7　现金日记账

2022 年		凭证		摘要	对方科目	借方	贷方	余额
月	日	种类	编号					
⋮	⋮	⋮	⋮	⋮	⋮	⋮	⋮	⋮
1	25	现付	1	报销业务交通费	管理费用		235	⋮
⋮	⋮	⋮	⋮	⋮	⋮	⋮	⋮	⋮
1	31			本月合计		⋮	⋮	⋮

2. 分类账

分类账是以会计科目为分类依据对会计信息进行分类记录的账簿。进一步，对应于总分类科目和明细科目，分类账又可以按其反映指标的详细程度划分为总分类账（简称总账）和明细分类账（简称明细账）。以总分类科目开设的账户即为总分类账；以明细分类科目开设的账簿即为明细分类账。总账账户的发生额和余额等于其下属所有明细账的发生额和余额之和。

如果会计凭证中的借方或贷方涉及明细会计科目，则将这一借方或贷方登入总账和明细账时必须采用平行登记法，即将其登入同一期间对应科目的总账和明细账。

在登记账簿时，如果要登记的总账附设有明细账，则应同时登记总账账簿及其附属的对应明细账簿。例如，A 企业向甲客户赊销产品，甲客户承诺在一个月内支付 100 万元货款。对于此笔交易，A 企业应同时登记应收账款总账和甲客户的应收账款明细账；而甲客户则应同时登记应付账款总账和A企业的应付账款明细账。按照平行登记法，总账账户的余额与其下辖的所有明细账余额之和必须是相等的，因此总账账户也称为控制账户或统驭账户。总账可用于财务部门填报报表，也可为管理层决策提供总量信息；而明细账则为企业内部管理和控制提供分类和分层次的信息。仍以上述赊销业务为例，A企业的管理人员不仅可以从总账中获知企业本期应收账款的发生数、回收数以及期末尚未收到的金额，也可以从明细账中了解具体每一笔欠款的对象，欠款的时间、金额，历次赊销给对方是否准时收到还款等。在实务中，附设明细账与否取决于会计核算和企业管理的需要。最为常见附设明细账的总账多涉及银行存款、应收项目（如应收账款、其他应收款等）、存货项目（如原材料、库存商品等）、固定资产、无形资产、应交税费、应付账款、短期借款、管理费用、销售费用等。

依据例2－5，其管理费用在总账和明细账中的登记分别如表2－8和表2－9所示。

表2－8 管理费用（总账）

2022年		凭证		摘要	借方	贷方	借或贷	余额
月	日	种类	编号					
⋮	⋮	⋮	⋮	⋮	⋮	⋮	⋮	⋮
1	25	现付	1	报销业务交通费	235		借	⋮
⋮	⋮	⋮	⋮	⋮	⋮	⋮	⋮	⋮
1	31			本月合计		⋮	⋮	⋮

表2－9 管理费用（明细账）

2022年		凭证		摘要	工资	折旧	差旅费	合计
月	日	种类	编号					
⋮	⋮	⋮	⋮	⋮	⋮	⋮	⋮	⋮
1	25	现付	1	报销业务交通费			235	⋮
⋮	⋮	⋮	⋮	⋮	⋮	⋮	⋮	⋮
1	31			本月合计		⋮	⋮	⋮

3. 备查账

与序时账和分类账不同，会计凭证中所载信息并不需要登记备查账。备查账也称备查簿，是一种辅助和补充性质的账簿，它只是被用来记录不能进入账户和报表体系的必要信息，作为管理者决策的参考。由于这些信息主要是方便管理，而不需要对外报告，因此这些信息的记录无强制性要求，会计部门可视管理需要而定。例如，当企业采用权益法核算长期股权投资时，如果被投资单位发生亏损，则投资企业的股权投资账面价值应相应减记，但最多减记至零。若被投资单位以后继续发生亏损，则未确认的亏损额只能在备查簿上登记，而不再反映到账面或报表之中。再如，企业发行债券对外融资时，除在账簿上记录必要的会计信息之外，还需将发行债券的票面金额、票面利率、还本期限与方式、发行总额、发行日期和编号、委托代售部门、转换股份等情况在备查簿中登记。

2.3 会计循环业务处理流程

会计循环业务处理流程的主要内容如 2.1 节中图 2－1 所示。如前文所述，每一个会计期间，从记录经济业务的发生到会计报表的编制，形成一个完整的会计循环。企业的经济业务发生后，会计部门对经济业务产生的影响进行分析；审核原始凭证；通过借贷记账法将其记入记账凭证；以记账凭证中的分录更新所涉及的账簿；根据账簿余额编制会计报表。

但是，实际操作过程中还有两个环节需要纳入会计循环。第一，在会计循环中，尤其是在手工会计系统中，从编制分录、填制凭证、登记账簿到更新和计算余额，都可能发生错误，在错误的数据基础上编制的报表不可能平衡。这样会浪费大量的时间和产生重复劳动。所以，一般在编制会计报表之前，会计人员会检查会计记录过程是否存在问题，检查的方法称为试算平衡。经试算平衡检查无误后的账簿余额才进入报表编制环节。第二，在编制报表以后，有些账簿余额需要清零，以便为下一个会计循环做好准备，称为结账。加入试算平衡和结账后，会计循环的业务处理流程（见图 2－3）主要分为以下六个环节：

（1）分析经济业务，审核原始凭证；

（2）编制会计分录，填制记账凭证；

（3）根据记账凭证登记会计账簿；

（4）进行试算平衡；

（5）编制会计报表；

（6）结账。

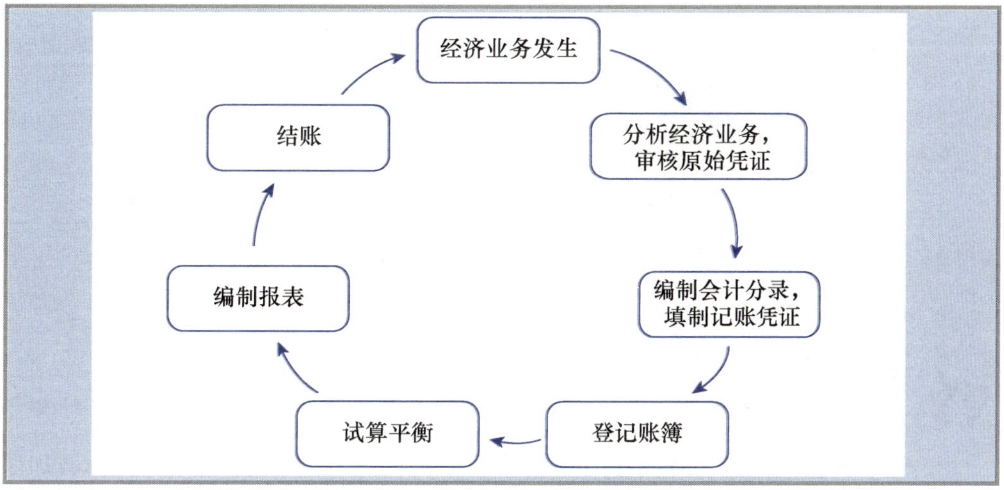

图 2－3 会计循环业务处理流程

本节将通过举例的形式，按照六个环节的顺序完成一个会计循环。鉴于在 2.2 节中介绍过原始凭证和记账凭证，本节不再赘述。

2.3.1 记录日常经济业务

企业日常发生的经济业务，是指企业在某一会计期间的经营过程中实际发生的经济活动。购销活动、生产活动、资金往来活动等都属于企业的日常业务活动。我们以举例的形式说明如何完成会计循环前三个环节的主要内容：分析经济业务，编制会计分录，登记账簿。为简化核算，下面的例子中暂不考虑增值税。

另外要说明的是，在举例过程中，由于实际账簿格式过于繁复，为简明起见，我们将使用T形账户。T形账户（丁字账户）的样式如下：

借方	账户名称		贷方
日期	金额	日期	金额

T形账户一般用于教学，优点是直观、简练。当然在实际工作中，使用的是标准形式的账簿。T形账户具备标准账簿的基本要素，如业务发生日期、期初余额、借方发生额、贷方发生额和期末余额。

例2-11

2022年12月1日，李先生注册成立了一家小型企业盛达服装公司（以下简称盛达公司），从个人账户转账200 000元作为企业的注册资本。

分析：公司收到200 000元银行存款，“银行存款”账户是资产类账户，增加应借记，因此应借记“银行存款”200 000元；同时，企业的实收资本增加了200 000元，“实收资本”账户属于所有者权益类账户，增加应贷记。因此，该业务的会计分录如下：

借：银行存款　　200 000

　贷：实收资本　　200 000

根据上述分录登记账簿如下：

银行存款

借方		贷方
12/1	200 000	

实收资本

借方	贷方	
	12/1	200 000

例2-12

2022年12月1日，盛达公司从银行存款中提取现金5 000元，应付日常开支。

分析：这项经济业务的发生，使公司的库存现金这一资产项目增加了5 000元，银行存款这一资产项目减少了5 000元。因此，它涉及“库存现金”和“银行存款”两个资产类账户，应登记在“库存现金”账户的借方和“银行存款”账户的贷方。

借：库存现金　　5 000

　贷：银行存款　　5 000

本会计分录入账后，相关总账记录情况如下：

库存现金

12/1	5 000		

银行存款

12/1	200 000	12/1	5 000

例 2-13

2022 年 12 月 1 日，盛达公司以转账方式预付 4 个月的办公场所租金 20 000 元。

分析：公司预付办公室租金，属于预付款性质，预付的租金目前仍是企业的资产，将来会随着租用的时间逐步转化为费用，因此应借记“预付账款”账户，同时银行存款减少，应予以贷记。

借：预付账款　　20 000

　贷：银行存款　　20 000

本会计分录入账后，相关总账记录情况如下：

预付账款

12/1	20 000		

银行存款

12/1	200 000	12/1	5 000
		12/1	20 000

例 2-14

2022 年 12 月 2 日，盛达公司购进了一批办公设备，预计可使用 5 年，5 年后无残值，以支票付清货款 50 000 元。

分析：公司购进了 50 000 元的办公设备，属于资产，其增加应借记“固定资产”账户；另外，公司以支票支付货款，因而减少了另一个资产类账户“银行存款”，而资产的减少应贷记。因此，该业务的会计分录应为：

借：固定资产　　50 000

　贷：银行存款　　50 000

本会计分录入账后，相关总账记录情况如下：

固定资产

12/2	50 000		

银行存款

12/1	200 000	12/1	5 000
		12/1	20 000
		12/2	50 000

例 2-15

2022 年 12 月 5 日，盛达公司购进了 2 000 件成衣，价值 80 000 元，待出售，合同中约定货款月底前结清。

分析：公司购进以出售为目的的服装，显然属于商品存货。存货是一种资产，它的增加应借记“库存商品”账户；同时，企业并未付现，而是产生了一笔债务，在月底前清偿，对应的账户为“应付账款”，负债的增加应贷记。列示会计分录如下：

借：库存商品　　　　80 000

　贷：应付账款　　　　80 000

本会计分录入账后，相关总账记录情况如下：

库存商品

12/5	80 000		

应付账款

		12/5	80 000

例 2-16

2022 年 12 月 8 日，盛达公司售出 500 件库存成衣，合同价格为 30 000 元，买方用支票支付了一半价款，另一半在一个月内付清。

分析：一方面，公司出售库存商品，实现了销售，主营业务收入增加 30 000 元，应贷记。同时，公司收到了 15 000 元银行存款，资产增加应借记；另一半货款表现为应收账款，同样属于资产，也应借记。

借：银行存款　　　　15 000

　　应收账款　　　　15 000

　贷：主营业务收入　　　　30 000

另一方面，库存商品被交付给买方，因此商品存货减少，应贷记；库存商品的买价 20 000 元（80 000/2 000×500）是此笔销售的成本，成本增加应借记。

借：主营业务成本　　　　20 000

　贷：库存商品　　　　20 000

本会计分录入账后，相关总账记录情况如下：

应收账款

12/8	15 000		

银行存款

12/1	200 000	12/1	5 000
12/8	15 000	12/1	20 000
		12/2	50 000

主营业务成本

12/8	20 000		

主营业务收入

		12/8	30 000

库存商品

12/5	80 000	12/8	20 000

例 2－17

2022 年 12 月 10 日，盛达公司从银行取得抵押贷款 100 000 元，年利率为 6%，为期 6 个月。

分析： 银行贷款表现为负债，负债增加应贷记。银行贷款到账，公司的存款增加，应借记。

借：银行存款　　100 000

　贷：短期借款　　100 000

本会计分录入账后，相关总账记录情况如下：

短期借款

		12/10	100 000

银行存款

12/1	200 000	12/1	5 000
12/8	15 000	12/1	20 000
12/10	100 000	12/2	50 000

例 2－18

2022 年 12 月 20 日，盛达公司以现金支付管理人员差旅费 3 200 元。

分析： 差旅费属于管理费用，增加应借记；另外现金减少，资产减少应贷记。

借：管理费用　　3 200

　贷：库存现金　　3 200

本会计分录入账后，相关总账记录情况如下：

管理费用

12/20	3 200		

库存现金

12/1	5 000	12/20	3 200

例 2－19

2022 年 12 月 31 日，盛达公司以支票清偿本月 5 日购买成衣的货款 80 000 元。

分析： 这笔货款在购进交易发生时记作应付账款，现已清偿，应反映为应付账款减少，负债减少应借记；同时银行存款减少，应贷记。

借：应付账款　　80 000

　贷：银行存款　　80 000

本会计分录入账后，相关总账记录情况如下：

银行存款

12/1	200 000	12/1	5 000
12/8	15 000	12/1	20 000
12/10	100 000	12/2	50 000
		12/31	80 000

应付账款

12/31	80 000	12/1	80 000

2.3.2 跨期业务处理

除了记录日常经济业务以外，在会计期末，会计人员还需要记录跨期业务。所谓跨期业务，是指该经济业务的影响涉及几个会计期间。为了正确计量各期收入和费用，需要对跨期业务的本期影响予以确认和记录。

以企业购置的可使用5年的机器设备为例。该设备的使用年限说明，其产生的经济效益覆盖至少5个会计期间，因此形成跨期业务。显然，该机器的购置成本不能一次性计入当期生产成本。按照它能够服务于企业生产的年限，企业可在5年内使用，经由该设备生产出的产品销售后实现销售收入。因此，该机器的购置成本应在这5年内逐年以折旧的形式转入生产成本。为此，会计人员需要在每一个会计期末编制提取折旧费用的分录。

沿用本节中盛达服装公司的举例，该公司需要在各会计期末对跨期业务做如下会计处理。

例2-20

在例2-13中，该公司于2022年12月1日以转账方式预付了4个月的办公场所租金20 000元。该公司当时记录的会计分录为：

借：预付账款　　20 000
　贷：银行存款　　20 000

分析：显然，这是一项跨期业务，因为该预付租金可为公司提供为期4个月的办公空间。在开始租赁办公空间之前预付租金，此时费用还未发生，预付的租金仍是企业的资产，暂时记录在预付账款中。假设公司在当天入住，截至12月31日的一个月内，公司确实使用了该办公空间开展生产经营，应将当期的租赁支出5 000元（20 000/4）计入管理费用。其余15 000元分别在以后三个月末分三次转为管理费用。因此，12月31日的调整分录应减少预付账款，增加管理费用。在未来三个月的月末盛达公司均要做同样的分录：

借：管理费用　　5 000
　贷：预付账款　　5 000

本会计分录入账后，相关总账记录情况如下：

预付账款

12/1	20 000	12/31	5 000
期末余额	15 000		

管理费用

12/20	3 200		
12/31	5 000		

例2-21

在例2-14中，盛达公司于12月2日购进了一批办公设备，预计可使用5年，5年后无残值，以支票付清货款50 000元。该公司当时记录的会计分录为：

借：固定资产　　50 000

　　贷：银行存款　　50 000

分析：与预付办公场所租赁费的性质类似，企业购买办公设备也是一项跨期业务。企业先期支付了设备价款，只能以固定资产成本的形式记入资产账目；费用将在企业使用这些设备为企业经营服务的后续期间发生，表现为设备折旧，计入管理费用。

按照我国企业计提折旧的惯例，企业当月购入的固定资产从下月起计提折旧。为方便讲解，此处假设从购买当月（12 月）计提折旧。盛达公司购置设备的价款共计 50 000 元，如果可使用 5 年，则按照最简单的折旧计提方法，全部固定资产成本应在固定资产用于经营的 60 个月内平均摊销，每月折旧金额应为 833 元（50 000/60）。因此，盛达公司第一次设备折旧分录应在 12 月 31 日完成，将 833 元的固定资产结转为费用。

但是，在会计实务中，为了能够更好地体现固定资产成本中有多少已经计提折旧，在计提折旧的分录中不会直接贷记“固定资产”，而是贷记“累计折旧”科目。“累计折旧”是“固定资产”的抵减科目，表示固定资产成本中累计已提取折旧的金额。固定资产一般余额在借方，而累计折旧的余额在贷方。从固定资产的借方余额中减去累计折旧的贷方余额，结果即为固定资产成本扣除累计折旧的净值。

盛达公司 12 月底确认折旧费用的会计分录如下：

借：管理费用　　833

　　贷：累计折旧　　833

折旧提取后，相关总账记录情况如下：

固定资产

12/2	50 000		
期末余额	50 000		

累计折旧

		12/31	833
		期末余额	833

管理费用

12/20	3 200		
12/31	5 000		
12/31	833		
期末余额	9 033		

在 12 月底的资产负债表中，关于该办公设备的列示如下：

固定资产	50 000
减：累计折旧	833
固定资产净值	49 167

例 2-22

在例 2-17 中，12 月 10 日从银行取得抵押贷款 100 000 元，年利率为 6%，为期6个月。盛达公司当时的会计分录为：

借：银行存款　　100 000

　贷：短期借款　　100 000

分析： 截至12月31日，盛达公司的这笔借款已使用21天，理应产生利息费用，但现金的支付将发生在下一年度，它属于一项跨期业务。利息的计算公式如下：

$$当期利息费用=借款本金\times借款利率\times借款时间$$
$$=100\,000\times6\%\times\frac{21}{365}=345.21(元)$$

因此对应的调整分录应为：

借：财务费用　　345.21

　贷：应付利息　　345.21

应付利息入账后，相应科目的账务记录如下：

财务费用

12/31	345.21	
期末余额	345.21	

应付利息

	12/31	345.21
	期末余额	345.21

跨期业务与日常业务相比，其核算的一个难点在于：日常业务发生时多数有业务部门的通知和外来的原始凭证，如购货发票、支票存根、货运单据等；而跨期业务，如机器设备折旧，则需要会计人员利用自己的专业知识和专业判断，在会计期末自行处理。

2.3.3 试算平衡

在会计记录过程中，尤其是在手工记账系统中，很有可能会产生一些错误。例如，将借方误记为贷方，或将贷方误记为借方，导致在一个会计分录中只有借记没有贷记，或只有贷记没有借记；将交易金额的数字错记，导致分录中借贷不相等；在将会计凭证中的分录结转至分类账时，漏掉结转某一借方或贷方等。由于会计报表的编制是以各总账科目余额为基础，上述错记将延续至会计报表。为了防止这种情况出现，会计人员需要在各期会计账簿结出余额后进行试算平衡。试算平衡的目的即为预先验证会计记录的准确性，以提高会计工作效率。

试算平衡的基本原理源于复式记账规则。按照复式记账的要求，对任何一笔业务的会计处理均会产生相同金额的借记和贷记。因此，如果会计分录没有错误，所有借记和贷记的总额也应该是相等的。各科目的余额或者等于借方与贷方合计之差，产生借方余额；或者等于贷方与借方合计之差，产生贷方余额。显而易见，所有科目的借方余额之和应等于贷方余额之和。

根据上述推论，试算平衡表中登记所有总账科目的借方余额和贷方余额，并分别求和。如果发现借方余额之和与贷方余额之和不一致，则可以肯定账务处理过程中存在差错。

依本章所举盛达公司的账务记录，首先结出各总账科目余额。

库存现金

12/1	5 000	12/20	3 200
期末余额	1 800		

银行存款

12/1	200 000	12/1	5 000
12/8	15 000	12/1	20 000
12/10	100 000	12/2	50 000
		12/31	80 000
期末余额	160 000		

应收账款

12/8	15 000		
期末余额	15 000		

库存商品

12/5	80 000	12/8	20 000
期末余额	60 000		

预付账款

12/1	20 000	12/31	5 000
期末余额	15 000		

固定资产

12/2	50 000		
期末余额	50 000		

累计折旧

		12/31	833
		期末余额	833

应付利息

		12/31	345.21
		期末余额	345.21

应付账款

12/31	80 000	12/5	80 000
		期末余额	0

短期借款

		12/10	100 000
		期末余额	100 000

实收资本

		12/1	200 000
		期末余额	200 000

主营业务收入

		12/8	30 000
		期末余额	30 000

管理费用

12/20	3 200	
12/31	5 000	
12/31	833	
期末余额	9 033	

主营业务成本

12/8	20 000	
期末余额	20 000	

财务费用

12/31	345.21	
期末余额	345.21	

编制的试算平衡表如表 2-10 所示。

表 2-10　试算平衡表

编制单位：盛达公司　　2022 年 12 月 31 日　　单位：元

科目	借方余额	贷方余额
库存现金	1 800	
银行存款	160 000	
应收账款	15 000	
预付账款	15 000	
库存商品	60 000	
固定资产	50 000	
累计折旧		833
应付账款		0
短期借款		100 000
应付利息		345.21
实收资本		200 000
主营业务收入		30 000
主营业务成本	20 000	
管理费用	9 033	
财务费用	345.21	
合计	331 178.21	331 178.21

必须说明的是，即使试算平衡表借方余额之和与贷方余额之和相等，也不能百分之百地保证在核算过程中没有错误。试算平衡表只能保证每一笔业务均以相同金额记入借方和贷方。试算平衡表不能检验的错误包括：分录中借方或贷方科目错误，如本应借记“银行存款”科目，但错误地记入了“库存现金”科目，或某一会计凭证整体被漏记，借贷双方金额均未被记入分类账。

2.3.4　报表编制

1. 利润表的编制

在会计日常业务核算及期末跨期业务分录编制完成并登记账簿以后，所有当期发生的重要收入和费用项目均已确认入账，对应的资产、负债和所有者权益科目余额也已更新，完成了编制会计报表的准备工作。我们仍以本节盛达公司的业务举例为基础，根据前面已完成的账簿记录，编制盛达公司的利润表和资产负债表。

利润表的编制在资产负债表之前。会计人员可以根据所有的收入科目、成本费用科目余额填写利润表项目，也可以根据试算平衡表编制利润表，见表 2－11。

表 2－11　利润表

编制单位：盛达公司　　2022 年 12 月　　单位：元

项目	金额
营业收入	30 000
减：营业成本	20 000
管理费用	9 033
财务费用	345.21
利润总额	621.79

注：此例为简化忽略所得税。

2. 资产负债表的编制

根据试算平衡表中的资产、负债及所有者权益项目，以及利润表中的净利润金额，编制盛达公司的资产负债表，见表 2－12。

表 2－12　资产负债表

编制单位：盛达公司　　2022 年 12 月 31 日　　单位：元

资产	金额	负债和所有者权益	金额
货币资金	161 800	短期借款	100 000
应收账款	15 000	应付账款	0
预付账款	15 000	其他应付款	345.21
存货	60 000	负债合计	100 345.21
固定资产	49 167	实收资本	200 000
		未分配利润	621.79
		所有者权益合计	200 621.79
资产合计	300 967	负债和所有者权益合计	300 967

资产负债表中的资产合计与负债和所有者权益合计金额一致，说明当期报表

的编制是正确的。

3. 现金流量表的编制

现金流量表的编制不是依照期末各账户的余额，而是根据业务发生的情况，分析每类业务对现金流量的影响直接填制的。虽然我们尚未讲解现金流量表的编制，但是因为举例内容比较简单，只要观察每笔业务是否涉及库存现金或银行存款的变动及借贷方向，并归入适当的分类即可。需要注意的是，现金流量表中所涉及的现金流量包括库存现金和银行存款。以例 2-11 来讲，2022 年 12 月 1 日，公司收到李先生的注册资金 200 000 元，其会计处理为：

借：银行存款　　200 000

　贷：实收资本　　200 000

其中，借记“银行存款”，表明银行存款增加 200 000 元。而且，该存款是公司从业主处获得的投资款，属于筹资活动，因此，应计入筹资活动取得的现金流量。

按照以上原理，通过对盛达公司 2022 年 12 月各笔业务的分析，编制现金流量表，如表 2-13 所示。

表 2-13　现金流量表

编制单位：盛达公司　　2022 年 12 月　　单位：元

项目	金额
一、经营活动产生的现金流量	
销售商品、提供劳务收到的现金	15 000
收到其他与经营活动有关的现金	5 000
购买商品、接受劳务支付的现金	80 000
支付其他与经营活动有关的现金	28 200
经营活动产生的现金流量净额	−88 200
二、投资活动产生的现金流量	
购建固定资产、无形资产和其他长期资产支付的现金	50 000
投资活动产生的现金流量净额	−50 000
三、筹资活动产生的现金流量	
吸收投资收到的现金	200 000
取得借款收到的现金	100 000
分配股利、利润或偿付利息支付的现金	0
筹资活动产生的现金流量净额	300 000
四、现金及现金等价物净增加额	161 800
加：期初现金及现金等价物余额	0
五、期末现金及现金等价物余额	161 800

4. 报表之间的关系检验

在会计报表编制完成后，我们还可以通过报表内部的等式关系和报表之间的相互联系，检验报表编制的正确性。

第一，资产负债表必须符合基本会计等式：资产＝负债＋所有者权益，也就是说，其左右总额必须一致。在盛达公司的资产负债表中，这一相等关系是成立的，资产总额为 300 967 元，等于负债与所有者权益之和。

第二，利润表中，利润应等于收入扣减所有成本费用。在盛达公司的利润表中，确实如此。

第三，资产负债表和利润表之间的勾稽关系必须成立，即资产负债表中的“未分配利润”应等于期初未分配利润的余额，加上利润表本期实现的利润，扣除本期分配给所有者的利润。在盛达公司的案例中，公司处于初始设立阶段，因此未分配利润没有期初余额，公司也没有向所有者分配利润。因此，利润表上本期实现的利润就应等于资产负债表上的未分配利润。观察两张报表可以发现，这两个数字确实相等，均为 621.79 元。

第四，资产负债表和现金流量表之间的勾稽关系必须成立。现金流量表就是解释资产负债表中资产的第一项“货币资金”的变化过程的。因此，现金流量表中的“期末现金及现金等价物余额”应等于资产负债表中的“货币资金”数；现金流量表中的“现金及现金等价物净增加额”应等于本期资产负债表和前一期资产负债表之间“货币资金”项目之差。观察两张报表，我们可以看到：现金流量表中“期末现金及现金等价物”的金额是 161 800 元，恰好等于货币资金。另外，由于该公司处于第一个经营周期，因此，货币资金的期初余额是零，货币资金的变化值就是本期发生额 161 800 元，等于现金流量表中的“现金及现金等价物净增加额”，说明报表的编制是正确的。

2.3.5　结账

在会计期末，完成报表编制以后，会计部门需要将损益类账户的余额结转至“利润分配——未分配利润”账户，使所有损益类账户的余额归零。完成这一过程的分录称为结账分录。

出于编制利润表、详细列示企业利润形成过程的目的，在企业的会计科目中包括了各项收入和费用。收入与费用的差额形成企业利润。如同利润表一样，所有收入和费用账户的使命都是计量某一会计期间内企业的盈利能力。当收入与费用相减得出净利润后，这些账户记录即完成了当期的作用，应为下一会计期间的记录做好准备。因此，前期收入和费用数字应从这些账户转出，使账户金额在会计期末重新归零，以便计算下一会计期间的收入和费用。如果不这样做，每一个收入账户和费用账户记录的将不是本期的收入和费用，而是企业成立以来的总收入和总费用。而以总收入和总费用记账，必将为编制各期利润表带来不必要的麻烦。

结账过程包括两个步骤：第一步，将各项收入和费用账户的余额在会计期末结转至“本年利润”账户，在这个账户中归集出当期利润总额；第二步，将本年利润账户的余额结转至“利润分配”账户。

例2-23

仍以前述盛达公司为例，2022年12月31日该公司收入和费用类账户的余额如表2-14所示。

表2-14 盛达公司收入和费用类账户的余额 单位：元

账户名称	借方余额	贷方余额
主营业务收入		30 000
主营业务成本	20 000	
管理费用	9 033	
财务费用	345.21	

因此，编制结账分录如下：

（1）结转收入和费用账户余额至本年利润账户。

借：主营业务收入 30 000

　贷：本年利润 30 000

借：本年利润 29 378.21

　贷：主营业务成本 20 000.00

　　　管理费用 9 033.00

　　　财务费用 345.21

此时，本年利润账户余额为621.79元。

（2）结转本年利润账户余额至利润分配账户。

借：本年利润 621.79

　贷：利润分配——未分配利润 621.79

结账过程结束后，只有列示在资产负债表中的账户留有余额。因此，资产负债表账户也称为永久性账户或实账户；列示于利润表中的账户无余额，因此，利润表账户也称为临时性账户或虚账户。

在手工账务系统中，为保证结账过程的正确性，在结账分录编制完成后要进行试算平衡。由于所有收入和费用账户余额已经结平，因此试算平衡表中将只包含资产负债表项目，见表2-15。

表2-15 试算平衡表（结账分录后）

编制单位：盛达公司　　2022年12月31日　　单位：元

科目	借方余额	贷方余额
库存现金	1 800	
银行存款	160 000	
应收账款	15 000	
预付账款	15 000	

续表

科目	借方余额	贷方余额
库存商品	60 000	
固定资产	50 000	
累计折旧		833
应付账款		0
短期借款		100 000
应付利息		345.21
实收资本		200 000
利润分配		621.79
合计	301 800	301 800

按照一般理解，报表编制应是会计循环的最后一个步骤，而在这里，我们将报表编制安排在结账程序之前。这是由于按照及时性的信息质量要求，企业应尽可能向信息使用者提供及时、有用的决策支持信息。尤其是上市公司，除年报以外，还要向外部使用者提供半年报和季报。而对于管理层这样的内部信息使用者，即使季报这样的频率也远远不能满足需要，管理者需要月报、周报甚至日报。当前先进的计算机和网络信息系统在技术上已经完全能够实现这些报表的编制，在这种情况下，编制报表的时段要大大短于结账间隔。出于统计年报中收入和费用的考虑，企业一个会计年度终了才会结平收入和费用等临时性账户，所以结账被安排在会计循环的最后一个步骤。

素养提升：培养辩证思维能力

当前，我国处于科学、技术、管理理念蓬勃发展的数字智能新时代。在实际工作中，新技术、新理念已广泛替代原来的手工记账系统。智能会计正成为未来财务工作的引领方向。当然，这并不是说本章的内容已经过时，实际上传统的核算流程奠定了会计循环的基础，不论是会计记账软件、会计机器人还是智能会计，都需要完成上述基本核算流程，只是借助了不同的信息技术。因此，只有理解并掌握会计确认、计量、记录和报告的原理，才能充分理解各种先进智能系统所产生的财务报告数据的来源和意义。

与会计信息化技术方面的进步相对应，业财融合从管理视角实现了财务核算功能和价值突破。企业的业务与财务越来越融合成为一个有机整体。会计核算不再局限于财务部门内部被动地记录业务活动的结果，而是主动向业务活动的前端延伸。基于信息化手段，业财融合可以通过对业务数据的实时记录、监测和分析，把握业务流程的潜在风险和变动趋势，即时反馈给业务部门和企业管理部门，提高企业的决策效率，降低经营风险，同时为公司创造价值。

思考题

1. 会计科目和会计账户之间有什么关系？
2. 经济业务和事项是如何通过一系列会计流程记入报表的？
3. 试算平衡在会计循环中起什么作用？
4. 设立明细账的目的是什么？
5. 会计凭证有哪些种类？
6. “调整分录中不涉及现金收付”，这种说法正确吗？为什么？

填表题

请分析下列业务，在表中以“+”表示业务导致该项目总额增加，以“−”表示业务导致该项目总额减少，以“0”表示该项目总额不变，以“无”表示该项目不受影响。

1. 从客户处收到咨询费用。
2. 向银行贷款。
3. 计提固定资产折旧费用。
4. 月初向职工支付上月工资。
5. 将现金存入银行。
6. 支付广告费用。
7. 收到客户交来欠款。
8. 购进固定资产，暂未付款。
9. 购进存货，用现金支付。
10. 预付全年保险费。

业务编号	资产	负债	所有者权益	收入	费用	利润
1						
2						
3						
4						
5						
6						
7						
8						
9						
10						

练习题

1. 请为下列公司发生的业务编制会计分录。

(1) A 公司将 10 万元销售款存入银行。

(2) B 公司从银行提取 2 万元现金备用。

(3) C 公司用支票支付进货款 25 万元，同日收到商品并入库。

(4) D 公司从银行取得短期贷款 150 万元。

(5) E 公司购进存货，价值 320 万元，货款下月支付。

2. 康华贸易公司于 2022 年 9 月初成立，公司经理需要了解当月是否实现盈利。资料如下：

(1) 9 月 1 日，康华贸易公司成立，收到所有者转入的投资款 1 000 万元。

(2) 9 月 3 日，以 1 500 万元的价格购进固定资产。其中，房屋建筑物 1 300 万元，以银行存款支付 500 万元，其余款项一个月内付清；电脑等办公设备 200 万元，以银行存款转账支付。

(3) 9 月 9—25 日，以银行存款 200 万元陆续购进商品存货。

(4) 9 月 15 日，向银行借入长期借款 900 万元，年利率 6%，以公司所购房屋产权作为抵押，利息每年支付一次。

(5) 9 月 10—30 日，陆续批发商品，共收到营业收入 250 万元，款项已存入银行。

(6) 9 月 30 日，开出支票，转账支付电话费等各项办公费用 0.5 万元。

(7) 9 月 30 日，支付购买固定资产所欠款项 800 万元。

(8) 9 月 30 日，结转当月商品销售成本 150 万元。

(9) 计算公司员工 9 月薪酬共计 10 万元，其中，管理人员 3 万元，销售部门人员 7 万元，10 月初支付。

(10) 计算当月应计银行借款利息 2.25 万元，计入财务费用。

(11) 计提当月固定资产折旧 3 万元（假定当月购买当月计提）。

要求：

(1) 为康华贸易公司上述业务编制会计分录。

(2) 将会计分录的内容汇总到 T 形账户中，并利用 T 形账户的记录编制该公司 9 月份的试算平衡表。

(3) 编制该公司 9 月份的利润表和资产负债表。

3. 请对方华通信设备公司 2022 年发生的下列业务进行会计处理。

(1) 方先生于 2022 年 11 月 7 日投资 50 万元创立方华通信设备公司，投入资金存入公司银行账户。

(2) 11 月 12 日，从银行取出 1 万元现金以备日常开销。

(3) 11 月 14 日，以支票预付办公室 3 个月租金共计 3 万元。

(4) 11 月 16 日，购入办公用电脑等设备共计 10 万元，以支票支付 8 万元，其余月底支付。

(5) 11月17日，购进各种办公用品共计800元，以现金支付。

(6) 11月20日，购进通信设备存货价值30万元，以支票支付20万元，根据合同，余款将于12月底一次付清。

(7) 11月25日，员工出差，预借差旅费2 500元。

(8) 11月28日，售出100台通信设备，每台售价1 500元。客户全额支付了货款，这些设备的购进成本为每台1 200元。

(9) 11月29日，出差员工返回，报销差旅费用2 200元，退回300元现金。

(10) 11月30日，以支票2万元支付购买办公设备所欠款项。

(11) 11月30日，计提本月职工工资2 500元，工资应于下月15日支付。

(12) 11月30日，计提本月应负担的办公室租金费用，本月租金按半个月计算。

(13) 12月1日，以公司名义向方先生的朋友借款20万元，为期3个月，年利率6%，到期后本利一次还清。

(14) 12月5日，以4万元购进一台运输用货车。

(15) 12月6日，购进通信设备存货价值15万元，货款20日后支付。

(16) 12月14日，从银行账户提取现金8 000元。

(17) 12月15日，以现金支付职工工资5 000元。

(18) 12月16日，销售120台通信设备，每台售价1 500元，进货成本为1 200元/台。

(19) 12月18日，向客户提供维护服务，收取现金1 600元。

(20) 12月25日，支付本月购货货款15万元。

(21) 12月31日，支付11月20日购进的存货尾款10万元。

(22) 12月31日，计提后半月应付职工工资2 500元。

(23) 12月31日，计提办公设备折旧2 000元。

(24) 12月31日，计提当月办公室租金费用。

(25) 12月31日，计提本月借款利息费用。

要求：

(1) 为上述业务编制会计分录。

(2) 登记并结出总分类账户余额，编制试算平衡表。

(3) 编制方华通信设备公司2022年度利润表和资产负债表。

(4) 编制结账分录。

第2章判断题
即测即评

第2章选择题
即测即评

第 3 章

Chapter 3 货币资金及应收款项

素养提升

1. 坚持理论与实践相结合，坚持深入贯彻社会主义核心价值观中的“法治”要求。系统学习企业的货币资金、各种短期债权在会计中的处理原则与处理方法，结合中国特色社会主义法治体系学习会计法规体系，学习《现金管理条例》《人民币银行结算账户管理办法》《中华人民共和国票据法》《支付结算办法》，更全面地掌握会计实务规范。

2. 引导学生理解预期信用损失模型的设计理念和备抵法的操作要领，知其然，也知其所以然，培养学生的辩证思维能力。

3. 在教学中贯彻执行习近平总书记关于历史与历史科学的重要论述，带领学生了解数字大写的来历，把握专业相关的历史背景，体会我国源远流长的会计文化，培养学生在专业方面的历史思维。

学习目标

1. 掌握：货币资金的会计处理；应收账款的核算；预付账款、其他应收款的会计处理。

2. 理解：谨慎性原则的含义；货币资金项目在资产负债表中的列示方法。

3. 了解：现金管理条例、票据法、支付结算办法等相关金融法规；应收票据、应收利息和应收股利的会计处理；核算应收款项坏账损失的备抵法。

本章主要阐述企业对货币资金及各种短期债权的会计处理方法。为了帮助读者将理论与实践联系起来，本章将设置专栏阐释相关的金融法规和理论背景。

3.1 货币资金

根据《企业会计准则第 30 号——财务报表列报》（2014 年修订）的规定，

流动资产是指满足下列条件之一的资产：预计在一个正常营业周期中变现、出售或耗用；主要为交易目的而持有；预计在资产负债表日起一年内变现；自资产负债表日起一年内，交换其他资产或清偿负债的能力不受限制的现金或现金等价物。上述“正常营业周期”，是指企业从购买用于加工的资产起至实现现金或现金等价物的期间，通常短于一年。因生产周期较长等导致正常营业周期长于一年的，尽管相关资产往往超过一年才变现、出售或耗用，但仍应当划分为流动资产。正常营业周期不能确定的，应当以一年（12个月）作为正常营业周期。

在资产负债表中，流动资产大类下的“货币资金”项目是根据“库存现金”、“银行存款”和“其他货币资金”三个总账科目的借方余额合计数填列的。“库存现金”和“银行存款”账户的核算内容可顾名思义，兹不赘述。“其他货币资金”账户的核算内容是以票据（本票和汇票）、外埠存款、银行卡存款、存出投资款和保证金（如信用证存款）等形式存在的资金。

3.1.1 库存现金

1. 库存现金收付的日常业务核算

企业设“库存现金”科目核算库存现金的收付、结存情况。该科目借方登记库存现金的增加数，贷方登记库存现金的减少数，期末余额在借方，反映库存现金的余额。收取现金时，借记“库存现金”科目，贷记有关科目；支付现金时，借记有关科目，贷记“库存现金”科目。

企业应当设置库存现金总账和库存现金日记账，分别进行库存现金的总分类核算和明细分类核算。库存现金日记账由出纳人员按照业务发生顺序逐笔登记。每日终了，应当在库存现金日记账上计算出当日的现金收入合计额、现金支出合计额和结余额，并将库存现金日记账的账面结余额与实际库存现金额相核对，保证账款相符；月度终了，库存现金日记账的余额应当与“库存现金”总账的余额核对，做到账账相符。

例3-1

(1) 正明商贸股份有限公司将现金369 000元存入银行。

借：银行存款	369 000	
贷：库存现金		369 000

(2) 签发支票，从银行存款账户取出12 000元现金。

借：库存现金	12 000	
贷：银行存款		12 000

2. 库存现金借支的核算

职工出差预支差旅费，通过“其他应收款”科目核算。职工预支差旅费时，企业应借记“其他应收款”科目，贷记“库存现金”科目。职工凭发票报账时，应按经批准的报销金额借记“管理费用”科目，贷记“其他应收款”科目，按照收回的（或者补付的）现金借记（或贷记）“库存现金”科目。

《会计基础工作规范》规定，职工公出借款凭据必须附在记账凭证之后。收回借款时，应当另开收据或者退还借据副本，不得退还原借款收据。从外单位取得的原始凭证如有遗失，应当取得原开出单位盖有公章的证明，并注明原来凭证的号码、金额和内容等，由经办单位会计机构负责人、会计主管人员和单位领导人批准后才能代作原始凭证。确实无法取得的证明，如火车、轮船、飞机票等凭证，由当事人写出详细情况，由经办单位会计机构负责人、会计主管人员和单位领导人批准后代作原始凭证。

例 3－2

（1）正明商贸股份有限公司总会计师张虹因公出差，借支现金 21 000 元。

借：其他应收款——张虹　　21 000

　贷：库存现金　　21 000

（2）张虹差旅费金额 15 000 元，经批准予以报销。交回相关的发票和现金余款6 000 元。

借：库存现金　　6 000

　　管理费用　　15 000

　贷：其他应收款——张虹　　21 000

上述复合分录可以看作下面两个简单会计分录的合成：

借：库存现金　　6 000

　贷：其他应收款——张虹　　6 000

借：管理费用　　15 000

　贷：其他应收款——张虹　　15 000

3. 库存现金盘点发生短缺或溢余时的核算

库存现金应当定期盘点，实地盘点时出纳人员应在场。企业应当按规定进行现金清查，一般采用实地盘点法，对于清查的结果应当编制现金盘点报告单。如果有挪用现金、白条顶库的情况，应及时予以纠正；对于超限额留存的现金应及时送存银行。

库存现金的账面余额必须与库存数相符。若账款不符，则应通过“待处理财产损溢——待处理流动资产损溢”科目核算现金短缺或溢余，按管理权限报经批准后进行账务处理。

企业设“待处理财产损溢——待处理流动资产损溢”科目核算企业在财产清查过程中查明的各种流动资产盘盈、盘亏和毁损的价值。该科目可按盘盈、盘亏的资产种类和项目进行明细核算。企业的财产损溢应查明原因，在期末结账前处理完毕，处理后该科目无余额。

在现金短缺的情形下，对于应由责任人赔偿或保险公司赔偿的部分，应记入“其他应收款”科目。对于无法查明原因的现金短缺，企业会计准则体系并未明确规定其会计处理规则，理论上各单位可在管理制度中予以统一规定。例如，可根据管理所需采取如下三种处理方法：一是视为出纳人员失职，出于加强管理、彻底堵住管理漏洞的考虑，可责令其赔偿，记入“其他应收款”科目；二是视为管理水平欠佳的代价，记入“管理费用”科目，在分析管理质量时可酌情采取针对性措施；三是视为偶然发生的损失，记入“营业外支出”科目。比较而言，第一种处理方法对于加强管理更有效，但对出纳人员的要求过于苛刻。后二者表面上看起来颇有道理，却给管理工作开了口子。

在现金溢余的情形下，对于应支付给有关人员或单位的部分，应记入“其他应付款”科目。对于无法查明原因的现金溢余，现行法规并未明确规定其会计处理规则，在理论上可视为偶然所得，记入“营业外收入”科目。

财政部会计资格评价中心编写的全国会计专业技术资格考试辅导教材《初级会计实务》一书给出的会计处理规则如下：无法查明原因的现金短缺，记入“管理费用”科目；无法查明原因的现金溢余，记入“营业外收入”科目。

例 3－3

正明商贸股份有限公司盘点库存现金的相关账务处理如下：

（1）现金短缺的情形（实际款数少于账簿记载金额）。

发现现金短缺 9 000 元。

借：待处理财产损溢——待处理流动资产损溢　9 000

　　贷：库存现金　9 000

经查明，应向公司职工李丽追回其个人借款 3 000 元（借款当时未立借据），其余原因不明，计入管理费用。

借：其他应收款——李丽　3 000

　　管理费用　6 000

　　贷：待处理财产损溢——待处理流动资产损溢　9 000

（2）现金溢余的情形（实际款数多于账簿记载金额）。

发现现金溢余 2 000 元。

借：库存现金　2 000

　　贷：待处理财产损溢——待处理流动资产损溢　2 000

原因不明，经批准计入营业外收入。

借：待处理财产损溢——待处理流动资产损溢　2 000

　　贷：营业外收入　2 000

素养提升：结合中国特色社会主义法治体系学习相关法规

《现金管理暂行条例》简介

本专栏摘录了国务院 2011 年修订的《现金管理暂行条例》的相关规定。

开户单位之间的经济往来，除按该条例规定的范围可以使用现金外，应当通过开户银行进行转账结算。

现金的使用范围

开户单位可以在下列范围内使用现金：（一）职工工资、津贴；（二）个人劳务报酬；（三）根据国家规定颁发给个人的科学技术、文化艺术、体育等各种奖金；（四）各种劳保、福利费用以及国家规定的对个人的其他支出；（五）向个人收购农副产品和其他物资的价款；（六）出差人员必须随身携带的差旅费；（七）结算起点以下的零星支出。（八）中国人民银行确定需要支付现金的其他支出。前款结算起点为1 000元。

现金的限额管理

开户银行应当根据实际需要，核定开户单位3天至5天的日常零星开支所需的库存现金限额。边远地区和交通不便地区的开户单位的库存现金限额，可以多于5天，但不得超过15天的日常零星开支。经核定的库存现金限额，开户单位必须严格遵守。需要增加或者减少库存现金限额的，应当向开户银行提出申请，由开户银行核定。

送存现金

开户单位现金收入应当于当日送存开户银行。当日送存确有困难的，由开户银行确定送存时间。

支付现金

开户单位支付现金，可以从本单位库存现金限额中支付或者从开户银行提取，不得从本单位的现金收入中直接支付（即坐支）。因特殊情况需要坐支现金的，应当事先报经开户银行审查批准，由开户银行核定坐支范围和限额。

从开户银行提取现金，应当写明用途，由本单位财会部门负责人签字盖章，经开户银行审核后，予以支付现金。

3.1.2　银行存款

企业设“银行存款”科目核算其银行存款的收付和结存情况。该科目借方登记银行存款的增加，贷方登记银行存款的减少，期末余额在借方，反映银行存款的余额。企业应使用银行存款日记账（订本账簿），按照业务发生顺序逐日逐笔登记。该科目可按银行名称和存款种类进行明细核算。有外币存款的企业还应分别按人民币和外币进行明细核算。企业的外埠存款、银行本票存款、银行汇票存款、信用证保证金等，在“其他货币资金”科目核算，不通过“银行存款”科目核算。

《人民币银行结算账户管理办法》简介

日常存款和取款的会计处理示例见例3－1。

1. 转账结算收款人的会计处理

支票的相关规定

企业接受付款人交付的支票、银行本票、银行汇票时，应在转账收款完毕时，借记“银行存款”科目，根据具体情形贷记“主营业务收入”或“应收账款”等科目。

企业接受付款人通过汇兑方式转账支付的款项，收取通过托收承付方式或委托收款方式结算的款项时，应在收到收款通知书时借记“银行存款”科目，根据具体情形贷记“主营业务收入”或“应收账款”等科目。

汇兑、托收承付和委托收款的相关规定

2. 转账结算付款人的会计处理

企业签发支票支取现金、通过汇兑等转账结算方式支付款项时，借记“库存现金”“在途物资”“库存商品”等科目，贷记“银行存款”科目。

3. 银行存款的核对

企业银行存款账面余额与银行对账单余额之间如有差额，应通过编制银行存款余额调节表调节相符，如表3-1所示。导致二者之间产生差异的原因多为记账错误或者存在未达账项。发生未达账项的具体情况有四种：一是企业已收款入账，银行尚未收款入账；二是企业已付款入账，银行尚未付款入账；三是银行已收款入账，企业尚未收款入账；四是银行已付款入账，企业尚未付款入账。编制银行存款余额调节表的目的只是核对账目，调节表本身并不能充当调整银行存款账面余额的会计凭证。

表3-1 银行存款余额调节表

项目	金额	项目	金额
银行对账单余额		企业的银行存款日记账余额	
加：企业记增加银行未记增加的金额 减：企业记减少银行未记减少的金额		加：银行记增加企业未记增加的金额 减：银行记减少企业未记减少的金额	
调节后（应有）余额		调节后（应有）余额	

3.1.3 其他货币资金

会计学中所称的“其他货币资金”，泛指企业向银行预缴的票据业务存款（即银行汇票存款、银行本票存款）、银行卡存款、信用证保证金存款、存出投资款、外埠存款等款项。

企业设“其他货币资金”科目核算其银行汇票存款、银行本票存款、银行卡存款、信用证保证金存款、存出投资款、外埠存款等各种其他货币资金。该科目借方登记增加数，贷方登记减少数，期末余额在借方，反映企业持有的其他货币资金余额。该科目可按外埠存款的开户银行，银行汇票或本票、信用证的收款单位，设“银行汇票”、“银行本票”、“银行卡”（“信用卡”）、“信用证保证金”、“存出投资款”等明细科目进行明细核算。

1. 银行汇票存款和银行本票存款

银行汇票和银行本票的相关规定

企业申请办理银行汇票、银行本票，在预先存入款项时。

借：其他货币资金——银行汇票
　　　　　　　　——银行本票
　贷：银行存款

将银行汇票、银行本票用于实际开支时。

借：在途物资、库存商品等科目
　贷：其他货币资金——银行汇票
　　　　　　　　　——银行本票

例 3-4

正明商贸股份公司申请开出 100 000 元的银行汇票用于异地采购。

(1) 缴存该笔款项时。

借：其他货币资金——银行汇票	100 000	
贷：银行存款		100 000

(2) 使用银行汇票支付采购款时。

借：在途物资	80 000	
应交税费——应交增值税（进项税额）	10 400	
贷：其他货币资金——银行汇票		90 400

(3) 收到退回的余款时。

借：银行存款	9 600	
贷：其他货币资金——银行汇票		9 600

有关增值税的知识用处甚广，建议读者着力练习，详见本书第 9 章。

2. 银行卡存款

凡在中华人民共和国境内办理银行卡业务的商业银行、持卡人、商户及其他当事人均应遵守中国人民银行 1999 年发布的《银行卡业务管理办法》的规定。单位人民币卡账户的资金一律从其基本存款账户转账存入，不得存取现金，不得将销货收入存入单位卡账户。单位人民币卡可办理商品交易和劳务供应款项的结算，但不得透支。

企业从基本存款账户向单位人民币卡账户存入资金时，根据相关凭证借记“其他货币资金——银行卡”科目，贷记“银行存款”科目。完成结算支付时，根据具体情形借记“管理费用”等科目，贷记“其他货币资金——银行卡”科目。

银行卡的相关规定

例 3-5

正明商贸股份公司的单位人民币卡业务及其账务处理情况如下：

(1) 从基本存款账户向单位人民币卡账户存入 400 000 元。

借：其他货币资金——银行卡　　400 000
　贷：银行存款　　400 000

（2）使用单位人民币卡支付业务招待费19 000元。

借：管理费用　　19 000
　贷：其他货币资金——银行卡　　19 000

（3）收到单位人民币卡的利息3 697元。

借：其他货币资金——银行卡　　3 697
　贷：财务费用　　3 697

3. 信用证保证金存款

信用证保证金存款是指采用信用证结算方式的企业为了开具信用证而存入开证行的信用证保证金专户存款。

国内信用证的保证金存款的操作规则如下：

信用证

（1）开证。开证申请人申请开立信用证，须提交其与受益人签订的贸易合同。开证行应根据贸易合同及开证申请书等文件，合理、审慎设置信用证付款期限、有效期、交单期、有效地点。开立信用证可以采用信开和电开方式。

开证银行与申请人在开证前应签订明确双方权利义务的协议。开证行可要求申请人交存一定数额的保证金，并可根据申请人资信情况要求其提供抵押、质押、保证等合法有效的担保。企业依照约定向开证行缴存信用证保证金时，根据相关凭证，借记“其他货币资金——信用证存款”科目，贷记“银行存款”科目。完成结算支付时，借记“在途物资”等科目，贷记“其他货币资金——信用证存款”科目。

（2）保兑。保兑是指保兑行根据开证行的授权或要求，在开证行承诺之外做出的对相符交单付款、确认到期付款或议付的确定承诺。保兑行自对信用证加具保兑之时起即不可撤销地承担对相符交单付款、确认到期付款或议付的责任。

4. 存出投资款

存出投资款是指企业已存入证券公司但尚未进行投资的资金。

企业向证券公司划出资金时，借记“其他货币资金——存出投资款”科目，贷记“银行存款”科目。购买证券时，借记“交易性金融资产”等科目，贷记“其他货币资金——存出投资款”科目。

例3-6

正明商贸股份公司的短期投资及其账务处理情况如下：

（1）向证券公司划出9 000 000元准备进行短期股票投资。

借：其他货币资金——存出投资款　　9 000 000
　贷：银行存款　　9 000 000

（2）用8 880 000元购入某只股票，列为交易性金融资产。

借：交易性金融资产——成本　　8 880 000
　　贷：其他货币资金——存出投资款　　8 880 000

5. 外埠存款

外埠存款是指企业为了在外地进行临时或零星采购而汇到设在外地（采购地）的临时存款账户的款项。该账户除了采购人员可从中提取少量现金外，一律转账。

企业委托本地银行向外地汇出款项时，须填列汇款委托书，加盖“采购资金”字样。根据相关凭证，借记“其他货币资金——外埠存款”科目，贷记“银行存款”科目。采购人员报销使用外埠存款支付的货款等款项时，企业根据相关凭证借记“在途物资”等科目，贷记“其他货币资金——外埠存款”科目。

素养提升：源远流长的中国会计文化

会计文化漫谈——数字大写的来历

数字大写在会计和金融领域具有重要的应用价值，财政部1996年发布的《会计基础工作规范》和中国人民银行1997年发布的《支付结算办法》均对数字大写给出了严格的规定。

完整的数字大写的形成年代尚存争议。杨宗义在《“大写数字皆武后时所改”辨》（《辞书研究》，1988（2））一文中考证，“壹、贰、叁”至迟在汉代就已借作“一、二、三”了。文物中使用“壹”的证据有：马王堆汉墓帛书《老子》乙本卷前古佚书有“天明三以定二，则壹晦壹明”（《马王堆汉墓帛书》（壹），北京：文物出版社，1980）；汉延熹八年《西岳华山庙碑》有“五岁壹巡狩”（《隶释》卷三，四部丛刊本）。文物中使用“贰”的证据有：马王堆汉墓帛书《战国纵横家书・朱己谓魏王章》有“今不存韩；贰周、安陵必貤”（《战国纵横家书》，北京：文物出版社，1976）。文物中使用“叁”的证据有：马王堆汉墓帛书《战国纵横家书・苏秦献书赵王章》有“韩亡叁川”；银雀山汉墓竹简《孙膑兵法・八阵》有“用阵叁分”（《孙膑兵法校理》附《银雀山汉墓竹简・孙膑兵法》（原简摹写本），北京：中华书局，1986）。

黄今许在《大写数字起源于何时》（《咬文嚼字》，2006（12））一文中提及，唐代诗人白居易的宋版《白氏长庆集》中使用了数字大写：“况其军一月之费，计实钱贰拾漆捌万贯”（《论行营状请勒魏博等四道兵马却守本界事》）。

朱元璋为了整饬吏治，推行了完整的数字大写写法（壹、贰、叁、肆、伍、陆、柒、捌、玖、拾、佰、仟）。数字大写从此沿用至今。

3.2 应收款项

本节阐释各种短期债权的会计处理，主要涉及应收账款、应收票据、预付账款、应收利息、应收股利和其他应收款等。

3.2.1 应收账款

企业设“应收账款”科目核算企业因销售商品、提供劳务等经营活动应收取的款项。该科目可按债务人进行明细核算。该科目期末的借方余额反映企业尚未收回的应收账款。

1. 通常情形下应收账款的核算

企业记录应收账款时，按应收金额，借记“应收账款”科目，按确认的营业收入，贷记“主营业务收入”等科目。收回应收账款时，借记“银行存款”等科目，贷记“应收账款”科目。涉及增值税销项税额的，还应进行相应的处理。

代购货单位垫付的包装费、运杂费，借记“应收账款”科目，贷记“银行存款”等科目。收回代垫费用时，借记“银行存款”科目，贷记“应收账款”科目。

例 3-7

正明商贸股份公司销售给金波实业有限公司一批产品，按照价目表上标明的价格计算，其不含税售价金额为20 000元，由于是批量销售，正明公司给予金波公司10%的商业折扣。适用的增值税税率为13%。正明公司为金波公司代垫运费100元。

（1）销售成立，记录债权时。

借：应收账款	20 440	
贷：主营业务收入		18 000
应交税费——应交增值税（销项税额）		2 340
库存现金		100

（2）收到上述价款时。

借：银行存款	20 440	
贷：应收账款		20 440

素养提升：会计规则的理论逻辑、历史逻辑和实践逻辑

商业折扣和现金折扣

所谓“**商业折扣**”（commercial discount），就是大家所熟悉的“打折”，指销售方针对商品价目单中所明示的价格给予的减价优惠。会计环节所处理的实际结算金额本身已经是扣除商业折扣后的实际成交价款，因此，会计上不需要专门对商业折扣进行账务处理。商业折扣只是销售环节的一种促销策略，而与会计处理环节无关。

所谓“**现金折扣**”(cash discount)，是指在赊销方式的交易中，销售方为鼓励采购方在约定期限内尽早付款而提供的付款优惠，严格地说就是“提前付款折扣”。例如，购销双方可能会在买卖合同中约定，购货方应在 30 天内付款，如果在 10 天内付款，则可享受 2%的折扣；如果在 20 天内付款，则可享受 1%的折扣。这样的收账条款在国际商务中常常简写为“2/10，1/20，n/30”，但此类条款在我国的合同实务中不太常见。可见，“现金折扣”是实际成交价格形成之后销售方推出的鼓励采购方提前付款的收款策略，销售方（和采购方）需要对现金折扣进行账务处理。

2. 现金折扣的会计处理

现金折扣属于《企业会计准则第 14 号——收入》(2017 年修订) 所称的可变对价。根据该准则的规定，合同中存在可变对价的，企业应当按照期望值 (expected value) 或最可能发生金额 (most likely amount) 确定可变对价的最佳估计数，但包含可变对价的交易价格应当不超过在相关不确定性消除时累计已确认收入极可能不会发生重大转回的金额。企业在评估累计已确认收入是否极可能不会发生重大转回时，应当同时考虑收入转回的可能性及其比重。

每一资产负债表日，企业应当重新估计应计入交易价格的可变对价金额。对于已履行的履约义务，其分摊的可变对价后续变动额应当调整变动当期的收入。

例 3－8a

超人时装股份公司 2022 年 6 月 1 日向白雪商贸有限公司销售一批夏装，不含税售价为 10 000 000 元，增值税税额为 1 300 000 元，价税合计为 11 300 000 元。

为了使货款尽快到账，超人时装股份公司给出的现金折扣条款是：白雪商贸有限公司应当在 8 月 31 日前付款。若在 6 月 30 日前付款，则可享受 2%的现金折扣；若在 7 月 31 日前付款，则可享受 1%的现金折扣。

6 月 1 日，超人时装股份公司预计白雪商贸有限公司最有可能在 6 月 30 日前付款，按照最可能发生金额 226 000 元 (11 300 000×2%) 确定可变对价的最佳估计数，包含可变对价的价格为 9 774 000 元 (10 000 000－226 000)。

6 月 19 日，超人时装股份公司收到了货款。

(1) 6 月 1 日，销售时。

借：应收账款 (11 300 000×98%)　　11 074 000

　贷：主营业务收入 (10 000 000－226 000)　　9 774 000

　　　应交税费——应交增值税（销项税额）　　1 300 000

(2) 6 月 19 日，收到货款时。

借：银行存款　　11 074 000

　贷：应收账款　　11 074 000

例3-8b

沿用例3-8a的资料。假定白雪商贸有限公司未在6月30日前付款。

6月30日，超人时装股份公司重新估计应计入交易价格的可变对价金额。预计白雪商贸有限公司最有可能在7月31日前付款，按照最可能发生金额113 000元（11 300 000×1%）确定可变对价的最佳估计数，包含可变对价的价格为9 887 000元（10 000 000－113 000）。因此，需要调增应收账款和主营业务收入113 000元（9 887 000－9 774 000）。

7月19日，超人时装股份公司收到了货款。

（1）6月1日，销售时。

借：应收账款（11 300 000×98%）　　11 074 000

　贷：主营业务收入（10 000 000－226 000）　　9 774 000

　　　应交税费——应交增值税（销项税额）　　1 300 000

（2）6月30日，重新估计应计入交易价格的可变对价金额时。

借：应收账款　　113 000

　贷：主营业务收入　　113 000

（3）7月19日，收到货款时。

借：银行存款　　11 187 000

　贷：应收账款　　11 187 000

3.2.2 应收票据

企业设“应收票据”科目核算企业因销售商品、提供劳务等而收到的商业汇票（包括银行承兑汇票和商业承兑汇票）。该科目可按债务人（开出或承兑商业汇票的单位）进行明细核算。该科目期末借方余额反映企业持有的商业汇票的票面金额。

企业应当设置应收票据备查簿，逐笔登记商业汇票的种类、号数和出票日、票面金额、交易合同号和付款人、承兑人、背书人的姓名或单位名称、到期日、背书转让日、贴现日、贴现率和贴现净额以及收款日和收回金额、退票情况等资料。商业汇票到期结清票款或退票后，在备查簿中应予以注销。

1. 接受商业汇票和收款时的会计处理

企业因销售商品、提供劳务等而收到开出、承兑的商业汇票，按商业汇票的票面金额，借记“应收票据”科目；按确认的营业收入，贷记“主营业务收入”等科目。涉及增值税销项税额的，还应进行相应的处理。

商业汇票的相关法规

商业汇票到期，应按实际收到的金额，借记“银行存款”科目；按商业汇票的票面金额，贷记“应收票据”科目。

2. 商业汇票贴现时的会计处理

持未到期的商业汇票向银行贴现，应按实际收到的金额（即减去贴现息后的净额），借记“银行存款”等科目；按贴现息部分，借记“财务费用”等科目；按商业汇票的票面金额，贷记“应收票据”科目或“短期借款”科目。

3. 商业汇票背书的会计处理

将持有的商业汇票背书转让以取得所需物资，按应计入取得物资成本的金额，借记“材料采购”“原材料”“库存商品”等科目；按商业汇票的票面金额，贷记“应收票据”科目；如有差额，则借记或贷记“银行存款”等科目。涉及增值税进项税额的，还应进行相应的处理。

例 3－9

立信实业股份公司销售一批商品给正明商贸股份公司，货已发出，增值税专用发票上注明的商品价款为 200 000 元，增值税税额为 26 000 元。立信实业股份公司当日收到正明商贸股份公司签发的不带息商业承兑汇票一张。

（1）立信实业股份公司的销售成立时。

借：应收票据	226 000	
贷：主营业务收入		200 000
应交税费——应交增值税（销项税额）		26 000

（2）以下分别设计不同情形阐释相应的会计处理。

1）应收票据到期，立信实业股份公司收回款项 226 000 元，存入银行。

借：银行存款	226 000	
贷：应收票据		226 000

2）应收票据到期，正明商贸股份公司无力偿还票款，立信实业股份公司将到期票据的票面金额转入“应收账款”科目。

借：应收账款	226 000	
贷：应收票据		226 000

3）应收票据到期前，立信实业股份公司因急需资金，持商业汇票向银行贴现（附追索权），贴现息为 4 000 元。

借：银行存款	222 000	
财务费用	4 000	
贷：短期借款		226 000

4）贴现后，应收票据到期时出现拒付情况，银行要求立信实业股份公司退回上述款项。

借：短期借款	226 000	
贷：银行存款		226 000

3.2.3 预付账款

企业设“预付账款”科目核算企业按照合同规定预付的款项。该科目可按供货单位进行明细核算。该科目期末的借方余额反映企业预付的款项。

企业因购货而预付的款项，借记“预付账款”科目，贷记“银行存款”等科目。

收到所购物资，按应计入购入物资成本的金额，借记“材料采购”“原材料”“库存商品”等科目；按应支付的金额，贷记“预付账款”科目。补付的款项，借记“预付账款”科目，贷记“银行存款”等科目；退回多付的款项作相反的会计分录。涉及增值税进项税额的，还应进行相应的处理。

例3-10

苏菲商贸有限公司向邦德实业股份公司支付预付账款200万元。

借：预付账款	2 000 000	
贷：银行存款		2 000 000

邦德公司发货，开出的增值税专用发票上注明的价税合计为452万元。苏菲公司补付252万元。

借：库存商品	4 000 000	
应交税费——应交增值税（进项税额）	520 000	
贷：预付账款		2 000 000
银行存款		2 520 000

3.2.4 应收股利和应收利息

企业设“应收股利”科目核算企业应收取的现金股利和应收取的被投资单位分配的利润。该科目可按被投资单位进行明细核算。该科目的期末余额在借方，反映企业尚未收回的现金股利或利润。投资方在被投资单位宣告发放现金股利或利润时，按应享有的份额，借记“应收股利”科目，贷记“投资收益”等科目；实际收到现金股利或利润时，借记“银行存款”等科目，贷记“应收股利”科目。

企业设“应收利息”科目核算其应收取的利息。该科目可按借款人或被投资单位进行明细核算。记录应收利息时，借记“应收利息”科目，贷记相关科目（如“投资收益”等）；实际收到时，借记“银行存款”等科目，贷记“应收利息”科目。该科目期末借方余额反映企业尚未收回的利息。

3.2.5 其他应收款

企业设“其他应收款”科目核算企业零星发生的各种短期应收及暂付款项。该科目可按债务人（单位或个人）进行明细核算。企业发生其他各种应收、暂付款项时，借记“其他应收款”科目，贷记“银行存款”“库存现金”等科目；收回或转销该债权时，借记“库存现金”“银行存款”等科目，贷记“其他应收款”科目。该科目期末借方余额反映企业尚未收回的其他应收款。会计处理示例见例 3－2。

3.2.6　坏账准备

企业设“信用减值损失”科目核算其按照《企业会计准则第 22 号——金融工具确认和计量》(2017 年修订) 的要求计提的各项金融工具减值准备所形成的预期信用损失。该科目借方登记发生额 (增加数)，贷方登记结转额 (减少数)。期末结转后，该科目无余额。

企业设“坏账准备”科目核算其各种应收款项的坏账准备。该科目可按应收款项的类别进行明细核算。该科目的期末贷方余额反映企业已计提但尚未转销的坏账准备。

素养提升：培养辩证思维能力

预计损失模型的设计理念

《企业会计准则第 22 号——金融工具确认和计量》(2017 年修订) 规定，企业应当以预期信用损失为基础进行减值会计处理并确认损失准备。

预期信用损失 (expected credit losses) 是指以发生违约的风险为权重的金融工具信用损失的加权平均值。信用损失，是指企业按照原实际利率折现的、根据合同应收的所有合同现金流量与预期收取的所有现金流量之间的差额 (即全部现金短缺或称现金流缺口) 的现值。

企业应当在每个资产负债表日评估相关金融工具的信用风险自初始确认后是否已显著增加，并按照下列情形分别计量其损失准备，确认预期信用损失及其变动：

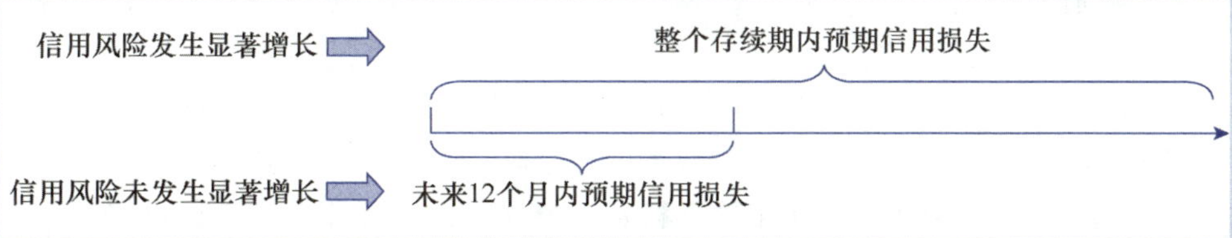

(1) 如果该金融工具的信用风险自初始确认后已显著增加，企业应当按照相当于该金融工具整个存续期内预期信用损失 (full lifetime expected credit losses) 的金额计量其损失准备。无论企业评估信用损失的基础是单项金融工具还是金融工具组合，由此形成的损失准备的增加或转回金额，应当作为减值损失或利得计入当期损益。

(2) 如果该金融工具的信用风险自初始确认后并未显著增加，企业应当按照相当于该金融工具未来 12 个月内预期信用损失的金额计量其损失准备，无论企业评估信用损失的基础是单项金融工具还是金融工具组合，由此形成的损失准备的增加或转回金额，应当作为减值损失或利得计入当期损益。

未来12个月内预期信用损失（12-month expected credit losses），是指因资产负债表日后12个月内（若金融工具的预计存续期少于12个月，则为预计存续期）可能发生的金融工具违约事件而导致的预期信用损失，是整个存续期预期信用损失的一部分。

预计损失模型的设计理念是，计算实际利率时，预计现金流量的计算需要把预期损失考虑在内。如此，如果以后的实际情况果然与最初的预期相同，则只需按先前确定的实际利率确认各期利息收入即可，各期不再记录减值损失，减值准备科目（如“坏账准备”“债权投资减值准备”“贷款损失准备”等）只是过渡性的科目（在收回本金时会自然冲销）。如果以后期间企业所预计的预期损失与先前有异，则需按照最新的预期损失，将金融资产的账面价值调整为未来现金流量现值（仍使用最初的实际利率），同时调整当期损益，具体而言：如果最新预计的预期损失比先前预计的预期损失多，则应将因资产减值额的变化而发生的损失（impairment loss）记入“资产减值损失”科目；如果最新预计的预期损失比先前预计的预期损失少，则应将因资产减值额的变化而形成的利得（impairment gain）确认为当期利润。

该准则针对短期债权规定了简化处理办法：对于应收账款（trade receivables）和租赁合约中的应收款项（lease receivables）等债权，在报告日，企业可以简单地按照该资产在其后续存续期限内的预期信用损失计提坏账准备。

资产负债表日，应收款项发生减值的，按应减记的金额，借记“信用减值损失”科目，贷记“坏账准备”科目。以后期间，如果当期应计提的坏账准备大于期初账面余额，则应按其差额计提；如果应计提的坏账准备小于期初账面余额，则反之。

对于确实无法收回的应收款项，按管理权限报经批准后作为坏账，转销应收款项时，借记“坏账准备”科目，贷记“应收账款”“应收票据”“预付账款”“其他应收款”等科目。

以前期间已转销的应收款项以后又收回时，应按实际收回的金额，借记“应收账款”“应收票据”“预付账款”“其他应收款”等科目，贷记“坏账准备”科目；同时，借记“银行存款”科目，贷记“应收账款”“应收票据”“预付账款”“其他应收款”等科目。也可以将以上两步分录合为一步，即按照实际收回的金额，借记“银行存款”科目，贷记“坏账准备”科目。

以下以应收账款为例阐释计提和转销坏账准备的会计处理。其余应收款项的坏账准备可比照处理。

例3-11

正明商贸股份公司从2021年开始计提坏账准备。2021—2023年3年的一些相关会计处理如下。

(1) 2021年12月31日，该公司应收账款余额为1 200 000元。按照该项应收账款在后续存续期限内的预期信用损失计算，应计提的坏账准备为6 000元。

借：信用减值损失　　6 000
　　贷：坏账准备　　6 000

(2) 2022年9月，该公司发现有1 600元的应收账款无法收回，经批准后作出会计处理。

借：坏账准备　　1 600
　　贷：应收账款　　1 600

(3) 2022年12月31日，该公司应收账款余额为1 440 000元。按照该项应收账款在其后续存续期限内的预期信用损失计算，应计提的坏账准备为7 200元。而在年末计提坏账准备前，"坏账准备"科目的贷方余额为6 000－1 600＝4 400元。所以，本年度应补提的坏账准备金额为7 200－4 400＝2 800元。

借：信用减值损失　　2 800
　　贷：坏账准备　　2 800

(4) 2023年6月，该公司接银行通知，其上年度已冲销的1 600元坏账又得以收回，款项已存入银行。有关账务处理如下：

借：应收账款　　1 600
　　贷：坏账准备　　1 600
借：银行存款　　1 600
　　贷：应收账款　　1 600

也可以将上述两个分录简化为一个分录：

借：银行存款　　1 600
　　贷：坏账准备　　1 600

素养提升：会计规则的理论逻辑、历史逻辑和实践逻辑

坏账损失核算的直接转销法和备抵法

会计学中称采用"坏账准备"科目核算坏账损失的方法为**备抵法**（allowance method）。这种方法要求企业预计债权发生的损失，对债权计提坏账准备并把预期损失计入当期损益；当实际损失发生时，再把实际损失超出坏账准备的金额计入当期损失。备抵法、坏账准备体现了谨慎性原则的要求。《企业会计准则——基本准则》规定，企业对交易或者事项进行会计确认、计量和报告应当保持应有的谨慎，不应高估资产或者收益、低估负债或者费用。但根据谨慎性原则所做的记录缺乏法律事实的支持，学界对谨慎性原则存有争议。

我国会计法规在1992年引入了备抵法。在此之前，企业所采用的坏账损失核算方法是**直接转销法**（direct write-off method），即在坏账损失实际发生时，直接注销发生损失的债权，同时记录该项实际损失。

虽然现行会计法规要求企业采用备抵法核算其可能发生的坏账损失，但税法不允许企业在所得税前扣除其依照备抵法所计算的坏账损失。这是因为备抵

法下所记录的资产减值损失仅仅是一种预期损失而不是实际损失。所以，在纳税申报时，企业必须按照税法的规定进行纳税调整。

3.2.7 各种应收款项的报表列示与附注披露

1. 报表列示

资产负债表上的报表项目与本章前面所阐释的总账科目并非一一对应的关系。

（1）“应收票据”项目，反映资产负债表日以摊余成本计量的、企业因销售商品和提供服务等收到的商业汇票，包括银行承兑汇票和商业承兑汇票。该项目应根据“应收票据”科目的期末余额，减去“坏账准备”科目中相关坏账准备期末余额后的金额分析填列。

（2）“应收账款”项目，反映资产负债表日以摊余成本计量的、企业因销售商品和提供服务等经营活动应收取的款项。该项目应根据“应收账款”科目的期末余额，减去“坏账准备”科目中相关坏账准备期末余额后的金额分析填列。

（3）“预付款项”项目，反映企业按照购货合同规定预付给供应单位的款项等。本项目应根据“预付账款”和“应付账款”科目所属各明细科目的期末借方余额合计数，减去“坏账准备”科目中有关预付款项计提的坏账准备期末余额后的金额填列。如“预付账款”科目所属有关明细科目期末有贷方余额的，应在资产负债表“应付账款”项目内填列。

（4）“其他应收款”项目，根据“应收利息”、“应收股利”和“其他应收款”科目的期末余额合计数，减去“坏账准备”科目中相关坏账准备期末余额后的金额填列。

2. 附注披露

应收账款按账龄结构或客户类别予以披露的格式分别如表3-2和表3-3所示。应收票据、预付账款、长期应收款、其他应收款等项目的披露可比照处理。

表3-2 应收账款账龄结构披露表 单位：元

账龄结构	期末账面余额	年初账面余额
1年以内（含1年）		
1～2年（含2年）		
2～3年（含3年）		
3年以上		
合计		

表 3-3　应收账款按客户类别披露表　单位：元

客户类别	期末账面余额	年初账面余额
客户 1		
客户 2		
⋮		
其他客户		
合计		

思考题

1. 企业办理哪些票据业务和支付结算业务需要向银行预缴款项？哪些业务不需要预缴款项？

2. 如何评价坏账损失核算的备抵法？

练习题

1. 2023 年 3 月 1 日，润叶家居股份公司的财务总监张虹因公出差，借支现金 60 000 元。3 月 15 日，张虹交还现金余款 10 000 元。实际发生的开支 50 000 元均有合法有效发票等原始凭证，经批准予以报销。

要求：请为该公司的上述业务做账务处理。

2. 2022 年 7 月 1 日，正明商贸股份公司申请开出 9 000 000 元的银行汇票用于异地采购。7 月 2 日，该公司用该汇票支付采购款 7 910 000 元，收到的增值税专用发票上注明的不含增值税金额为 7 000 000 元，增值税税额为910 000 元，价税合计为 7 910 000 元。

要求：请为该公司的上述业务做账务处理。

3. 金波实业股份公司成立于 2021 年。2021 年 12 月 31 日，该公司应收账款余额为 60 000 000 元。按照该项应收账款在后续存续期限内的预期信用损失计算，应计提的坏账准备为 300 000 元。2022 年 7 月 7 日，该公司发现有90 000 元的应收账款无法收回。

要求：请为该公司的上述业务做账务处理。

第 3 章判断题
即测即评

第 3 章选择题
即测即评

第4章

Chapter 4 存　货

素养提升

1. 运用《中华人民共和国会计法》第九条，对《企业会计准则第1号——存货》中的规则进行辩证分析，加强学生对于中国特色社会主义会计法规体系的学习。

2. 系统介绍存货跌价准备这一会计规则的来龙去脉，帮助学生理解后进先出法被取消的原因，拓宽学生的知识面，激发其创造性思维，培养学生的独立思考能力。课后可以阅读论文《会计程序委员会的时代：1936～1959年》（《财会月刊》，2019（10））。

3. 坚持理论逻辑、历史逻辑、实践逻辑的辩证统一，将对资产减值会计规则历史过程的考察与这一会计规则内部逻辑的分析有机结合，客观、全面地揭示资产减值会计规则的本质，培养学生的辩证思维能力。关于资产减值会计，课后可以阅读论文《中国会计改革之路——与杨纪琬教授就当前会计改革问题的谈话记录》（《会计研究》，1993（4））、《资产减值会计的合理性辨析》（《经济管理》，2016（3））。

学习目标

1. 掌握：商业企业商品采购和商品销售的会计处理方法；工业企业原料采购、生产加工和产品销售的会计处理方法；增值税的会计处理方法；销货成本的计算方法；存货盘盈盘亏的会计处理方法。

2. 理解：成本与市价孰低法的设计思路。

3. 了解：低值易耗品摊销的会计处理方法。

本章结合工商企业的日常业务，介绍《企业会计准则第1号——存货》中所规定的会计处理规则。本章没有照搬会计准则中“法典化”的编写顺序，而是从实用主义的角度出发，本着简洁、直观的原则，结合完整的企业业务流程来阐释会计处理规则。本章所设专栏旨在引导读者拓宽知识面，激发读者的创造性思维。专栏内容不做教学要求。

资产负债表中的存货项目，是按照“在途物资”“原材料”“生产成本”“库存商品”“低值易耗品”等账户的信息汇总列报的。**存货**（inventory）泛指企业所拥有的除货币资金、固定资产（机器设备及交通工具类）外的有形动产。例如，工业制造类企业所持有的原材料、在产品、产成品；商品流通企业所持有的商品、包装物；企业所持有的办公耗材之类的自用物品（即会计学所称的低值易耗品）；等等。

企业账簿中所记载的存货应当具备相应的物权证明，如购货发票、买卖合同、支付结算单据、售货方的收款证明等。

4.1 商业企业存货的会计处理

在我国，物（包括动产和不动产）的流转（采购、销售）以及无形资产（如土地使用权和知识产权等）的交易通常都涉及增值税（免税的情形除外），因此，熟练掌握增值税的基本知识是学习资产会计处理规则的前提。

企业买卖货物时，会在增值税专用发票上注明货物的金额和相应的税额，交易的总价款就是价税合计（增值税专用发票示意图如图 4－1 所示）。发票上注明的税额对于卖方来讲就是销项税额，对于买方来讲就是进项税额。例如，润生商贸有限责任公司是增值税一般纳税人，该公司采购了一批名贵服装，价税合计为 33 900 元，其中，金额为 30 000 元，税额为 3 900 元。销售时，价税合计为 56 500 元，其中，金额为 50 000 元，税额为 6 500 元。则其增值税应纳税额＝销项税额－进项税额＝6 500－3 900＝2 600 元。

也就是说，润生商贸有限责任公司的货物销售实现了增值额 20 000 元（50 000－30 000），它的增值税应纳税额等于增值额乘以适用税率，这就是增值税的设计原理。

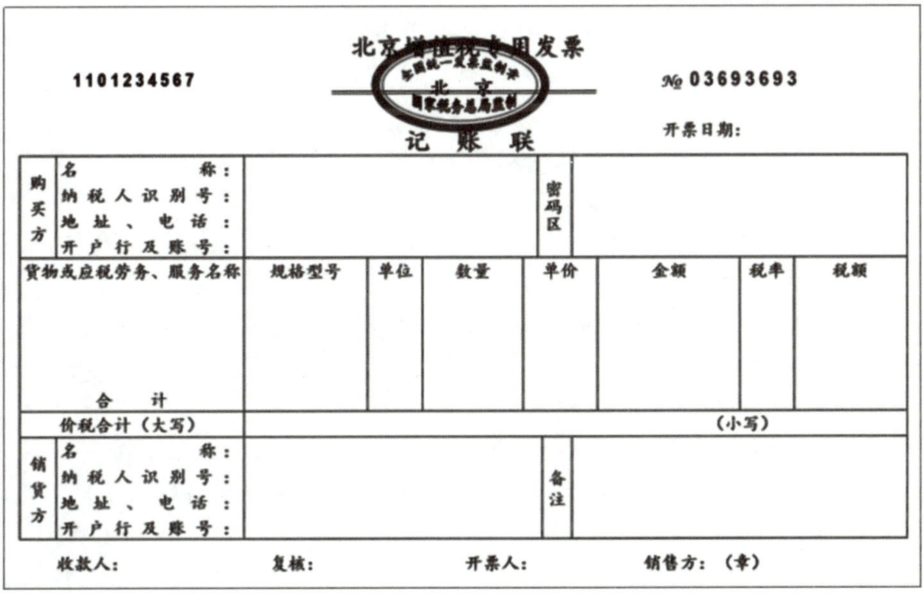
北京增值税专用发票

1101234567　　№ 03693693

记 账 联　　开票日期:

购买方	名　称： 纳税人识别号： 地址、电话： 开户行及账号：			密码区			
货物或应税劳务、服务名称	规格型号	单位	数量	单价	金额	税率	税额
合　计							
价税合计（大写）					（小写）		
销货方	名　称： 纳税人识别号： 地址、电话： 开户行及账号：			备注			

收款人:　　复核:　　开票人:　　销售方:（章）

图 4－1　增值税专用发票（示意图）

素养提升：结合中国特色社会主义法治体系学习相关法规

增值税的运行机制

按照增值税的设计原理，企业向税务机关缴纳的增值税税额在理论上是根据其经济业务所实现的增值额乘以适用的税率计算而来的。但在实践中，购销之间可能存在较长的时间差，不可能逐笔针对每一笔业务计算其增值额。于是，就发展出了分别汇总计算进项税额、销项税额，根据两者之差来确定增值税应纳税额的办法。

本专栏简要介绍《中华人民共和国增值税暂行条例》及其实施细则、《营业税改征增值税试点实施办法》的相关规定。为进一步规范税制、公平税负，近年来税收法规一直在进行调整完善，读者在实务工作中需要遵循最新法规的规定。

【征税对象】在中华人民共和国境内销售货物、服务、无形资产、不动产，提供加工、修理修配劳务，进口货物的单位和个人，为增值税纳税人。单位，是指企业、行政单位、事业单位、军事单位、社会团体及其他单位。个人，是指个体工商户和其他个人。货物是指有形动产，包括电力、热力、气体在内。加工是指受托加工货物，即委托方提供原料及主要材料，受托方按照委托方的要求，制造货物并收取加工费的业务。修理修配是指受托对损伤和丧失功能的货物进行修复，使其恢复原状和功能的业务。

【一般纳税人和小规模纳税人】纳税人分为一般纳税人和小规模纳税人。年应征增值税销售额（以下称应税销售额）超过财政部和国家税务总局规定标准的纳税人为一般纳税人，未超过规定标准的纳税人为小规模纳税人。年应税销售额超过规定标准的其他个人不属于一般纳税人。年应税销售额超过规定标准但不经常发生应税行为的单位和个体工商户可选择按照小规模纳税人纳税。

年应税销售额未超过规定标准的纳税人，会计核算健全，能够提供准确税务资料的，可以向主管税务机关办理一般纳税人资格登记，成为一般纳税人。会计核算健全，是指能够按照国家统一的会计制度规定设置账簿，根据合法、有效凭证核算。

符合一般纳税人条件的纳税人应当向主管税务机关办理一般纳税人资格登记。具体登记办法由国家税务总局制定。除国家税务总局另有规定外，一经登记为一般纳税人后，不得转为小规模纳税人。

【计税方法】增值税的计税方法，包括一般计税方法和简易计税方法。通常来说，一般纳税人适用一般计税方法计税，小规模纳税人适用简易计税方法计税。

一般计税方法的应纳税额，是指当期销项税额抵扣当期进项税额后的余额。当期销项税额小于当期进项税额不足抵扣时，其不足部分可以结转下期继续抵扣。

简易计税方法的应纳税额，是指按照销售额和增值税征收率计算的增值税额，不得抵扣进项税额。增值税征收率为3%，财政部和国家税务总局另有规定的除外。应纳税额计算公式为：应纳税额＝销售额×征收率。简易计税方法的销售额不包括其应纳税额，纳税人采用销售额和应纳税额合并定价方法的，按照下列公式计算销售额：销售额＝含税销售额÷(1＋征收率)。

【税率】增值税税率有13%，9%和6%三档。

【零税率】纳税人出口货物或者跨境销售服务、无形资产，税率为零。零税率是指除了在出口或跨境销售环节不征增值税外，还要对该货物和无形资产此前已经缴纳的增值税进行退税，使该货物和服务在出口或跨境销售时完全不含增值税税款，从而以无税的价格进入国际市场。

企业设“应交税费”账户核算企业按照税法等规定计算应缴纳的各种税费，包括增值税、消费税、企业所得税、资源税、土地增值税、城市维护建设税、房产税、城镇土地使用税、车船税、教育费附加等。企业代扣代缴的个人所得税，也通过该账户核算。该账户属于负债类账户，贷方登记各种应交未交税费的增加额，借方登记实际缴纳的各种税费。期末余额在贷方，反映企业尚未缴纳的税费；期末余额在借方，反映企业多交或尚未抵扣的税费。该账户可按应交的税费项目进行明细核算。

在手工记账的情形下，增值税一般纳税人需购置专用的设有若干专栏的账页，这种账页是专门用于计算增值税应纳税额的（见图4-2）。

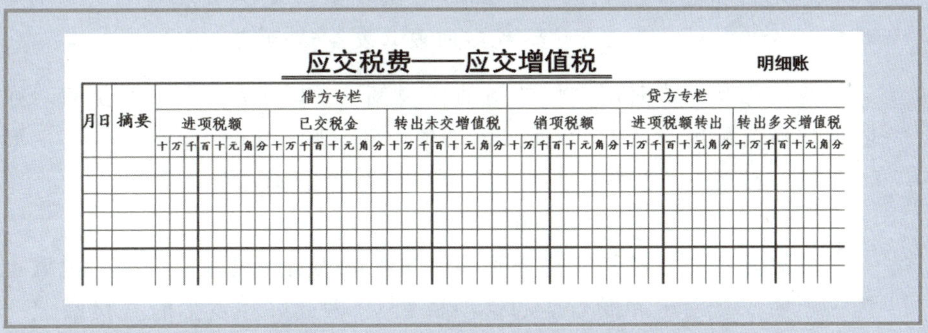
应交税费——应交增值税　明细账

月	日	摘要	借方专栏			贷方专栏		
			进项税额	已交税金	转出未交增值税	销项税额	进项税额转出	转出多交增值税
			十万千百十元角分	十万千百十元角分	十万千百十元角分	十万千百十元角分	十万千百十元角分	十万千百十元角分

图4-2　“应交税费——应交增值税”账页的常用专栏（示意图）

增值税一般纳税人应当在“应交税费”科目下设置“应交增值税”“未交增值税”等明细科目，核算增值税纳税义务的发生及履行情况。在“应交增值税”明细账内，应设置“进项税额”“已交税金”“销项税额”等专栏①，如图4-2所示。“进项税额”专栏，记录一般纳税人购进货物、无形资产或不动产，接受加工修理修配劳务、服务，而支付或负担的准予从当期销项税额中抵扣的增值税

① 本书将会用到“应交税费——应交增值税”这个明细账户的“进项税额”专栏和“销项税额”专栏，其余专栏本书从略，感兴趣的读者可参阅中级财务会计方面的教材。

额。“已交税金”专栏，记录一般纳税人当月已缴纳的应交增值税额。“销项税额”专栏，记录一般纳税人销售货物、无形资产或不动产，提供加工修理修配劳务、服务，应收取的增值税税额。

一般纳税人购进货物、无形资产或不动产，接受加工修理修配劳务、服务时，按应计入相关成本费用或资产的金额，借记“在途物资”“原材料”“库存商品”“生产成本”“无形资产”“固定资产”“管理费用”等科目；按可抵扣增值税税额，借记“应交税费——应交增值税（进项税额）”科目；按应付或实际支付的金额，贷记“应付账款”“银行存款”等科目。

一般纳税人销售货物、无形资产或不动产，提供加工修理修配劳务、服务时，应当按应收或已收的金额，借记“应收账款”“银行存款”等科目；按取得的收入金额，贷记“主营业务收入”“其他业务收入”“固定资产清理”“工程结算”等科目；按根据现行增值税制度规定计算的销项税额，贷记“应交税费——应交增值税（销项税额）”科目。

一般纳税人缴纳当月应交的增值税，借记“应交税费——应交增值税（已交税金）”科目，贷记“银行存款”科目。

下面以一个模拟案例演示增值税的账务处理。

例 4-1

润生商贸有限责任公司是增值税一般纳税人。该公司 2023 年 1 月 2 日转账支付 11 300 元采购一批名贵服装，采购时所收到的增值税专用发票上注明的金额为 10 000 元，税额为 1 300 元。同年 1 月 30 日（在同一个纳税期间内），以 33 900 元的价格销售出去，开出的增值税专用发票上注明的金额为 30 000 元，税额为 3 900 元。假定在该纳税期间内只发生这两笔业务。

我们称其进货时所支付的增值税税额（1 300 元）为进项税额，称其销货时收取的增值税税额（3 900 元）为销项税额，则

$$\begin{aligned}\text{当期应纳税额} &= \text{当期销项税额} - \text{当期进项税额}\\ &= 3\,900 - 1\,300 = 2\,600\text{（元）}\end{aligned}$$

可见，进项税额其实是企业垫付的留待从销项税额中抵扣的税额，可以理解为一项债权（用于冲抵当期的销项税额），因此，在发生时直接借记“应交税费——应交增值税”这个负债类账户（记入借方的“进项税额”专栏）。

读者可以尝试为上述业务编制会计分录，以增加感性认识。

（1）采购时。这项经济业务的发生，一方面使该公司的库存商品增加 10 000元，留待以后扣除的进项税额（可理解为一项债权）增加 1 300 元，另一方面使该公司的银行存款减少 11 300 元，因此，这项经济业务涉及“库存商品”、“应交税费——应交增值税”和“银行存款”三个账户。“库存商品”属于资产类账户，其增加额应记入借方。进项税额留待抵减纳税义务，属于负债的减少，应记入“应交税费——应交增值税”的借方（记入“进项税额”专栏）。“银行存款”属于资产类账户，其减少额应记入贷方。综合上述分析，这项业务的会计分录如下：

借：库存商品　　10 000
　　应交税费——应交增值税（进项税额）　　1 300
　贷：银行存款　　11 300

（2）销售时。这项经济业务的发生，一方面使该公司的银行存款增加33 900元，另一方面使该公司的主营业务收入增加30 000元，导致纳税义务增加的销项税额增加3 900元，因此，这项经济业务涉及“银行存款”、“主营业务收入”和“应交税费——应交增值税”三个账户。“银行存款”属于资产类账户，其增加额应记入借方。销项税额导致当期纳税义务（负债）增加，应记入“应交税费——应交增值税”的贷方（记入“销项税额”专栏）。“主营业务收入”属于收入类账户，其增加应记入贷方。综合上述分析，这项业务的会计分录如下：

借：银行存款　　33 900
　贷：主营业务收入　　30 000
　　　应交税费——应交增值税（销项税额）　　3 900

（3）结转销货成本时。结转销货成本时，一方面应记载该公司的主营业务成本增加10 000元，另一方面要记载该公司的库存商品减少10 000元。因此，这项经济业务涉及“主营业务成本”和“库存商品”两个账户。“主营业务成本”属于费用类账户，其增加额应记入借方。“库存商品”属于资产类账户，其减少额应记入贷方。综合上述分析，这项业务的会计分录如下：

借：主营业务成本　　10 000
　贷：库存商品　　10 000

（4）缴纳增值税时。这项经济业务的发生，一方面使该公司的增值税纳税义务减少2 600元，另一方面使该公司的银行存款减少2 600元，因此，这项经济业务涉及“应交税费——应交增值税”和“银行存款”两个账户。“应交税费——应交增值税”属于负债类账户，其减少额应记入借方，已交税金记入该账户下的“已交税金”专栏。“银行存款”属于资产类账户，其减少额应记入贷方。综合上述分析，这项业务的会计分录如下：

借：应交税费——应交增值税（已交税金）　　2 600
　贷：银行存款　　2 600

此时，“应交税费——应交增值税”明细账的借方专栏合计与贷方专栏合计金额相等（均为3 900元），成为零余额账户（视为关闭），该账户的功能已经履行完毕。在下一个增值税纳税期间，重新开始上述记录。

上述业务可概括如图4-3所示。为帮助读者掌握“应交税费——应交增值税”账户的用法，图中绘制了该账户的主要专栏，其余账户以T形账户表示。

现在请你想一想，润生商贸有限责任公司通过此番经营一共新增了多少银行存款？取得了多少营业利润？“应交税费——应交增值税”明细账在其中所起到的“跑龙套”的作用是不是很有意义？回答了这些问题，大家就可以更深刻地理解会计工作的意义和增值税的会计处理方法。

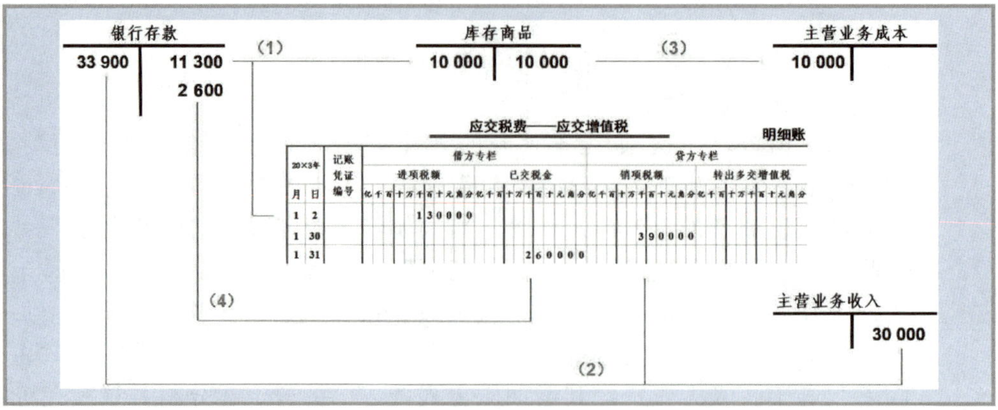

图 4-3 增值税的应纳税额的计算（示意图）

4.2 工业企业存货的会计处理

4.2.1 采购原材料

企业采购的原材料应当按照实际采购成本入账。实际采购成本包括货物金额、除增值税进项税额以外的相关税费、运输费、装卸费、保险费以及其他可归属于存货采购成本的费用。

企业设置“原材料”科目核算其库存的各种材料，包括原料及主要材料、辅助材料、外购半成品（外购件）、修理用备件（备品备件）、包装材料、燃料等的成本。该科目可按材料的类别、品种、规格或保管地点（仓库位置）等进行明细核算。该科目借方登记增加额，贷方登记减少额，期末借方余额反映的是企业库存材料的成本。

如果付款后需要经过一定的时间间隔才能收货入库，则需设“在途物资”科目进行过渡性账务处理。“在途物资”科目核算其采用实际成本（即进价）进行日常核算的，货款已付但尚未验收入库的原材料、商品等物资的采购成本。该科目可按供应单位进行明细核算。该科目借方登记增加额，贷方登记减少额，期末借方余额反映尚未到达或尚未验收入库的在途材料、商品等物资的采购成本。

例 4-2

润叶家具有限公司为增值税一般纳税人，2023 年 3 月接到一份订单，生产一张写字桌和一把椅子。为此，从金秋林业有限公司采购原材料，增值税专用发票上注明的原材料金额为 2 000 元，增值税税额为 260 元，价税合计为 2 260 元。卖方负责运货，货物经长途运输运达润叶家具有限公司。其相关业务的会计分录如下：

（1）支付货款取得增值税专用发票时。

借：在途物资　　2 000

　　应交税费——应交增值税（进项税额）　　260

　贷：银行存款　　2 260

（2）原材料验收入库时。

借：原材料　　2 000

　贷：在途物资　　2 000

上述采购业务的账务处理过程可概括为图 4－4。

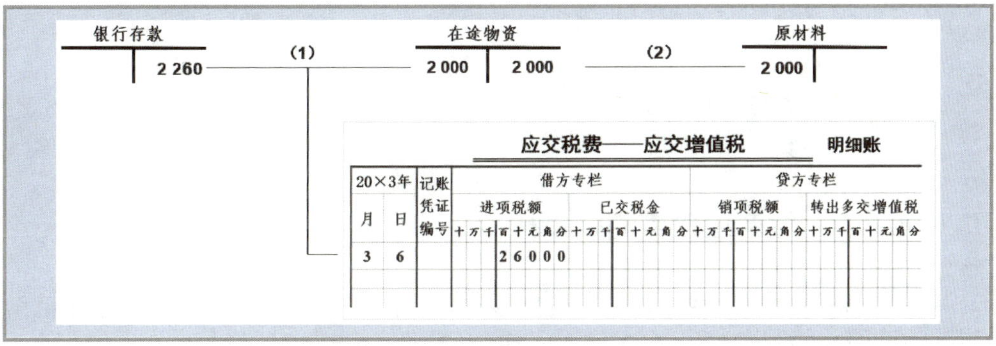

图 4－4　采购业务的账务处理示意图

如果在采购时可直接收货入库，则无须通过“在途物资”科目做过渡性账务处理，可直接借记“原材料”“应交税费——应交增值税（进项税额）”等科目，贷记“银行存款”等科目。

4.2.2 生产过程中的直接代价

企业设置“生产成本”科目核算在产品制造过程中发生的各种代价，该科目可按产品品种或批次进行明细核算。对于生产过程中发生的与某种产品直接相关的代价（如直接负责生产该产品的工人的薪酬、生产过程中使用的原材料等，这些通常称作直接人工、直接材料），可直接记入“生产成本”科目进行归集；对于与多种产品相关、不便直接计入某种产品的代价（如车间发生的水、电、气开支以及车间管理人员的工资等），则需要先通过“制造费用”科目进行归集，然后按照企业内部管理制度事先确定的成本计算标准分配记入“生产成本”科目。

“生产成本”科目的借方登记增加额，贷方登记减少额。该科目期末余额在借方，反映企业尚未完成全部工序的在产品的成本。

例 4－3

承例 4－2。润叶家具有限公司的定制品生产车间领用该批原材料。写字桌和椅子各用去价值 1 000 元的木料。其会计分录如下：

借：生产成本——写字桌　　1 000

　　　　　　——椅子　　1 000

　贷：原材料　　2 000

例 4-4

承例4-2。润叶家具有限公司的定制品生产车间发放从事直接生产的工人的工资1 200元。按照劳动量分配给写字桌的直接人工成本为900元，分配给椅子的直接人工成本为300元。其相关业务的会计分录如下：

（1）将直接人工成本分配到各个产品时。

借：生产成本——写字桌	900	
——椅子	300	
贷：应付职工薪酬		1 200

（2）发放生产工人工资时。

借：应付职工薪酬	1 200	
贷：银行存款		1 200

4.2.3 生产过程中的间接代价

企业设置“制造费用”科目核算其生产车间、部门为生产产品和提供劳务而发生的各项间接代价，如车间发生的难以直接对应于某种产品而是由多种产品共同分担的水、电、气开支和车间管理人员的工资等。在实务工作中，车间建筑物、机器设备等固定资产的折旧也是先行计入制造费用，然后再分摊计入生产成本。折旧的计算及其相关会计处理参见第7章。

“制造费用”科目可根据管理需要按不同的生产车间、部门和开支项目进行明细核算。该科目借方登记增加额，贷方登记减少额（结转额）。该科目的借方发生额合计数在期末通常应及时结转至“生产成本”科目，因此，除季节性的生产企业外，该科目期末应当无余额。

例 4-5

承例4-2至例4-4。润叶家具有限公司的定制品生产车间归集该车间发生的与该订单有关的各项间接代价，其中用银行存款支付了水、电、气等车间开支100元和车间主任薪酬700元。当月对车间的固定资产计提折旧2 000元。其相关业务的会计分录如下：

（1）归集车间发生的各种间接代价时。

借：制造费用	2 800	
贷：应付职工薪酬		700
银行存款		100
累计折旧		2 000

（2）发放车间主任薪酬时。

借：应付职工薪酬	700	
贷：银行存款		700

例 4-6

承例 4-5。润叶家具有限公司的定制品生产车间将归集的间接费用分配给各项在产品，分配标准由企业自行确定。按照公司的成本核算办法，公司领导决定由写字桌和椅子平均分摊该车间的制造费用。其会计分录如下：

借：生产成本——写字桌	1 400	
——椅子	1 400	
贷：制造费用		2 800

4.2.4 加工完成的产成品

产品成本的计算规则

工业企业设置“库存商品”科目核算企业库存的产成品的成本。该科目可按库存商品的种类、品种和规格进行明细核算。该科目借方登记增加额，贷方登记减少额，期末余额在借方，反映企业库存商品的成本。

例 4-7

承例 4-6。润叶家具有限公司的定制产品已经完成全部工序，产成品（一张写字桌和一把椅子）已经从车间运到仓库。

“生产成本”科目中累积的各种产品的加工成本分别为：

写字桌的加工成本＝1 000＋900＋1 400＝3 300(元)

椅子的加工成本＝1 000＋300＋1 400＝2 700(元)

这项经济业务的发生，一方面使该公司的库存商品增加 6 000 元，另一方面使该公司的生产成本减少 6 000 元，因此，这项经济业务涉及“库存商品”和“生产成本”两个账户。这两个账户均属于资产类账户（或成本类账户），增加额应当记入借方，减少额应当记入贷方。综合上述分析，结转产成品（库存商品）的入账价值时编制的会计分录如下：

借：库存商品——写字桌	3 300	
——椅子	2 700	
贷：生产成本——写字桌		3 300
——椅子		2 700

上述生产业务的账务处理过程可概括为图 4-5。

4.2.5 出售库存商品

出售库存商品时，企业应按所收取的货款（或取得的收款的权利）借记“银行存款”科目（或“应收账款”科目），按库存商品的不含税价格，贷记“主营业务收入”科目，按增值税税额，贷记“应交税费——应交增值税”科目（记入销项税额专栏）。同时，按库存商品的实际成本，借记“主营业务成本”科目，

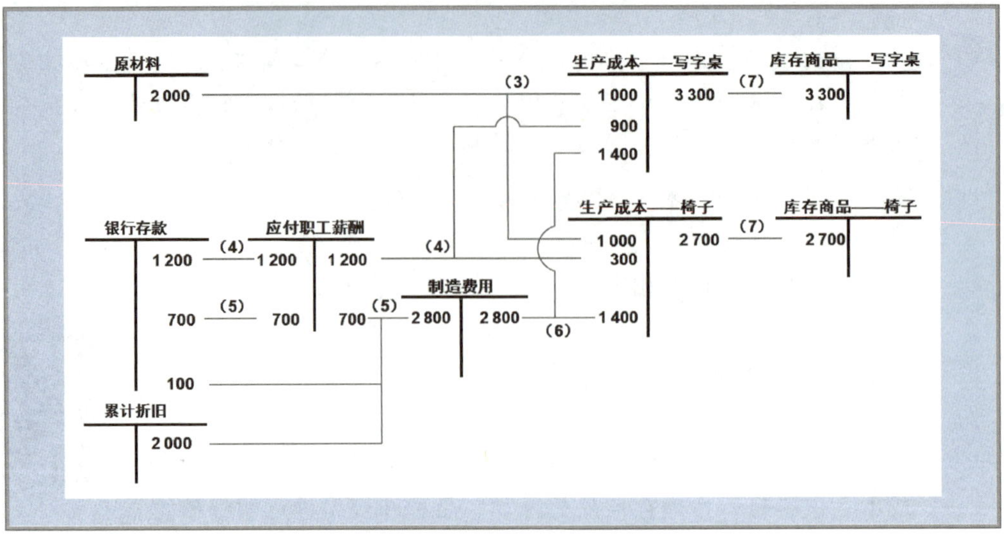

图 4-5　生产业务的账务处理示意图

贷记“库存商品”科目。

例 4-8

承例 4-7。2023 年 3 月 31 日，润叶家具有限公司依合同约定的价格和交货时间将写字桌和椅子销售给客户。增值税专用发票上注明的金额为 10 000 元，税额为 1 300 元。价税合计为 11 300 元，货款已经划入公司的银行账户。写字桌的成本为 3 300 元，椅子的成本为 2 700 元。其相关业务的会计分录如下：

(1) 取得销售收入时。

借：银行存款	11 300	
贷：主营业务收入		10 000
应交税费——应交增值税（销项税额）		1 300

(2) 结转销售成本时。

借：主营业务成本	6 000	
贷：库存商品——写字桌		3 300
——椅子		2 700

上述销售业务的账务处理过程可概括为图 4-6。

4.2.6　委托加工物资

企业设置“委托加工物资”科目核算企业委托外单位加工的各种材料、商品等物资的实际成本。该科目可根据管理需要按加工合同、受托加工单位以及加工物资的品种等进行明细核算。

企业交给外单位加工的物资，按实际成本，借记“委托加工物资”科目，贷记“原材料”“库存商品”等科目。支付加工费、运杂费时，借记“委托加工物

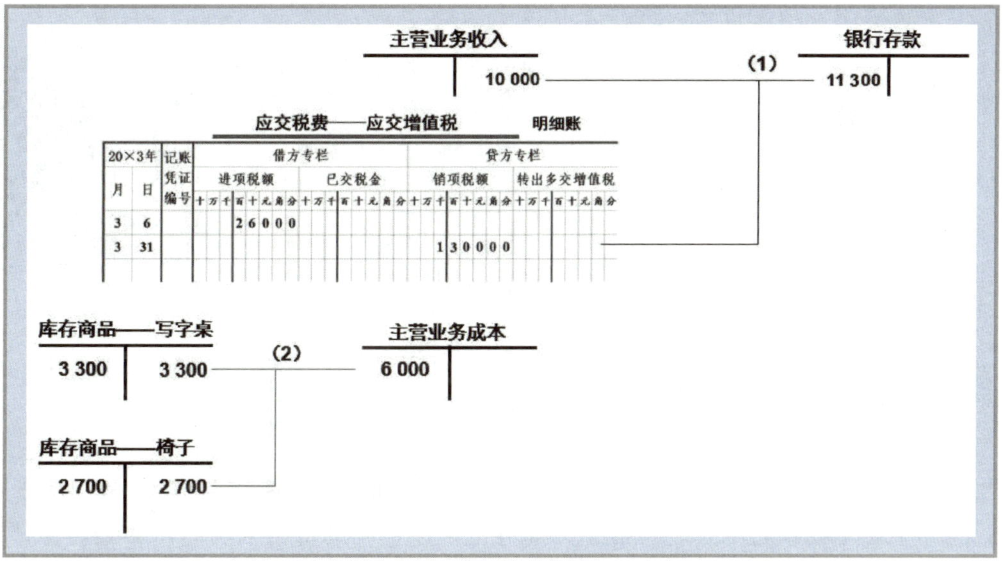

图 4-6 销售业务的账务处理示意图

资”等科目，贷记“银行存款”等科目。加工完成验收入库的物资和剩余物资，按加工收回物资的实际成本和剩余物资的实际成本，借记“原材料”“库存商品”等科目，贷记“委托加工物资”科目。该科目期末余额在借方，反映企业委托外单位加工、尚未完成的物资的实际成本。

例 4-9

福堂农贸有限公司发出外购的一批账面价值 6 000 元的原材料和自己生产的价值 2 000 元的库存商品，委托俊武科工集团公司生产一批货物。福堂农贸有限公司支付加工费价税合计 1 130 元，其中加工费的不含税价格为 1 000 元，增值税税额为 130 元。收到加工完成的货物后，福堂农贸有限公司以价税合计 22 600 元将该批货物售出，增值税专用发票上注明的金额为 20 000 元，税额为 2 600 元，货款尚未收到。其相关业务的会计分录如下：

(1) 交付材料和库存商品时。

借：委托加工物资 8 000

　贷：原材料 6 000

　　库存商品 2 000

(2) 支付加工费用时。

借：委托加工物资 1 000

　应交税费——应交增值税（进项税额） 130

　贷：银行存款 1 130

(3) 收回加工完成的货物时。“委托加工物资”科目中累积的加工成本为 9 000 元（8 000+1 000）。

借：库存商品 9 000

　贷：委托加工物资 9 000

（4）销售货物、结转成本时。

借：应收账款　22 600

　贷：主营业务收入　20 000

　　应交税费——应交增值税（销项税额）　2 600

借：主营业务成本　9 000

　贷：库存商品　9 000

低值易耗品的摊销

涉及消费税的委托加工物资的会计处理见第9章。

4.3 发出存货的计价方法

前面我们举例阐释的工商企业销售成本的计算过程比较简单。在实务工作中，本期销售的货物可能是以前分批次以不同的价格采购的，那么，在计算销货成本时就存在多种计算方法，计算方法的不同将会直接关系到所计算出的销货成本、当期的利润和期末结存存货的账面价值。因此，会计准则针对实务中多批量采购的实际情况，规定了商品销售成本的计算规则：企业应当选择采用先进先出法（first-in-first-out，FIFO）、加权平均法（weighted-average）、移动加权平均法（moving weighted-average）或者个别计价法（specific identification method）确定发出存货的实际成本。对于性质和用途相似的存货，应当采用相同的成本计算方法确定发出存货的成本。

例4-10a

文豪酒业股份公司某品牌的红葡萄酒购销情况如表4-1所示。

表4-1　库存商品明细账

品名：红葡萄酒　　数量单位：瓶；金额单位：元

2022年		摘要	收入			发出			结存		
月	日		数量	单价	金额	数量	单价	金额	数量	单价	金额
9	9	采购	①2 000	6	12 000				2 000		
	10	销售				①600			1 400		
	15	采购	②1 000	8	8 000				2 400		
	16	销售				②1 200			1 200		
	20	采购	③2 000	9	18 000				3 200		
	21	销售				③2 000			1 200		
		本月合计	5 000			3 800			1 200		

下面依此例分别介绍上述方法计算销货成本的具体步骤。

4.3.1 先进先出法

先进先出法的理念是假定先购入的存货先发出，按照这样的假设计算发出存货的成本和期末存货的成本。

例 4-10b

文豪酒业股份公司采用先进先出法计算销货成本的情形如表 4-2 所示。表中以加下划线标示需要计算填列的数据（后面的类似情况亦照此处理）。

表 4-2　库存商品明细账
（采用先进先出法计算）

品名：红葡萄酒　　　　　　　　　　　　　　　　　　　　数量单位：瓶；金额单位：元

2022 年		摘要	收入			发出			结存		
月	日		数量	单价	金额	数量	单价	金额	数量	单价	金额
9	9	采购	①2 000	6	12 000				2 000	6	12 000
	10	销售				①600	6	3 600	1 400	6	8 400
	15	采购	②1 000	8	8 000				1 400 1 000	6 8	8 400 8 000
	16	销售				②1 200	6	7 200	200 1 000	6 8	1 200 8 000
	20	采购	③2 000	9	18 000				200 1 000 2 000	6 8 9	1 200 8 000 18 000
	21	销售				③200 1 000 800	6 8 9	1 200 8 000 7 200	1 200	9	10 800
		本月合计	5 000		38 000	3 800		27 200	1 200	9	10 800

第一次销售时，按照第一次进货时每瓶 6 元的价格计算销货成本。

第二次进货后，可供销售的红葡萄酒有以单价 6 元购入的 1 400 瓶和以单价 8 元购入的 1 000 瓶。

第二次销货时，用较早进货的单价 6 元计算发出的 1 200 瓶红葡萄酒的销售成本。

其余情形以此类推。采用先进先出法计算的本期销售成本为 27 200 元，期末库存红葡萄酒的账面价值为 10 800 元。

先进先出法的优点是据此计算出的期末结存存货的账面价值比较接近最新市价。其缺点是在手工核算的情形下，工作量比较大。

4.3.2　加权平均法

加权平均法的理念是仅在期末计算本期可供销售的存货的平均成本，然后以此计算发出存货的总成本。由于在这种方法下只在月底计算一次平均单价，因此，该方法又称全月一次加权平均法。

例 4-10c

文豪酒业股份公司采用加权平均法计算销货成本的情形如表 4-3 所示。

表4-3　库存商品明细账
（采用加权平均法计算）

品名：红葡萄酒　　　　数量单位：瓶；金额单位：元

2022年		摘要	收入			发出			结存		
月	日		数量	单价	金额	数量	单价	金额	数量	单价	金额
9	9	采购	①2 000	6	12 000				2 000		
	10	销售				①600	7.6	4 560	1 400		
	15	采购	②1 000	8	8 000				2 400		
	16	销售				②1 200	7.6	9 120	1 200		
	20	采购	③2 000	9	18 000				3 200		
	21	销售				③2 000	7.6	15 200	1 200		
		本月合计	5 000	7.6	38 000	3 800	7.6	28 880	1 200	7.6	9 120

加权平均单位成本的计算公式如下：

$$加权平均单位成本=\frac{本期全部可供销售的存货的实际成本}{全部可供销售的存货数量}$$

在本例中，加权平均单位成本计算如下：

$$加权平均单位成本=\frac{12\ 000+8\ 000+18\ 000}{2\ 000+1\ 000+2\ 000}=7.6(元/瓶)$$

采用加权平均法计算的本期销售成本为28 880元，期末库存红葡萄酒的价值为9 120元。

采用加权平均法在月末计算得到的平均单价显得比较公道。这种方法的显著特点是，平时只记录发出存货的数量而不记录金额，因此，在手工核算的情形下，该方法有助于减少工作量，但不能随时提供存货的账面价值数据，对于企业管理而言多有不便。

4.3.3　移动加权平均法

移动加权平均法克服了前述加权平均法不能随时提供存货账面价值数据的缺陷。在该方法下，每次进货后都要计算一次当时全部可供销售的存货的加权平均单位成本（即平均单价），从而得以采用该单价计算其后所售货物的销售成本和所结存货物的账面价值。

$$加权平均单位成本=\frac{每次进货后全部可供销售的存货的实际成本}{每次进货后全部可供销售的存货数量}$$

例4-10d

文豪酒业股份公司采用移动加权平均法计算销货成本的情形如表4-4所示。

表 4-4 库存商品明细账

（采用移动加权平均法计算）

品名：红葡萄酒 数量单位：瓶；金额单位：元

2022年		摘要	收入			发出			结存		
月	日		数量	单价	金额	数量	单价	金额	数量	单价	金额
9	9	采购	①2 000	6	12 000				2 000		
	10	销售				①600	6	3 600	1 400	6	8 400
	15	采购	②1 000	8	8 000				2 400	6.833 3	16 400
	16	销售				②1 200	6.833 3	8 200	1 200	6.833 3	8 200
	20	采购	③2 000	9	18 000				3 200	8.187 5	26 200
	21	销售				③2 000	8.187 5	16 375	1 200	8.187 5	9 825
		本月合计	5 000		38 000	3 800		28 175	1 200	8.187 5	9 825

在本例中，第二次和第三次采购后计算移动加权平均单位成本的情形如下：

$$\text{9月15日计算的移动加权平均单位成本}=\frac{8\,400+8\,000}{1\,400+1\,000}=\frac{16\,400}{2\,400}=6.833\,3(\text{元/瓶})$$

$$\text{9月20日计算的移动加权平均单位成本}=\frac{8\,200+18\,000}{1\,200+2\,000}=\frac{26\,200}{3\,200}=8.187\,5(\text{元/瓶})$$

采用移动加权平均法计算的本期销售成本为 28 175 元，期末库存红葡萄酒的价值为 9 825 元。

移动加权平均法所计算出的加权平均单位成本也显得比较公道。与全月一次加权平均法相比，该方法还可以使管理层及时了解存货的结存情况，有利于对存货进行适时控制。当然，在手工核算的情形下工作量也比较大。

4.3.4 个别计价法

对于不能替代使用的存货（如大型设备）、价格高昂的存货（如名贵珠宝或钟表）、为特定项目专门购入或制造的存货，通常采用个别计价法确定其销售成本。这种方法可顾名思义，兹不赘述。

显然，这种计算方法是最客观的，但在手工核算的情形下工作量比较大。值得庆幸的是，如今条码技术已经比较成熟，大大减少了个别计价法的工作量。

素养提升：培养辩证思维能力

后进先出法

《企业会计准则第 1 号——存货》取消了后进先出法（last-in-first-out，LIFO）。因此，本专栏仅供读者丰富理论知识使用。后进先出法的理念是假定后购进的存货先发出。

例 4－10e

文豪酒业股份公司采用后进先出法计算销货成本的情形如表 4－5 所示。

表 4－5 库存商品明细账

（采用后进先出法计算）

品名：红葡萄酒　　　　数量单位：瓶；金额单位：元

2022 年		摘要	收入			发出			结存		
月	日		数量	单价	金额	数量	单价	金额	数量	单价	金额
9	9	采购	①2 000	6	12 000				2 000	6	12 000
	10	销售				①600	6	3 600	1 400	6	8 400
	15	采购	②1 000	8	8 000				1 400 1 000	6 8	8 400 8 000
	16	销售				②200 1 000	6 8	1 200 8 000	1 200	6	7 200
	20	采购	③2 000	9	18 000				1 200 2 000	6 9	7 200 18 000
	21	销售				③2 000	9	18 000	1 200	6	7 200
		本月合计	5 000		38 000	3 800		30 800	1 200	6	7 200

第一次销售时，按照第一次进货时每瓶 6 元的价格计算销货成本。

第二次进货后，可供销售的红葡萄酒有以单价 6 元购入的 1 400 瓶和以单价 8 元购入的 1 000 瓶。

第二次销货时，先用 8 元的单价计算发出的 1 000 瓶红葡萄酒的销售成本，再用 6 元的单价计算发出的 200 瓶红葡萄酒的销售成本。其余情形以此类推。

采用后进先出法计算的本期销售成本为 30 800 元，期末库存红葡萄酒的账面价值为 7 200 元。

后进先出法可以以最接近市价的金额计算销售成本，但期末存货的账面价值可能偏离市价较大。此外，在手工核算的情形下工作量也比较大。

表 4－6 对比分析了不同计价方法对当期主营业务成本和期末结存金额的影响。不难看出，在采购价持续上涨的情况下，采用先进先出法、移动加权平均法、加权平均法和后进先出法所计算的当期主营业务成本依次递增，期末结存金额则依次递减（其中，后进先出法下的期末结存金额偏离最新市价最远）。

会计准则中所称的“发出存货”，兼指发出库存商品（涉及销货成本）和发出原材料（涉及生产成本）等情形。实务中，如果本期生产车间领用的原材料是以前分批次以不同的价格采购的，那么，在计算生产过程所耗用的材料成本时也可以选择采用先进先出法、加权平均法、移动加权平均法或者个别计价法进行计算。其操作与前例无异，此处从略。

表 4-6　发出存货的不同计价方法对当期主营业务成本和期末结存金额的影响

计价方法	收入			发出			结存		
	数量（瓶）	单价（元）	金额（元）	数量（瓶）	单价（元）	金额（元）	数量（瓶）	单价（元）	金额（元）
先进先出法	5 000	7.6	38 000	3 800	—	27 200	1 200	9	10 800
移动加权平均法					—	28 175		8.187 5	9 825
加权平均法					7.6	28 880		7.6	9 120
后进先出法					—	30 800		6	7 200

4.4　存货跌价准备

4.4.1　存货跌价准备的计提

《企业会计准则第 1 号——存货》规定，资产负债表日，存货应当按照成本与可变现净值孰低计量。存货成本高于其可变现净值的，应当计提存货跌价准备，计入当期损益。其中，资产负债表日是指对外公布财务报表之日，在我国一般是指季末和年末。成本是指存货在本期计提跌价准备前的账面价值。可变现净值，对于已经完工、可立即对外出售的存货（如库存商品以及可直接出售的低值易耗品、原材料等）而言，是指其估计售价减去估计的销售费用和相关税费后的金额；对于不可直接对外出售的存货（如在产品、不可直接出售的原材料）而言，是指该存货加工完成后的产成品的估计售价减去自当前状态加工到可销售状态估计将要发生的成本、估计的销售费用以及相关税费后的金额。

企业在确定存货的可变现净值时，应当以取得的确凿证据为基础，并且考虑持有存货的目的、资产负债表日后事项的影响等因素。其中，确凿证据是指对确定存货的可变现净值有直接影响的客观证明，如产成品或商品的市场销售价格、与产成品或商品相同或类似商品的市场销售价格、销货方提供的有关资料和生产成本资料等。

企业设置“资产减值损失”科目核算其计提各项资产减值准备所形成的损失。该科目可按照发生资产减值损失的项目进行明细核算。该科目借方登记发生额（增加数），贷方登记结转额（减少数）。期末结转后，该科目无余额。

企业设置“存货跌价准备”科目核算企业对存货计提的跌价准备。该科目是存货项目的备抵科目，可按存货项目或类别进行明细核算。该科目贷方登记计提额（存货跌价准备的增加数），借方登记转回额或转销额（存货跌价准备的减少数），期末余额在贷方，反映企业已计提但尚未转销的存货跌价准备。

计提存货跌价准备时，借记“资产减值损失”科目，贷记“存货跌价准备”

科目。

素养提升：会计规则的理论逻辑、历史逻辑和实践逻辑

关于可变现净值的计算规则的补充说明

以下规则改编自《企业会计准则第1号——存货》和《〈企业会计准则第1号——存货〉应用指南》，供感兴趣的读者参阅。

对于企业为生产而持有的材料等存货，如果企业确信最终产成品仍然有利可图，则可不再考虑减记存货；如果企业认为材料价格的下降必然导致产成品的可变现净值低于成本，则该材料就应当按照可变现净值计量。

为执行销售合同或者劳务合同而持有的存货，其可变现净值应当以合同价格为基础进行计算。企业持有存货的数量多于销售合同订购数量的，超出部分的存货的可变现净值应当以市场价格为基础进行计算。

企业通常应当按照单个存货项目计提存货跌价准备。对于数量较多、单价较低的存货，可以按照存货类别计提存货跌价准备。与在同一地区生产和销售的产品系列相关、具有相同或类似最终用途或目的，且难以与其他项目分开计量的存货，可以合并计提存货跌价准备。

例4-11

高盛现代农业股份公司生产的所罗门牌干红葡萄酒账面价值为9 000 000元。2022年12月31日，该公司根据确凿证据计算的该批存货的可变现净值为6 000 000元。2023年3月，该公司以不含税价10 000 000元将该批货物全部批发售出，价税合计为11 300 000元，款项已经到账，货物已经交付。其会计分录如下：

（1）对该批葡萄酒计提存货跌价准备时。

借：资产减值损失	3 000 000	
贷：存货跌价准备		3 000 000

（2）实现销售时。

借：银行存款	11 300 000	
贷：主营业务收入		10 000 000
应交税费——应交增值税（销项税额）		1 300 000

（3）结转销货成本时。

借：主营业务成本	6 000 000	
存货跌价准备	3 000 000	
贷：库存商品		9 000 000

企业会计准则规定，在结转销售成本时，如果对已售存货计提了存货跌价准备，则应同时结转已计提的存货跌价准备。例4-11在结转销售成本时，一并转销了对存货计提的跌价准备。

例 4－12

仁爱建工股份公司为生产而储备的铝材的市价大幅下跌，但该公司使用自有的发明专利生产的具有防盗、隔音、通风、调节亮度、净化空气、安定情绪等多种功效的苏杭牌高科技门窗依然保持较高的市场价格，且行情看好。因此，该批原材料（铝材）不用计提存货跌价准备。

例 4－13

蓝猫玩具股份公司库存有 1 000 个怪物史莱克电动毛绒玩具，成本为每个 800 元。其中 700 个是专供葫芦娃商城股份公司的，买卖合同的签约价格是每个 900 元。由于合同规定有巨额的违约责任，蓝猫公司法律部分析后认为葫芦娃公司一定不会违约。该类产品市场状况不佳，按照市价测算的每个玩具的可变现净值为 400 元。请计算蓝猫公司应计提的存货跌价准备。

(1)有合同部分。

存货的账面价值＝800×700＝560 000(元)
存货的可变现净值＝900×700＝630 000(元)
应计提的存货跌价准备＝0(元)

(2)无合同部分。

存货的账面价值＝800×300＝240 000(元)
存货的可变现净值＝400×300＝120 000(元)
应计提的存货跌价准备＝240 000－120 000＝120 000(元)

所以，按照企业会计准则的规定，蓝猫公司需计提存货跌价准备 120 000 元。

4.4.2 存货跌价准备的转回

企业计提存货跌价准备以后，在之后的资产负债表日，如果导致以前减记存货的影响因素已经消失，则应恢复以前已经减记的金额，转回已经计提的存货跌价准备。转回的金额不得超过原已计提的存货跌价准备。

转回存货跌价准备时，借记“存货跌价准备”科目，贷记“资产减值损失”科目。

例 4－14a

仁人保健器械有限公司 2020 年创立，年末库存商品智能按摩器的账面成本为 100 000 元，根据确凿证据，以估计售价减去估计的销售费用和相关税费而计算的可变现净值为 92 000 元，计提的存货跌价准备为 8 000 元。其会计分录如下：

借：资产减值损失 8 000
　　贷：存货跌价准备 8 000

例 4－14b

仁人保健器械有限公司的产品尚未打开销路，2021 年年末，以估计售价减去估计的销售费用和相关税费而计算的可变现净值为70 000元，故补提存货跌价准备22 000元。其会计分录如下：

借：资产减值损失　　22 000
　贷：存货跌价准备　　22 000

例4-14c

仁人保健器械有限公司的产品借用高科技概念进行宣传，虽仍未打开销路，但公司预期市场反应值得期待。2022年年末，用估计售价减去估计的销售费用和相关税费而计算的可变现净值为120 000元（因存货跌价准备累计余额为30 000元，故只可转回存货跌价准备30 000元）。其会计分录如下：

借：存货跌价准备　　30 000
　贷：资产减值损失　　30 000

4.5 存货盘盈与盘亏

存货盘盈与盘亏是指企业在财产清查过程中发现账簿中未予记载的账外存货（即存货盘盈）或者发现账簿中记载的存货发生短缺（即存货盘亏）的情形。

企业设置“待处理财产损溢——待处理流动资产损溢”科目核算企业在清查财产过程中查明的各种流动资产盘盈、盘亏和毁损的价值。企业的财产损溢应查明原因，在期末结账前处理完毕，处理后该科目应无余额。

4.5.1 存货盘盈的会计处理

在存货盘盈的情况下，应按照重置成本将存货登记入账，以使账实相符，借记“原材料”“库存商品”等存货科目，贷记“待处理财产损溢——待处理流动资产损溢”科目。同时，报请企业管理层酌情处理。

查明原因后，应按盘盈原因及处理决定及时入账，借记“待处理财产损溢——待处理流动资产损溢”科目，贷记有关科目。在无法确定具体原因的情形下，一般做冲减企业的管理费用处理，借记“待处理财产损溢——待处理流动资产损溢”科目，贷记“管理费用”科目。

例4-15

润生商贸有限责任公司期末盘点库存商品时，发现副食品盘盈，估计的重置成本是1 000元，盘盈原因待查。其会计分录如下：

借：库存商品　　1 000
　贷：待处理财产损溢——待处理流动资产损溢　　1 000

经调查，盘盈系收发时衡器误差所致，经批准冲减企业的管理费用。

借：待处理财产损溢——待处理流动资产损溢　　1 000
　贷：管理费用　　1 000

4.5.2 存货盘亏的会计处理

在存货盘亏的情况下，应按盘亏的存货的账面价值，借记“待处理财产损溢——待处理流动资产损溢”科目，贷记“原材料”“库存商品”等存货科目。同时，报请企业管理层审查处理。

按管理权限报经批准后，应根据盘亏的原因分别进行处理：如果能够确定保险公司的赔款额或者过失责任人的赔偿额，则应根据相应的债权份额借记“其他应收款”科目；如果是由不可抗力因素引起的，则应借记“营业外支出”科目；如果是由管理不善造成的，则应按责任份额借记“管理费用”科目。相应地，贷记“待处理财产损溢——待处理流动资产损溢”科目。

例 4-16

润生商贸有限责任公司期末盘点库存商品时，发现绿豆盘亏 1 500 元，原因待查（实务中，需要进行增值税进项税额转出的处理，为简化示例，本例从略）。其会计分录如下：

借：待处理财产损溢——待处理流动资产损溢　　1 500
　贷：库存商品　　1 500

经调查，盘亏是由管理不善造成的，经批准计入管理费用。

借：管理费用　　1 500
　贷：待处理财产损溢——待处理流动资产损溢　　1 500

在资产负债表上，“存货”项目是按照账面价值列示的。**账面价值**（carrying amount）是指各个存货科目的借方科目余额（即账面余额）合计数减去存货跌价准备后的净额。

在报表附注中，应单独列示存货跌价准备的年初账面余额、本期增加额、本期减少额（包括转回、转销）和期末账面余额。此外，还应在附注中披露与存货有关的下列信息：(1) 各类存货的期初和期末账面价值。(2) 确定发出存货成本所用的方法。(3) 存货可变现净值的确定依据，存货跌价准备的计提方法，当期计提的存货跌价准备的金额，当期转回的存货跌价准备的金额，以及计提和转回的有关情况。(4) 用于担保的存货账面价值。

思考题

1. 存货采购和销售过程中所涉及的增值税是否在利润表中列示？为什么？
2. 如何评价存货期末计量的成本与市价孰低法？
3. 企业会计准则禁止使用后进先出法计算销货成本，你认为其理由是什么？

练习题

1. 金波实业股份公司为增值税一般纳税人，2022年7月该公司发生的有关经济业务如下：

(1) 2022年7月7日，采购原材料一批，增值税专用发票上注明的金额为4 000 000元，税额为520 000元，价税合计4 520 000元。卖方负责运货，货物经长途运输运达公司。

(2) 定制品生产车间领用该批原材料。

(3) 定制品生产车间发放从事直接生产的工人的工资2 400 000元。

(4) 定制品生产车间归集该车间发生的与该订单有关的各项间接代价，其中动用银行存款支付了水、电、气等车间开支200 000元和车间主任与车间其他管理人员薪酬1 400 000元。当月对车间的固定资产计提折旧4 000 000元。

(5) 定制品生产车间将归集的间接费用分配给各项在产品，分配标准由企业自行确定。按照公司的成本核算办法，公司领导决定由写字桌和椅子平均分摊该车间的制造费用。

(6) 定制产品完成全部工序，产成品已经从车间运到仓库。

(7) 2022年7月31日，金波实业股份公司依合同约定的价格和交货时间将写字桌和椅子销售给客户。增值税专用发票上注明的金额为20 000 000元，税额为2 600 000元，价税合计22 600 000元，货款已经划入公司的银行账户。

要求： 编制金波实业股份公司与上述业务相关的会计分录。

2. 某食品批零股份公司的方便食品进销数据如表4-7所示。

表4-7 进销数据 数量单位：千克；金额单位：元

2×22年		摘要	收入			发出			结存		
月	日		数量	单价	金额	数量	单价	金额	数量	单价	金额
7	7	采购	2 000	8							
	10	销售				1 000					
	15	采购	4 000	9							
	16	销售				2 000					
	20	采购	2 000	10							
	21	销售				3 000					
		本月合计	8 000			6 000					

要求： 请用下列方法确定当月的销售成本金额，并注明计算过程：

(1) 先进先出法；

(2) 加权平均法；

(3) 移动加权平均法。

第4章判断题
即测即评

第4章选择题
即测即评

第5章

Chapter 5

金融资产

素养提升

1. 系统学习习近平总书记关于金融工作的系列讲话精神，深刻领会习近平总书记关于推进金融改革、防范金融风险的重要论述。金融资产的科学分类、核算和管理是防范金融风险、维护金融安全、深化金融改革的重要基础和前提。

2. 了解金融工具会计在西方资本市场与金融危机中的孪生关系和辩证关系，掌握金融工具会计在我国社会主义市场经济条件下产生和发展的历程，准确认识金融工具确认、计量和列报对于防范和化解金融风险的重要意义。

3. 诚信是金融业健康发展的灵魂，是对市场参与者的道德要求；诚信既是法律的基础，又是法律法规得以贯彻实施的重要保证。历史上席卷全球的金融风暴往往是因为贪婪导致诚信危机，继而引发金融危机。诚信与法制辩证统一于市场规范发展之中，两者缺一不可；诚信自律是发展社会主义市场经济、防范金融危机的重要基石。

4. 结合中国特色社会主义法治体系学习相关会计法规，掌握《企业会计准则第22号——金融工具确认和计量》最新修订的背景和内容，准确理解债权投资、其他债权投资、其他权益工具投资、交易性金融资产的核算规则。

5. 了解2008年次贷危机期间国际社会对美国会计准则和国际财务报告准则的质疑和批评，了解《国际财务报告准则第9号——金融工具》的修订背景。

学习目标

1. 掌握：债权投资、其他债权投资、其他权益工具投资和交易性金融资产的会计处理。

2. 理解：实际利率的原理与计算方法。

3. 了解：金融资产分为三类的原因。

金融资产主要包括库存现金、银行存款、应收账款、应收票据、贷款、其他应收款、应收利息、债权投资、股权投资等。其中，库存现金、银行存款和应收款项等内容已经在本书第 3 章详细介绍，长期股权投资将在本书第 6 章详细介绍。本章主要介绍其他种类金融资产及其核算。

5.1 金融工具及其会计业务分类

金融资产是企业从事金融工具交易所形成的资产，因此，为全面了解金融资产的分类和核算，我们有必要首先介绍金融工具的定义以及企业从事金融工具交易所形成的会计业务。

5.1.1 金融工具

金融工具（financial instrument）是指形成一个企业的金融资产，并形成其他单位的金融负债或权益工具的合同。从会计的角度看，金融工具的本质属性是一项合同，该合同必然形成投资方的金融资产，同时形成对应一方的金融负债或权益工具。例如，企业发行股票或者债券，该合同形成发行企业的权益工具或金融负债，同时形成持有方的金融资产。

以下分别对金融资产、金融负债和权益工具的概念做扼要的介绍。

5.1.2 金融资产

金融资产（financial assets）是指企业持有的现金、其他方的权益工具、从其他方收取现金或其他金融资产的合同权利，以及在潜在有利条件下与其他方交换金融资产或金融负债的合同权利等。主要包括库存现金、银行存款、应收账款、应收票据、其他应收款、股权投资、债权投资、衍生工具形成的资产等。

初始确认时，企业应当根据其管理金融资产的业务模式和金融资产的合同现金流量特征，将金融资产划分为以下三类：（1）以摊余成本计量的金融资产；（2）以公允价值计量且其变动计入其他综合收益的金融资产；（3）以公允价值计量且其变动计入当期损益的金融资产。

业务模式是指企业如何管理其金融资产以产生现金流量。从金融资产现金流量的来源看，业务模式具体包括收取合同现金流量、出售金融资产或者两者兼而有之三种形式。现金流量特征是指金融工具合同约定的、反映相关金融资产经济特征的现金流量属性，如债权类投资现金流量特征仅为对本金和以未偿付本金金额为基础的利息支付。企业改变其管理金融资产的业务模式时，应当对所有受影响的相关金融资产进行重分类。

5.1.3　金融负债

金融负债（financial liabilities）是指企业向其他方交付现金或其他金融资产的合同义务，以及在潜在不利条件下与其他方交换金融资产或金融负债的合同义务。金融负债属于一种现时义务，由过去的交易或事项形成，最终预期会导致经济利益流出企业。

金融负债在初始确认时分为下列两类：(1) 以公允价值计量且其变动计入当期损益的金融负债；(2) 以摊余成本计量的金融负债。金融负债的具体内容包括短期借款、应付票据、应付债券、长期借款等。负债的核算将在本书第 9 章介绍。

5.1.4　权益工具

权益工具（equity instrument）是指能够证明企业资产扣除负债后的剩余权益的合同，是一种所有权凭证，体现了一种合约权利。从权益工具发行方看，权益工具属于所有者权益的组成内容。所有者权益的核算将在本书第 10 章介绍。金融工具会计业务分类如图 5－1 所示。

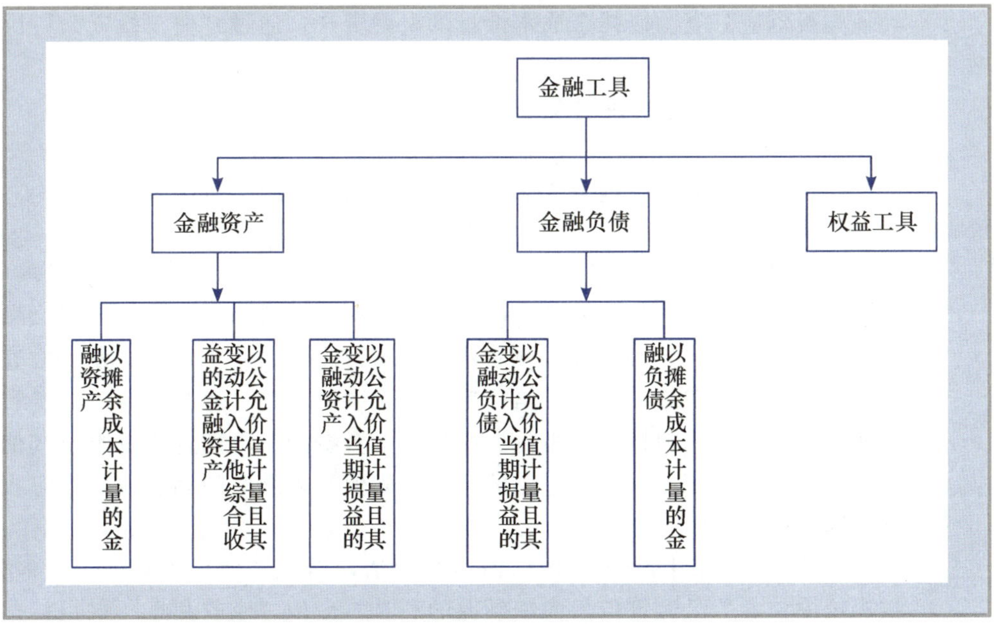

图 5－1　金融工具会计业务分类

本章主要讲述金融资产的核算。在会计核算中，以摊余成本计量的金融资产主要表现为债权类投资，我国会计实务中设“债权投资”科目核算；以公允价值计量且其变动计入其他综合收益的金融资产主要表现为债权类投资和股权类投资，我国会计实务中分别设“其他债权投资”科目和“其他权益工具投资”科目核算；以公允价值计量且其变动计入当期损益的金融资产也主要表现为债权类投资和股权类投资，我国会计实务中设“交易性金融资产”科目核算。为简明起见，本章以下分别讲解债权投资、其他债权投资、其他权益工具投资和交易性金融资产的核算。

5.2 债权投资

5.2.1 债权投资的概念和特征

债权投资（creditor's rights investment）是指为取得债权而进行的投资，如购买公司债券、国库券等。债权投资是以摊余成本计量的金融资产。

金融资产同时符合下列条件的，应当分类为以摊余成本计量的金融资产：

（1）企业管理该金融资产的业务模式是以收取合同现金流量为目标；

（2）该金融资产的合同条款规定，在特定日期产生的现金流量仅为对本金和以未偿付本金金额为基础的利息的支付。

在没有特殊安排的情况下，企业购买的公司债券或国库券，其合同现金流量通常符合仅为对本金和以未偿付本金金额为基础的利息的支付的要求，因此，这类债券投资应分类为以摊余成本计量的金融资产，通过“债权投资”科目核算。

5.2.2 债权投资的会计处理

债权投资的会计处理分为初始计量和后续计量两个阶段。

1. 债权投资的初始计量

（1）初始计量的基本要求。债权投资应按其取得的公允价值入账，相关的交易费用应计入初始入账金额。交易费用是指可直接归属于购买、发行或处置金融工具新增的外部费用，如支付给代理机构、咨询公司、券商等的手续费和佣金及其他必要支出，不包括债券溢价、折价、融资费用、内部管理成本及其他与交易不直接相关的费用。买价中包含的已经宣告但尚未领取的利息应作为应收项目单独核算。

企业取得债权投资时，按该债券的面值，借记“债权投资——成本”科目；按买价中包含的已经宣告但尚未领取的利息，借记“应收利息”科目；按实际支付的价款（含交易费用），贷记“银行存款”科目；按其差额，借记或贷记“债权投资——利息调整”科目。

例 5-1

2020年7月1日，红星公司以10 645 000元的价款（含交易费用165 000元）购买面值为10 000 000元的债券，分类为以摊余成本计量的金融资产。该债券系甲公司 2020 年 1 月 1 日发行、票面利率为 6%、期限为 3 年、每半年付息一次、到期还本的债券。红星公司购买该债券时，上半年的利息尚未支付。红星公司于 2020 年 7 月 5 日收到上半年利息 300 000 元。

假定不考虑其他因素，红星公司账务处理如下：

1) 2020 年 7 月 1 日。

借：债权投资——成本	10 000 000	
——利息调整	345 000	
应收利息	300 000	
贷：银行存款		10 645 000

2) 2020 年 7 月 5 日。

借：银行存款	300 000	
贷：应收利息		300 000

(2) 实际利率的计算。债权投资初始确认时，应当计算其实际利率，以便为后续持有期间确认投资收益和计算摊余成本提供依据。实际利率应当在该债权投资预期存续期间内保持不变。

实际利率 (effective interest) 是指将金融资产或金融负债在预期存续期间的未来现金流量，折现为该金融资产或金融负债当前账面价值所使用的利率。金融资产合同各方之间支付或者收取的各项交易费用及溢价或者折价等，应当在确定实际利率时予以考虑。如果金融资产预计未来现金流量或存续期间无法可靠预计的，应当采用该金融资产的合同现金流量计算。沿用例 5－1，该债权投资的实际利率计算为：

实际利率的含义及其计算方法

$$300\ 000\times(P/A,i,5)+10\ 000\ 000\times(P/F,i,5)=10\ 645\ 000-300\ 000$$

采用插值法，可以计算出实际利率 $i=2.27\%$。

2. 债权投资的后续计量

债权投资的后续计量包括期末摊余成本的计算和处理、持有期间出售和重分类的核算两个环节。

债权投资期末应按摊余成本计量。摊余成本是指金融资产的初始确认金额经下列调整后的结果：

(1) 扣除已经偿还的本金；

(2) 扣除已经发生的减值损失；

(3) 加上或者减去采用实际利率法将该初始确认金额与到期日金额之间的差额进行摊销形成的累计摊销额。

很显然，如果不考虑已收回的本金和已发生的减值损失，那么，期末摊余成本的计算实际上就是期末投资收益和应收利息的确认，而投资收益和应收利息的差额也就是利息调整按实际利率法摊销的金额。

投资收益的计算可用公式表示如下：

投资收益(即利息收入)＝期初摊余成本×实际利率

应收利息的计算可用公式表示如下：

应收利息(即现金流入)＝债券面值×票面利率

在会计核算上，作为债权投资的债券可分为两类：一类是分期付息、到期还本的债券；另一类是到期一次还本付息的债券。

债权投资为分期付息、到期还本的债券的，在资产负债表日，应按票面利率计算确定应收未收的利息，借记“应收利息”科目；按债权投资期初摊余成本和实际利率计算确定的利息收入，贷记“投资收益”科目；按其差额，借记或者贷记“债权投资——利息调整”科目。

债权投资为到期一次还本付息的债券的，在资产负债表日，应按票面利率计算确定应收未收的利息，借记“债权投资——应计利息”科目；按债权投资期初摊余成本和实际利率计算确定的利息收入，贷记“投资收益”科目；按其差额，借记或者贷记“债权投资——利息调整”科目。

例 5-2

承例5-1。红星公司该项债权投资期末摊余成本的计算过程如表5-1所示。

表 5-1　债权投资摊余成本　　单位：万元

时间	期初摊余成本 (a)	利息收入按 2.27%计算 (b)＝(a)×2.27%	现金流入 (c)	期末摊余成本 (d)＝(a)＋(b)－(c)
2020年7月1日				1 064.50
2020年7月5日	1 064.50	0	30	1 034.50
2020年12月31日	1 034.50	23.48	30	1 027.98
2021年6月30日	1 027.98	23.34	30	1 021.32
2021年12月31日	1 021.32	23.18	30	1 014.50
2022年6月30日	1 014.50	23.03*	30	1 007.53
2022年12月31日	1 007.53	22.47**	1 030	0

* 表中数字采用四舍五入方式。

** 采用了倒挤法，当债券本息付清时，其摊余成本为0，因此，实际利息为22.47万元（1 030－1 007.53）。

根据表5-1计算的数据，红星公司的有关账务处理如下：

(1) 红星公司购买该债券和收到第一笔利息的账务处理见例5-1。

(2) 2020年12月31日（为简便起见，假定利息于到期日收到，下同）。

借：应收利息　　300 000

　贷：投资收益　　234 800

　　　债权投资——利息调整　　65 200

借：银行存款　　300 000

　贷：应收利息　　300 000

(3) 2021 年 6 月 30 日。

借：应收利息	300 000	
贷：投资收益		233 400
债权投资——利息调整		66 600
借：银行存款	300 000	
贷：应收利息		300 000

(4) 2021 年 12 月 31 日。

借：应收利息	300 000	
贷：投资收益		231 800
债权投资——利息调整		68 200
借：银行存款	300 000	
贷：应收利息		300 000

(5) 2022 年 6 月 30 日。

借：应收利息	300 000	
贷：投资收益		230 300
债权投资——利息调整		69 700
借：银行存款	300 000	
贷：应收利息		300 000

(6) 2022 年 12 月 31 日。

借：应收利息	300 000	
贷：投资收益		224 700
债权投资——利息调整		75 300
借：银行存款	10 300 000	
贷：债权投资——成本		10 000 000
应收利息		300 000

5.3 其他债权投资

5.3.1 其他债权投资的概念和特征

其他债权投资 (other creditor's rights investment)，是指以公允价值计量且其变动计入其他综合收益的债权类投资，换言之，其他债权投资属于以公允价值计量且其变动计入其他综合收益的金融资产。

金融资产同时符合下列条件的，应当分类为以公允价值计量且其变动计入其他综合收益的金融资产：

(1) 企业管理该金融资产的业务模式既以收取合同现金流量为目标又以出售该金融资产为目标；

（2）该金融资产的合同条款规定，在特定日期产生的现金流量仅为对本金和以未偿付本金金额为基础的利息的支付。

例如，在没有特殊安排的情况下，企业购买的一般公司债券或国库券，其合同现金流量通常符合仅为对本金和以未偿付本金金额为基础的利息的支付的要求。如果企业管理该债券的业务模式既以收取合同现金流量为目标又以出售该债券为目标，则该债券应当分类为以公允价值计量且其变动计入其他综合收益的金融资产，通过“其他债权投资”科目核算。

5.3.2 其他债权投资的会计处理

其他债权投资的会计处理分为初始计量和后续计量两个阶段。

1. 其他债权投资的初始计量

企业取得其他债权投资时，应按其公允价值计量，相关的交易费用应当计入其初始入账金额。企业购买债券形成其他债权投资的，按其面值，借记“其他债权投资——成本”科目；按已到付息期但尚未领取的利息，借记“应收利息”科目；按实际支付的金额（含交易费用），贷记“银行存款”科目；按其差额，借记或贷记“其他债权投资——利息调整”科目。上述已到付息期但尚未领取的利息，在实际收回时，借记“银行存款”科目，贷记“应收利息”科目。

例 5-3

红星公司一项债券投资的相关资料如下：

（1）红星公司于2021年1月1日从证券市场上购入B公司于2020年1月1日发行的债券，分类为以公允价值计量且其变动计入其他综合收益的金融资产，该债券期限为5年，票面年利率为5%，每年1月5日支付上年度利息，到期日归还本金和最后一期利息。购入该债券时实际利率为4%。

（2）红星公司购入债券的面值为1 000万元，实际支付价款1 076.3万元，另支付相关税费10万元。

假定不考虑其他因素，2021年1月1日购买该债券时：

应收利息＝10 000 000×5%＝500 000(元)

借：其他债权投资——成本	10 000 000	
——利息调整	363 000	
应收利息	500 000	
贷：银行存款		10 863 000

2. 其他债权投资的后续计量

其他债权投资的后续计量包括持有期间利息的核算、资产负债表日的核算和其他债权投资出售的核算三个环节。

(1) 持有期间利息的核算。其他债权投资持有期间，企业收到买价中包含的已到付息期但尚未领取的利息，借记“银行存款”科目，贷记“应收利息”科目。

除上述利息外，期末应按债券面值和票面利率计算债券利息，借记“应收利息”或“其他债权投资——应计利息”科目；按其他债权投资的摊余成本和实际利率计算确定利息收入，贷记“投资收益”科目；差额借记或贷记“其他债权投资——利息调整”科目。

(2) 资产负债表日的核算。资产负债表日，其他债权投资的公允价值与其账面余额的差额，借记或贷记“其他债权投资——公允价值变动”科目，同时，贷记或借记“其他综合收益”科目。

(3) 其他债权投资出售的核算。企业出售其他债权投资时，应按实际收到的金额，借记“银行存款”科目；按其他债权投资的账面余额，贷记“其他债权投资——成本、应计利息、利息调整”科目，借记或贷记“其他债权投资——公允价值变动”科目；差额贷记或借记“投资收益”科目。同时，将其他债权投资公允价值变动确认的其他综合收益转出，借记或贷记“其他综合收益”科目，贷记或借记“投资收益”科目。

例 5-4

承例 5-3。红星公司此项债券投资的其他资料如下：

(1) 2021 年 1 月 5 日，收到债券利息 50 万元。

(2) 2021 年 12 月 31 日，该债券公允价值为 1 020 万元。

(3) 2022 年 1 月 20 日，红星公司将该债券全部出售，所得价款 1 050 万元存入银行。

假定不考虑其他因素，红星公司账务处理如下：

(1) 2021 年 1 月 5 日，收到利息时。

借：银行存款　　500 000
　贷：应收利息　　500 000

(2) 2021 年 12 月 31 日。

投资收益＝10 363 000×4%＝414 520(元)

借：应收利息　　500 000
　贷：投资收益　　414 520
　　其他债权投资——利息调整　　85 480

公允价值变动＝10 363 000－85 480－10 200 000＝77 520(元)

借：其他综合收益　　77 520
　贷：其他债权投资——公允价值变动　　77 520

(3) 2022 年 1 月 5 日，收到利息时。

借：银行存款　　500 000
　贷：应收利息　　500 000

(4) 2022年1月20日，出售债券时。

借：银行存款	10 500 000	
其他债权投资——公允价值变动	77 520	
贷：其他债权投资——成本		10 000 000
——利息调整		277 520
投资收益		300 000
借：投资收益	77 520	
贷：其他综合收益		77 520

5.4 其他权益工具投资

5.4.1 其他权益工具投资的概念和特征

其他权益工具投资（other equity instrument investment），是指以公允价值计量且其变动计入其他综合收益的权益工具类投资，换言之，其他权益工具投资属于以公允价值计量且其变动计入其他综合收益的金融资产。

权益工具投资的合同现金流量通常不符合基本借贷合同的现金流量特征，因此此类投资只能分类为以公允价值计量且其变动计入当期损益的金融资产（下节具体讲述）。然而现行准则规定，在初始确认时，企业可以将非交易性权益工具投资指定为以公允价值计量且其变动计入其他综合收益的金融资产，并按规定确认股利收入。该指定一经做出，不得撤销。

初始确认时，企业可将非交易性权益工具投资指定为以公允价值计量且其变动计入其他综合收益的金融资产，其公允价值的后续变动计入其他综合收益。除了持有期间的股利收入计入当期损益外，其他相关的利得和损失均计入其他综合收益，且后续不得转入当期损益。当权益工具投资终止确认时，之前计入其他综合收益的累计利得或损失应当从其他综合收益中转出，计入留存收益。

例如，企业购买其他上市公司股票或投资非上市公司股权的，都可能属于上述权益工具投资。

5.4.2 其他权益工具投资的会计处理

其他权益工具投资的会计处理分为初始计量和后续计量两个阶段。

1. 其他权益工具投资的初始计量

企业购买股票指定为其他权益工具投资时，按其公允价值和相关交易费用，借记“其他权益工具投资——成本”科目；按已宣告但尚未发放的现金股利，借记“应收股利”科目；按实际支付的金额，贷记“银行存款”科目。上述已宣告但尚未发放的现金股利，在实际收回时，借记“银行存款”科目，贷记“应收股利”科目。

例 5－5

红星公司 2021 年 3 月 10 日以每股 15 元的价格（其中包括已宣告但尚未发放的现金股利 0.4 元）购进 B 公司股票 20 万股。购买该股票支付手续费等 20 000 元。红星公司将购入的 B 公司股票指定为以公允价值计量且其变动计入其他综合收益的金融资产。

假定不考虑其他因素，红星公司账务处理如下：

$$其他权益工具投资成本=(15-0.4)\times 200\ 000+20\ 000=2\ 940\ 000(元)$$

$$每股成本=\frac{2\ 940\ 000}{200\ 000}=14.7(元/股)$$

借：其他权益工具投资——成本　　2 940 000
　　应收股利　　80 000
　贷：银行存款　　3 020 000

2. 其他权益工具投资的后续计量

其他权益工具投资的后续计量包括持有期间现金股利的核算、资产负债表日的核算和其他权益工具投资出售的核算三个环节。

（1）持有期间现金股利的核算。其他权益工具投资持有期间，企业收到买价中包含的已宣告但尚未发放的现金股利，借记“银行存款”科目，贷记“应收股利”科目。

除上述股利外，持有期间对于被投资单位宣告发放的现金股利，应首先借记“应收股利”科目，贷记“投资收益”科目；收到时再借记“银行存款”科目，贷记“应收股利”科目。

例 5－6

承例 5－5。2021 年 3 月 20 日，红星公司收到 B 公司原宣告的现金股利 80 000 元。2022 年 3 月 10 日，B 公司宣告发放 2021 年度的现金股利每股 0.6 元，红星公司于 2022 年 3 月 20 日收到上述股利。

假定不考虑其他因素，红星公司账务处理如下：

1）2021 年 3 月 20 日。

借：银行存款　　80 000
　贷：应收股利　　80 000

2）2022 年 3 月 10 日。

$$应收取股利金额=200\ 000\times 0.6=120\ 000(元)$$

借：应收股利　　120 000
　贷：投资收益　　120 000

3）2022 年 3 月 20 日。

借：银行存款　　120 000
　贷：应收股利　　120 000

（2）资产负债表日的核算。资产负债表日，其他权益工具投资的公允价值与其账面余额的差额，借记或贷记“其他权益工具投资——公允价值变动”科目，同时，贷记或借记“其他综合收益”科目。

例 5-7

承例5-6。2021年6月30日，B公司股票的市价为每股15元；2021年12月31日，B公司股票的市价为每股16元。

红星公司账务处理如下：

1）2021年6月30日。

借：其他权益工具投资——公允价值变动	60 000	
贷：其他综合收益		60 000

2）2021年12月31日。

借：其他权益工具投资——公允价值变动	200 000	
贷：其他综合收益		200 000

（3）其他权益工具投资出售的核算。企业出售其他权益工具投资时，应按实际收到的金额，借记“银行存款”科目；按其他权益工具投资的账面余额，贷记“其他权益工具投资——成本”科目，借记或贷记“其他权益工具投资——公允价值变动”科目；差额贷记或借记“盈余公积”“利润分配——未分配利润”科目。同时，将其他权益工具投资公允价值变动累计确认的其他综合收益转出，借记或贷记“其他综合收益”科目，贷记或借记“盈余公积”“利润分配——未分配利润”科目。

例 5-8

承例5-7。2022年4月1日，红星公司将所持有的B公司股票以每股17.5元的价格全部售出，取得价款3 500 000元。假定盈余公积的提取比例为10%。

借：银行存款	3 500 000	
其他综合收益	260 000	
贷：其他权益工具投资——成本		2 940 000
——公允价值变动		260 000
盈余公积		56 000
利润分配——未分配利润		504 000

5.5 交易性金融资产

5.5.1 交易性金融资产的概念和特征

交易性金融资产（held for trading financial assets），是指企业持有的以短期获利为目的，从二级市场购入的股票、债券、基金等。交易性金融资产是以公允价值计量且其变动计入当期损益的金融资产。

从企业管理金融资产的业务模式和金融资产的合同现金流量特征来看，以摊余成本计量的金融资产和以公允价值计量且其变动计入其他综合收益的金融资产之外的金融资产，企业应当将其分类为以公允价值计量且其变动计入当期损益的金融资产。此外，在初始确认时，如果能够消除或显著减少会计错配，企业还可以将金融资产指定为以公允价值计量且其变动计入当期损益的金融资产。该指定一经做出，不得撤销。

满足以下条件之一的金融资产，应当划分为交易性金融资产：

(1) 取得该金融资产的目的，主要是为了近期内出售。例如，企业以赚取差价为目的从二级市场买入的股票、债券、基金等。

(2) 属于进行集中管理的金融工具组合的一部分，且有客观证据表明企业近期采用短期获利方式对该组合进行管理。

(3) 属于衍生工具。但是，被指定为有效套期工具的衍生工具以及属于财务担保合同的衍生工具等除外。也就是说，衍生工具如果没有被指定为有效套期工具和财务担保，企业持有这类衍生工具的目的就是短期获利，在会计核算上就应该划分为交易性金融资产。

5.5.2　交易性金融资产的会计处理

交易性金融资产的会计处理分为初始计量和后续计量两个阶段。

1. 交易性金融资产的初始计量

企业取得交易性金融资产时，应按其公允价值计量，相关的交易费用应当直接计入当期损益。

企业购买股票、债券等形成交易性金融资产的，按其公允价值，借记“交易性金融资产——成本”科目；按交易费用，借记“投资收益”科目；按已到付息期但尚未领取的利息或者已宣告但尚未发放的现金股利，借记“应收利息”或者“应收股利”科目；按实际支付的金额，贷记“银行存款”科目。

例 5-9

红星公司 2021 年 3 月 10 日以每股 15 元的价格（其中包括已宣告但尚未发放的现金股利 0.4 元）购进 B 公司股票 20 万股。购买该股票支付手续费等 20 000 元。红星公司打算短期持有该公司股票，将其划分为交易性金融资产。

假定不考虑其他因素，红星公司账务处理如下：

$$\text{交易性金融资产成本}=(15-0.4)\times 200\,000=2\,920\,000(\text{元})$$

$$\text{每股成本}=\frac{2\,920\,000}{200\,000}=14.6(\text{元/股})$$

$$\text{应收股利}=0.4\times 200\,000=80\,000(\text{元})$$

借：交易性金融资产——成本　2 920 000
　　投资收益　20 000
　　应收股利　80 000
　贷：银行存款　3 020 000

2. 交易性金融资产的后续计量

交易性金融资产的后续计量包括持有期间现金股利和利息的核算、资产负债表日的核算和交易性金融资产出售的核算三个环节。

（1）持有期间现金股利和利息的核算。交易性金融资产持有期间，企业收到买价中包含的已到付息期但尚未领取的利息或者已宣告但尚未发放的现金股利，借记“银行存款”科目，贷记“应收利息”或者“应收股利”科目。除上述股利和利息外，企业在交易性金融资产持有期间，对于被投资单位宣告发放的现金股利或者在资产负债表日确认的分期付息债券的利息，均应首先借记“应收股利”或者“应收利息”科目，贷记“投资收益”科目；收到时再借记“银行存款”科目，贷记“应收股利”或者“应收利息”科目。

例 5-10

承例 5-9。2021 年 3 月 20 日，红星公司收到 B 公司原宣告的现金股利 80 000 元。2022 年 3 月 10 日，B 公司宣告发放 2021 年度的现金股利每股 0.6 元，红星公司于 2022 年 3 月 20 日收到上述股利。

假定不考虑其他因素，红星公司账务处理如下：

1）2021 年 3 月 20 日。

借：银行存款　80 000
　贷：应收股利　80 000

2）2022 年 3 月 10 日。

应收取股利金额＝200 000×0.6＝120 000（元）

借：应收股利　120 000
　贷：投资收益　120 000

3）2022 年 3 月 20 日。

借：银行存款　120 000
　贷：应收股利　120 000

（2）资产负债表日的核算。资产负债表日，交易性金融资产的公允价值与其账面余额的差额，借记或贷记“交易性金融资产——公允价值变动”科目，同时，贷记或借记“公允价值变动损益”科目。

例 5-11

承例 5-10。2021 年 6 月 30 日，B 公司股票的市价为每股 15 元；2021 年 12 月 31 日，B 公司股票的市价为每股 16 元。

红星公司账务处理如下：

1）2021 年 6 月 30 日。

公允价值变动损益＝(15－14.6)×200 000＝80 000(元)

借：交易性金融资产——公允价值变动	80 000	
贷：公允价值变动损益		80 000

2）2021 年 12 月 31 日。

公允价值变动损益＝(16－15)×200 000＝200 000(元)

借：交易性金融资产——公允价值变动	200 000	
贷：公允价值变动损益		200 000

（3）交易性金融资产出售的核算。企业出售交易性金融资产，应按实际收到的金额，借记“银行存款”科目；按交易性金融资产的账面余额，贷记“交易性金融资产——成本”科目，借记或贷记“交易性金融资产——公允价值变动”科目；差额贷记或借记“投资收益”科目。

例 5－12

承例 5－11。2022 年 4 月 1 日，红星公司将所持有的 B 公司股票以每股 17.5 元的价格全部售出，取得价款 3 500 000 元。

借：银行存款	3 500 000	
贷：交易性金融资产——成本		2 920 000
——公允价值变动		280 000
投资收益		300 000

思考题

1. 什么是金融资产？我国现行会计准则是如何对金融资产进行分类的？
2. 什么是公允价值？你对会计实务中用公允价值计量的资产有何评价？
3. 什么是债权投资？如何确定一项债权投资的实际利率？
4. 什么是摊余成本？如何计算一项投资的期末摊余成本？
5. 什么是其他债权投资？其他债权投资的后续计量有何特点？
6. 什么是其他权益工具投资？其他权益工具投资的后续计量有何特点？
7. 什么是交易性金融资产？交易性金融资产的后续计量有何特点？

练习题

1. 2021 年 1 月 1 日，甲公司购买了一项债券，剩余年限 5 年，划分为以摊余成本计量的金融资产，实际支付买价（公允价值）90 万元，另发生交易费用 5 万元，每年年末按票面利率可获得固定利息 4 万元。该债券在第 5 年年末兑付

（不能提前兑付）时可得本金110万元，债券实际利率为6.96%。

要求：编制甲公司与上述债券投资相关的会计分录。

2. 2021年7月13日，乙公司从二级市场购入股票100万股，每股市价15元，手续费30 000元；初始确认时，该股票被指定为以公允价值计量且其变动计入其他综合收益的金融资产。乙公司至2021年12月31日仍持有该股票，该股票当时的市价为每股16元。2022年2月1日，乙公司将该股票售出，售价为每股13元，另支付交易费用30 000元。

要求：编制乙公司与上述股票投资相关的会计分录。

3. 丙公司有关购入、持有和出售B公司发行的不可赎回债券的资料如下：

(1) 2021年1月1日，丙公司支付价款1 100万元（含交易费用），从活跃市场购入B公司当日发行的面值为1 000万元、5年期的不可赎回债券。该债券票面年利率为10%，利息按单利计算，到期一次还本付息，实际年利率为6.4%。当日，丙公司将其分类为以公允价值计量且其变动计入其他综合收益的金融资产，按年确认投资收益。

(2) 2022年12月31日，该债券市价总额为1 200万元。当日，为筹集生产线扩建所需资金，丙公司出售债券的80%，将扣除手续费后的款项955万元存入银行。

要求：编制丙公司与上述业务相关的会计分录。

4. 2022年1月1日，丁公司购入面值为100万元、年利率为4%的A债券，支付价款104万元（含已到付息期但尚未领取的利息4万元），另外发生交易费用0.5万元。丁公司将该项债券划分为交易性金融资产。2022年1月5日，收到购买时价款中所含的利息4万元；2022年12月31日，A债券的公允价值为106万元；2023年1月5日，收到A债券2022年度的利息4万元；2023年4月20日，丁公司出售A债券，所得价款为108万元。

要求：编制丁公司与上述债券投资相关的会计分录。

第5章判断题
即测即评

第5章选择题
即测即评

第 6 章

Chapter 6

长期股权投资

素养提升

1. 长期股权投资是各类企业资本运作在会计上的重要体现，投资企业往往通过长期股权投资寻求对被投资企业的重大影响、共同控制和控制。结合党中央和国务院关于国有企业由“管资产”向“管资本”转变的相关文件精神，了解和掌握规范股权投资和资本监管是社会主义市场经济发展的必然结果，是国有企业产权改革和公司治理的时代要求。

2. 深入学习习近平总书记关于混合所有制改革的重要论述，理解混合所有制改革与会计实践中企业合并及长期股权投资的业务关联；掌握同股同权、双重股权制度在判断一项股权投资是否对被投资单位有重大影响、共同控制和控制时的具体运用；充分认识“平等”“公正”“法治”等社会主义核心价值观在长期股权投资和公司治理中的重要意义。

3. 结合西方资本市场、股权投资、会计监管的发展历程和经验教训，充分认识在我国社会主义市场经济发展过程中，规范资本投向是历史发展的必然，引导资本向善是时代发展的方向。

4. 结合中国特色社会主义法治体系学习相关会计法规，结合我国资本市场中的典型案例，对《企业会计准则第 2 号——长期股权投资》中的成本法和权益法进行辩证分析，准确理解权益法的理论基础和实践缺陷。

学习目标

1. 掌握：长期股权投资核算的成本法与权益法。
2. 理解：权益法的设计理念。
3. 了解：权益法的理论论争。

本章主要讲解长期股权投资的内容及其会计核算。本章设置的专栏简要介绍了相关的学术争论，旨在引导读者拓宽知识面，激发读者的创造性思维。

6.1 长期股权投资概述

6.1.1 长期股权投资的概念

长期股权投资是指通过投出各种资产取得被投资单位股权且不准备随时出售的投资，包括对子公司、合营企业和联营企业的投资。长期股权投资的主要目的是为了长远利益而影响、控制其他被投资企业。企业进行长期股权投资后，成为被投资单位的股东。

6.1.2 长期股权投资的内容

长期股权投资包括以下三个方面的内容。

1. 对子公司投资

对子公司投资是指投资企业能够对被投资单位实施控制的权益性投资。

控制（control），是指有权决定一个企业的财务和经营决策，并能据以从该企业的经营活动中获取利益。控制通常具有如下特征：（1）控制的主体是唯一的，不是两方或多方；（2）控制的内容是另一个企业日常生产经营活动涉及的财务和经营决策，这些财务和经营决策一般是通过表决权来决定的；（3）控制的目的是获取经济利益；（4）控制的性质是一种权力，它可以是一种法定权力，也可以是通过公司章程或协议、投资者之间的协议赋予的权力。

控制一般存在于以下情况：

（1）投资企业直接拥有被投资单位50%以上的表决权资本。

（2）投资企业直接拥有被投资单位50%或以下的表决权资本，但具有实质控制权的情况。投资企业对被投资单位是否具有实质控制权，可以通过以下一种或几种情形进行判定：

1）通过与其他投资者的协议，投资企业拥有被投资单位50%以上表决权资本的控制权。例如，A公司拥有B公司40%的表决权资本，C公司拥有B公司30%的表决权资本。A公司与C公司达成协议，C公司在B公司的权益由A公司代表。在这种情况下，A公司实质上拥有B公司70%表决权资本的控制权，表明A公司实质上控制了B公司。

2）根据章程或协议，投资企业有权控制被投资单位的财务和经营决策。

3）有权任免被投资单位董事会等类似权力机构的多数成员。这种情况是指虽然投资企业仅拥有被投资单位50%或以下表决权资本，但根据章程或协议有权任免董事会中的多数董事，从而达到实质上控制的目的。

4）在被投资单位董事会或类似权力机构会议上有半数以上投票权。即能控制被投资单位董事会等类似权力机构的会议，从而能够控制其财务和经营决策。

2. 对合营企业投资

对合营企业投资是指投资企业与其他合营方一同对被投资单位实施共同控制的权益性投资，即合营企业中的任何一方均不能单独控制对被投资单位的财务和经营决策。

共同控制（joint control），是指投资各方按照合同约定对某项经济活动共有的控制。共同控制通常具有以下几个方面的特征：

（1）任何一个合营方均不能单独控制合营企业的生产经营活动。

（2）涉及合营企业基本经营活动的决策需要各合营方一致同意。

（3）各合营方可能通过合同或协议的形式任命其中的一个合营方对合营企业的日常活动进行管理，但其必须在各合营方已经一致同意的财务和经营政策范围内行使管理权。

3. 对联营企业投资

对联营企业投资是指投资企业对被投资单位具有重大影响的权益性投资。

重大影响（significant influence），是指投资企业对被投资单位的财务和经营政策有参与决策的权力，但并不能够控制或者与其他方一起共同控制这些政策的制定。投资企业直接或者通过子公司间接拥有被投资单位 20%以上但低于 50%的表决权股份时，一般认为对被投资单位具有重大影响，除非有明确的证据表明该种情况下不能参与被投资单位的生产经营决策，不形成重大影响。在实际工作中，存在下列情况之一的，通常认为投资企业对被投资单位具有重大影响：

（1）在被投资单位的董事会或类似权力机构中派有代表。

（2）参与被投资单位的政策制定过程，包括股利分配政策等的制定。

（3）与被投资单位之间发生重要交易。

（4）向被投资单位派出管理人员。

（5）向被投资单位提供关键技术资料。

在确定投资企业能否对被投资单位施加重大影响时，一方面应考虑投资企业直接或间接持有被投资单位的表决权股份，另一方面还要考虑投资企业及其他方持有的可执行潜在表决权在确定转换为对被投资单位的股权后产生的影响，如被投资单位发行的认股权证、股份期权及可转换公司债券等的影响。

6.2 长期股权投资的初始计量

长期股权投资在取得时，应按初始投资成本入账。由于对子公司投资属于企业合并形成的长期股权投资，在我国会计实务中，其初始投资成本的确定应遵循《企业会计准则第 20 号——企业合并》的相关规定，因此，长期股权投资的初始投资成本，应分为企业合并和非企业合并两种情况确定。也就是说，在三项长期股权投资中，对子公司投资属于企业合并形成的长期股权投资，初始投资成本的确定有其特殊性；而对合营企业投资、对联营企业投资属于非合并形成的长期股权投资，初始投资成本的确定则应遵循《企业会计准则第2号——长期股权投资》的相关规定。

6.2.1 企业合并形成的长期股权投资

1. 企业合并及其分类

企业合并是将两个或两个以上单独的企业合并形成一个报告主体的交易或事项。

（1）从合并的方式看，企业合并分为吸收合并、控股合并和新设合并。

吸收合并，是指合并方在企业合并中取得被合并方的全部净资产，并将有关资产、负债并入合并方自身的账簿和报表进行核算的合并。吸收合并后，注销被合并方的法人资格，由合并方持有合并中取得的被合并方的资产、负债，并在新的基础上继续经营。

控股合并，是指合并方通过企业合并交易或事项取得对被合并方的控制权，企业合并后能够通过所取得的股权等控制被合并方的生产经营决策并自被合并方的生产经营活动中获益，被合并方在企业合并后仍维持其独立法人资格继续经营的合并。控股合并后，因合并方通过企业合并交易或事项取得了对被合并方的控制权，被合并方成为其子公司，在企业合并发生后，被合并方应当纳入合并方合并财务报表的编制范围，从合并财务报表角度看，形成了一个报告主体。

新设合并，是指参与合并的各方在企业合并后法人资格均被注销，重新注册成立一家新的企业，由新注册成立的企业持有参与合并各企业的资产、负债并在新的基础上经营的合并。

在以上三种合并方式中，吸收合并和新设合并之后只存在一个法律主体，不涉及长期股权投资核算问题；而控股合并之后存在两个法律主体，投资企业需要通过长期股权投资来核算其在被投资企业所拥有的股权。也就是说，在吸收合并、控股合并和新设合并三种合并方式下，只有控股合并才会形成本章所讲述的长期股权投资。

（2）从企业合并的类型看，企业合并分为同一控制下的企业合并和非同一控制下的企业合并。

同一控制下的企业合并，是指参与合并的企业在合并前后均受同一方或相同的多方最终控制且该控制并非暂时性的合并交易。通常情况下，同一控制下的企业合并是指发生在同一企业集团内部企业之间的合并。同受国家控制的企业之间发生的合并，不应仅仅因为参与合并各方在合并前后均受国家控制而将其作为同一控制下的企业合并。

非同一控制下的企业合并，是指参与合并各方在合并前后不受同一方或相同的多方最终控制的合并交易。通常情况下，除判断属于同一控制下企业合并的情况以外其他的企业合并，均属于非同一控制下的企业合并。

同一控制下的企业合并和非同一控制下的企业合并的会计处理是有区别的，因此，企业合并形成的长期股权投资，应分别同一控制下的控股合并与非同一控制下的控股合并，相应确定其初始投资成本。

2. 同一控制下的企业控股合并形成的长期股权投资

（1）基本原理和要求。对于同一控制下的企业控股合并，从能够对参与合并各方在合并前及合并后均实施最终控制的一方来看，最终控制方在企业合并前及合并后能够控制的资产并没有发生变化。合并方通过企业合并形成的对被合并方的长期股权投资，其成本代表的是在被合并方账面所有者权益中享有的份额。

1）合并方以支付现金、转让非现金资产或承担债务方式作为合并对价的，应当在合并日按照取得被合并方所有者权益账面价值的份额计算长期股权投资的初始投资成本。长期股权投资初始投资成本与支付的现金、转让的非现金资产以及所承担债务账面价值之间的差额，应当调整资本公积；资本公积不足冲减的，调整留存收益。

2）合并方以发行权益性证券作为合并对价的，应当在合并日按照取得被合并方所有者权益账面价值的份额计算长期股权投资的初始投资成本。以发行股份的面值总额作为股本，长期股权投资初始投资成本与所发行股份面值总额之间的差额，应当调整资本公积；资本公积不足冲减的，调整留存收益。

（2）具体会计处理。同一控制下的企业合并形成的长期股权投资，应在合并日按取得被合并方所有者权益账面价值的份额，借记“长期股权投资”科目；按享有被投资单位已宣告但尚未发放的现金股利或利润，借记“应收股利”科目；按支付的合并对价的账面价值，贷记有关资产或负债科目；按其差额，贷记“资本公积——资本溢价或股本溢价”科目；若为借方差额，则借记“资本公积——资本溢价或股本溢价”科目，资本公积不足冲减的，借记“盈余公积”“利润分配——未分配利润”科目；按发生的各项直接相关费用，借记“管理费用”科目，贷记“银行存款”等科目。

例 6－1

2022 年 1 月 1 日，A 公司向同一集团内 B 公司发行 1 000 万股普通股（每股面值 1 元，市价为每股 8.68 元），取得 B 公司 100％的股权，并于当日起能够对 B 公司实施控制。合并后 B 公司仍维持其独立法人地位继续经营。两个公司在企业合并前采用的会计政策相同。合并日，B 公司的账面所有者权益总额为4 404 万元。

B 公司在合并后维持其法人资格继续经营，合并日 A 公司在其账簿及个别财务报表中应确认对 B 公司的长期股权投资。

A 公司账务处理如下：

借：长期股权投资　　44 040 000

　贷：股本　　10 000 000

　　资本公积——股本溢价　　34 040 000

3. 非同一控制下的企业控股合并形成的长期股权投资

（1）基本原理和要求。非同一控制下的企业控股合并中，购买方应当按照确定的企业合并成本作为长期股权投资的初始投资成本。企业合并成本包括购买方付出的资产、发生或承担的负债、发行的权益性证券的公允价值之和。

购买方在确定合并成本时，应当区别下列情况分别计量：

1）一次交换交易实现的企业合并，合并成本为购买方在购买日为取得对被购买方的控制权而付出的资产、发生或承担的负债以及发行的权益性证券的公允价值。

2）通过多次交换交易分步实现的企业合并，合并成本为每一单项交易成本之和。

购买方为进行企业合并发生的各项直接相关费用计入管理费用。各项直接费用包括为进行企业合并而支付的审计费用、评估费用、法律服务费用。为发行权益性证券发生的手续费、佣金等费用不是直接相关费用，应当冲减权益性证券的溢价收入。

（2）具体会计处理。非同一控制下的企业合并形成的长期股权投资，应在购买日按企业合并成本，借记“长期股权投资”科目；按支付合并对价的账面价值，贷记或借记有关资产、负债科目；按其差额，贷记“营业外收入”“资产处置损益”或借记“营业外支出”“资产处置损益”等科目。涉及以库存商品等作为合并对价的，应按库存商品的公允价值，贷记“主营业务收入”等科目，同时结转相关的成本。企业合并成本中包含的应自被投资单位收取的已宣告但尚未发放的现金股利或利润，借记“应收股利”科目；按发生的各项直接相关费用，借记“管理费用”科目，贷记“银行存款”等科目。

例6-2

2022年1月1日，A公司以支付货币资金和一项固定资产为对价取得B公司60%的股权。为核实B公司的资产价值，A公司聘请专业资产评估机构对B公司的资产进行评估，支付评估费用200万元。合并中，A公司支付的固定资产账面原价为8 000万元，已计提累计折旧500万元，已计提固定资产减值准备200万元，公允价值为7 600万元。假设合并前A公司与B公司不存在任何关联方关系，即此项合并为非同一控制下的企业合并。

假定不考虑其他因素，A公司账务处理如下：

借：固定资产清理	73 000 000	
累计折旧	5 000 000	
固定资产减值准备	2 000 000	
贷：固定资产		80 000 000
借：长期股权投资	76 000 000	
贷：固定资产清理		73 000 000
资产处置损益		3 000 000
借：管理费用	2 000 000	
贷：银行存款		2 000 000

6.2.2　企业合并以外方式取得的长期股权投资

除企业合并形成的长期股权投资以外，其他方式取得的长期股权投资应当按照下列要求确定其初始投资成本。

1. 以支付现金方式取得的长期股权投资

以支付现金方式取得的长期股权投资，应当按照实际支付的购买价款作为初始投资成本。初始投资成本包括与取得长期股权投资直接相关的费用、税金及其他必要支出。

例 6-3

2022 年 1 月 10 日，A 公司自公开市场买入 B 公司 20%的股份，实际支付价款 16 000 万元。另外，在购买过程中支付手续费等相关费用 400 万元。A 公司取得该部分股权后能够对 B 公司的生产经营决策施加重大影响。

假定不考虑其他因素，A 公司账务处理如下：

借：长期股权投资　164 000 000
　贷：银行存款　164 000 000

2. 以发行权益性证券取得的长期股权投资

以发行权益性证券取得的长期股权投资，应当按照发行权益性证券的公允价值作为初始投资成本。为发行权益性证券支付给有关证券承销机构等的手续费、佣金等与权益性证券发行直接相关的费用，应自权益性证券的溢价发行收入中扣除，权益性证券的溢价不足冲减的，应冲减盈余公积和未分配利润。

例 6-4

2022 年 3 月 1 日，A 公司通过增发 5 000 万股（每股面值 1 元）股票的方式取得 B 公司 20%的股权，按照增发前后的平均股价计算，该 5 000 万股股票的公允价值为 8 200 万元。为增发该部分股票，A 公司支付了 300 万元的佣金和手续费。A 公司取得该部分股权后能够对 B 公司的生产经营决策施加重大影响。

假定不考虑其他因素，A 公司账务处理如下：

借：长期股权投资　82 000 000
　贷：股本　50 000 000
　　　资本公积——股本溢价　32 000 000
借：资本公积——股本溢价　3 000 000
　贷：银行存款　3 000 000

3. 投资者投入的长期股权投资

投资者投入的长期股权投资，应当按照投资合同或协议约定的价值作为投资成本，但合同或协议约定价值不公允的除外。

投资者投入的长期股权投资，是指投资者以其持有的对第三方的投资作为出资投入企业，接受投资的企业原则上应当按照投资各方在投资合同或协议中约定的价值作为取得投资的初始投资成本，但有明确证据表明合同或协议中约定的价值不公允的除外。

6.3 长期股权投资的后续计量

长期股权投资在持有期间，投资企业应当根据其对被投资单位的影响和控制程度，分别采用成本法或权益法进行核算。

6.3.1 长期股权投资的成本法

1. 成本法的适用范围

根据《企业会计准则第2号——长期股权投资》的规定，长期股权投资按成本法核算适用于投资企业能够对被投资单位实施控制的长期股权投资，即对子公司的投资。

2. 成本法的核算

成本法（cost method），是指长期股权投资按成本计价的方法。在成本法下，长期股权投资的核算应当按照初始投资成本计价，追加或收回投资应当调整长期股权投资的成本。同一控制下的企业合并形成的长期股权投资，其初始投资成本为合并日取得被合并方所有者权益账面价值的份额。

被投资单位宣告分配的现金股利或利润，投资企业按享有的部分确认为当期投资收益，借记“应收股利”科目，贷记“投资收益”科目；实际收到现金股利或利润时，借记“银行存款”科目，贷记“应收股利”科目。投资企业在确认自被投资单位应分得的现金股利或利润后，应当考虑长期股权投资是否发生减值。在判断该类长期股权投资是否存在减值迹象时，应当关注长期股权投资的账面价值是否大于享有被投资单位净资产账面价值的份额等情况。

例6-5

2022年1月1日，A公司以5 000万元的价格购入B公司60%的股权，购买过程中另支付相关税费50万元。股权购入后，A公司能够控制B公司的生产经营和财务决策。2022年3月1日，B公司宣告分配利润500万元；2022年3月10日，B公司实际分派了利润。假定A公司确认投资收益后，其对B公司的长期股权投资未发生减值。

A公司账务处理如下：

（1）2022年1月1日。

借：长期股权投资——B公司　　50 500 000

　贷：银行存款　　50 500 000

(2) 2022年3月1日。

借：应收股利 3 000 000

　贷：投资收益 3 000 000

(3) 2022年3月10日。

借：银行存款 3 000 000

　贷：应收股利 3 000 000

6.3.2 长期股权投资的权益法

1. 权益法的适用范围

根据《企业会计准则第2号——长期股权投资》的规定，长期股权投资按权益法核算的适用范围为：

(1) 投资企业对被投资单位具有共同控制的长期股权投资，即对合营企业的投资。

(2) 投资企业对被投资单位具有重大影响的长期股权投资，即对联营企业的投资。

2. 权益法的核算

权益法 (equity method)，是指投资以初始投资成本计量后，在投资持有期间根据投资企业享有被投资单位所有者权益的份额的变动对投资的账面价值进行调整的方法。

权益法的核算包括取得投资时的核算、被投资单位出现净损益时的处理、被投资单位除净损益以外所有者权益其他变动时的处理、被投资单位分配现金股利或利润时的处理四个环节。

(1) 取得投资时的核算。在权益法下，首先应按前面关于长期股权投资初始计量的要求，正确确定初始投资成本；对于取得投资时投资成本与应享有被投资单位可辨认净资产公允价值份额之间的差额，应区别情况分别处理。

初始投资成本大于取得投资时应享有被投资单位可辨认净资产公允价值份额的，不要求对长期股权投资的成本进行调整，该部分差额实质上是投资企业在购入该项投资过程中通过购买作价体现出的与所取得股权份额相对应的商誉。

初始投资成本小于取得投资时应享有被投资单位可辨认净资产公允价值份额的，该部分经济利益流入应作为收益处理，计入取得投资当期的营业外收入，同时调整增加长期股权投资的账面价值。

例6-6

2022年1月1日，A企业取得B公司30%的股权，实际支付价款6 000万元。取得投资时被投资单位净资产账面价值为15 000万元(假定该时点被投资单位各项可辨认资产、负债的公允价值与其账面价值相同)。

假定在B公司的董事会中，所有股东均以其持股比例行使表决权。A企业在取得对B公司的股权后，派人参与了B公司的生产经营决策。因能够对B公司的生产经营决策施加重大影响，A企业对该投资按照权益法核算。

2022 年 1 月 1 日，A 企业账务处理如下：

借：长期股权投资——成本——B 公司　　60 000 000

　贷：银行存款　　60 000 000

长期股权投资的成本 6 000 万元大于投资时应享有的被投资单位净资产公允价值的份额 4 500 万元（15 000×30%），故不对其账面价值进行调整。

例 6-7

承例 6-6。假设 A 企业实际支付价款 4 000 万元，其他条件不变。

2022 年 1 月 1 日，A 企业账务处理如下：

借：长期股权投资——成本——B 公司　　40 000 000

　贷：银行存款　　40 000 000

借：长期股权投资——成本——B 公司　　5 000 000

　贷：营业外收入　　5 000 000

素养提升：会计规则的理论逻辑、历史逻辑和实践逻辑

权益法下的隐性商誉和负商誉

企业因对外投资达到共同控制或重大影响而采用权益法核算长期股权投资时，要比较其初始投资成本与取得的净资产公允价值的相应份额，若前者大于后者，则不调整已确认的初始投资成本，即把该差额视为**隐性商誉**（implicit goodwill）；反之，则列作营业外收入，即把该差额视为**负商誉**（negative goodwill）。

上述处理与《企业会计准则第 20 号——企业合并》中关于商誉和负商誉的规定如出一辙，有兴趣者可参阅该准则。

（2）被投资单位出现净损益时的处理。投资企业取得长期股权投资后，应当按照应享有或应分担的被投资单位实现的净损益的份额，确认投资损益并调整长期股权投资的账面价值。

例 6-8

2022 年 1 月 1 日，A 企业取得 B 公司 20%的有表决权股份，能够对 B 公司施加重大影响。假定 A 企业取得该项投资时，B 公司各项可辨认资产、负债的公允价值与其账面价值相同；两个公司的会计期间及采用的会计政策也相同。B 公司 2022 年实现净利润 1 000 万元。

假定不考虑其他因素，A 企业账务处理如下：

2022 年度 A 企业应享有收益＝1 000×20%＝200（万元）

借：长期股权投资——损益调整——B 公司　　2 000 000

　贷：投资收益　　2 000 000

当被投资单位出现超额亏损时，投资企业确认被投资单位发生的净亏损，应当以长期股权投资的账面价值减记至零为限，超出部分在账外做备查登记。

会计处理时，按应承担的份额，借记“投资收益”科目，贷记“长期股权投资——损益调整”科目。在长期股权投资的账面价值减记至零以后，对超出的部分做备查登记。

被投资单位以后期间实现盈利的，扣除未确认的亏损分担额后，恢复长期股权投资的账面价值，同时确认投资收益。即借记“长期股权投资”科目，贷记“投资收益”科目。

例 6－9

甲公司持有 F 公司 40％的股权，2021 年 12 月 31 日，甲公司对 F 公司长期股权投资的账面价值为 1 200 万元。F 公司 2022 年发生净亏损 3 200 万元。假定取得投资时被投资单位各项资产、负债的公允价值等于账面价值，双方采用的会计政策、会计期间相同。

不考虑其他因素，甲公司账务处理如下：

2022 年度甲公司应分担亏损＝3 200×40％＝1 280(万元)

首先，冲减长期股权投资账面价值。

借：投资收益	12 000 000	
贷：长期股权投资——损益调整——F 公司		12 000 000

其次，对未确认的投资损失 80 万元做备查登记。

(3) 被投资单位除净损益以外所有者权益其他变动时的处理。投资企业对于被投资单位除净损益以外所有者权益的其他变动，在持股比例不变的情况下，企业按照持股比例计算应享有或承担的部分，调整长期股权投资的账面价值。会计处理时，按应享有或承担的部分，借记或贷记“长期股权投资——其他综合收益”科目，同时，贷记或借记“其他综合收益”等科目。

例 6－10

A 公司对 B 公司的投资占其有表决权资本的比例为 40％，2022 年 B 公司因持有的可供出售金融资产公允价值的变动增加其他综合收益 600 万元。假定 A 公司与 B 公司使用的会计政策、会计期间相同，投资时有关资产的公允价值与其账面价值亦相同。

不考虑其他因素，A 公司账务处理如下：

借：长期股权投资——其他综合收益——B 公司	2 400 000	
贷：其他综合收益		2 400 000

(4) 被投资单位分派现金股利或利润时的处理。被投资单位宣告分派现金股利或利润时，投资企业按照被投资单位宣告分派的利润或现金股利计算应分得的部分，相应减少长期股权投资的账面价值。会计处理时，先借记“应收股利”科目，贷记“长期股权投资——损益调整”科目；实际收到股利或利润时，借记“银行存款”科目，贷记“应收股利”科目。

需要注意的是，上述会计处理仅限于被投资单位宣告分派的现金股利或利润，对于被投资单位宣告分派的股票股利，投资企业则不做会计处理，仅做备查登记，即于除权日注明所增加的股数，以反映股份的变化情况。

例6-11

承例6-8。2023年3月5日，B公司宣告分派现金股利500万元；A企业于2023年3月15日实际收到B公司发放的股利。

不考虑其他因素，A企业账务处理如下：

1）2023年3月5日。

借：应收股利　　1 000 000

　贷：长期股权投资——损益调整——B公司　　1 000 000

2）2023年3月15日。

借：银行存款　　1 000 000

　贷：应收股利　　1 000 000

素养提升：会计规则的理论逻辑、历史逻辑和实践逻辑

权益法的理论问题

学术界对权益法的理论依据存有争议。

《企业会计准则第2号——长期股权投资》是借鉴国际会计准则制定而成的。国际会计准则为长期股权投资制定的会计规则为：

(1) 如果能够控制被投资方（通常指持股比例超过50%），则应采用成本法核算。

(2) 如果能够与他人联手对被投资方实施共同控制或者对被投资方具有重大影响（通常指持股比例不低于20%、不超过50%），则应采用权益法核算。权益法实质上是把企业合并的公允价值规则推广到了20%～50%的持股区间。

(3) 如果对被投资方影响力不大（通常指持股比例低于20%）且该股权未上市交易，则应采用成本法核算。

在成本法下，长期股权投资在入账后其账面价值不再增加，以后收到的股利原则上按应享有份额计入投资收益。而权益法则十分复杂且存在不少问题：在权益法之始，需要处理前述隐性商誉、负商誉；之后，需在每个会计期间调整长期股权投资的账面价值，使之恰等于被投资方的股东权益（净公允价值）乘以持股比例所得到的净公允价值份额（权益法正是因此而得名）。然而，为什么同样的业务却同时存在两种不同的会计规则？为什么以20%和50%作为分界点？对此并无合理的解释。

在国际会计准则下，针对股权投资实际上并存成本法、权益法、交易性金融资产、其他权益工具投资等四套会计规则。面对这一局面，为避免企业管理层自行选择会计规则，国际会计准则索性做出规定：如果对被投资方的影响力不大且所投资的股票已上市交易，就不能采用成本法或权益法。这在

理论上更是无法给出合理解释。

值得一提的是，我国新修订的《企业会计准则第 2 号——长期股权投资》已不再将重大影响之下、不存在活跃市场的未上市股权纳入长期股权投资的核算范围，这类股权投资应遵照《企业会计准则第 22 号——金融工具确认和计量》进行处理，如图 6－1 所示。

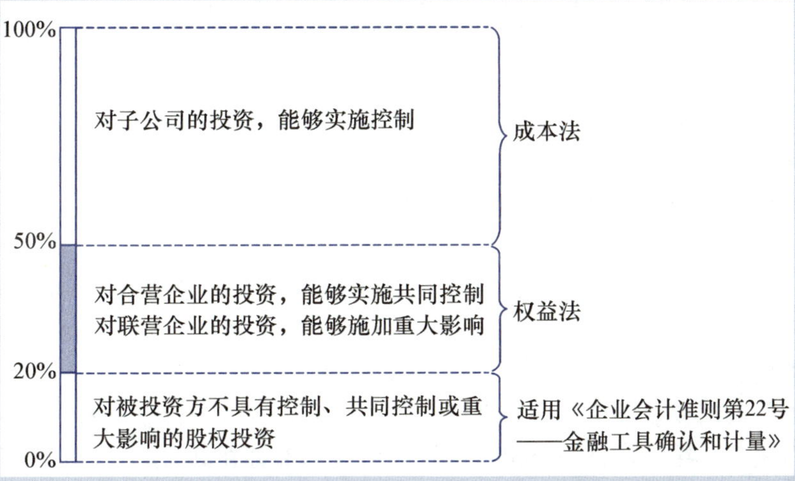

图 6－1　长期股权投资的成本法与权益法的适用情形

6.4　长期股权投资的减值和处置

6.4.1　长期股权投资的减值

每年年末，企业应对长期股权投资的账面价值进行检查。如果存在减值迹象的，应当按照相关准则的规定计提减值准备。对子公司投资、对合营企业投资和对联营企业投资的减值应按照《企业会计准则第 8 号——资产减值》的相关规定处理。当某项长期股权投资的预计可收回金额低于其账面价值时，即表明该长期股权投资发生了减值，企业应当确认其资产减值损失，并把长期股权投资的账面价值减记至预计可收回金额。长期股权投资减值损失一经确认，在以后会计期间不得转回。

例 6－12

2021 年 12 月 25 日，A 公司购入 B 公司 30％的股权，购买价为 4 000 万元，并自取得股权之日起派人参与 B 公司的生产经营决策。2022 年 B 公司亏损1 200 万元。2022 年 12 月 31 日，考虑到 B 公司经营环境恶化、出现严重亏损等情况，

A公司预计其对B公司的长期股权投资的可收回金额为3 500万元。

假定不考虑其他因素，A公司账务处理如下：

（1）2021年12月25日。

借：长期股权投资——成本——B公司　　40 000 000

　　贷：银行存款　　40 000 000

（2）2022年12月31日。

借：投资收益（12 000 000×30%）　　3 600 000

　　贷：长期股权投资——损益调整——B公司　　3 600 000

借：资产减值损失　　1 400 000

　　贷：长期股权投资减值准备　　1 400 000

6.4.2 长期股权投资的处置

企业处置长期股权投资时，应相应结转与所售股权相对应的长期股权投资的账面价值，出售所得价款与处置长期股权投资账面价值之间的差额，应确认为投资损益。

采用权益法核算的长期股权投资，原计入其他综合收益中的金额，在处置时亦应进行结转，将与所出售股权相对应的部分在处置时自其他综合收益转入当期损益。

处置长期股权投资时，应按实际收到的金额，借记“银行存款”等科目；按其账面余额，贷记“长期股权投资”科目；按尚未领取的现金股利或利润，贷记“应收股利”科目；按其差额，贷记或借记“投资收益”科目。已计提减值准备的，还应同时结转减值准备。

采用权益法核算长期股权投资的处置，除上述处理外，还应结转原计入其他综合收益的相关金额，借记或贷记“其他综合收益”科目，贷记或借记“投资收益”科目。

例6-13

A公司原持有B公司40%的股权，2022年12月25日，A公司决定出售对B公司10%的股权，出售所得价款1 410万元。出售时A公司账面上对B公司长期股权投资的构成为：投资成本3 600万元，损益调整（借方）960万元，其他综合收益（借方）600万元。

假定不考虑其他因素，A公司账务处理如下：

（1）确认处置损益。

借：银行存款　　14 100 000

　　贷：长期股权投资——成本——B公司　　9 000 000

　　　　　　　　　　——损益调整——B公司　　2 400 000

　　　　　　　　　　——其他综合收益——B公司　　1 500 000

　　　　投资收益　　1 200 000

（2）结转其他综合收益。

借：其他综合收益　　　　1 500 000

　贷：投资收益　　　　1 500 000

思考题

1. 什么是长期股权投资？长期股权投资包括哪些具体内容？

2. 什么是同一控制下的企业合并？如何确定同一控制下的企业合并形成的长期股权投资的初始成本？你对此有何评价？

3. 什么是非同一控制下的企业合并？如何确定非同一控制下的企业合并形成的长期股权投资的初始成本？你对此有何评价？

4. 什么是成本法？长期股权投资核算的成本法包括哪些内容？

5. 什么是权益法？长期股权投资核算的权益法包括哪些内容？

6. 长期股权投资的处置是如何进行核算的？

练习题

1. 2021 年 1 月 1 日，甲公司以银行存款 18 000 万元购入乙公司 60%的股权作为长期股权投资，不考虑相关税费。购入后，甲公司能够控制乙公司的财务和经营决策。甲、乙公司不存在关联方关系。2021 年 1 月 1 日，乙公司可辨认净资产公允价值总额为28 000 万元（假定公允价值与账面价值相同）。2021 年 5 月 10 日，乙公司宣告发放 2020 年度现金股利 2 000 万元，并于 5 月 25 日实际发放。2021 年度，乙公司实现净利润 1 300 万元。2022 年 5 月 11 日，乙公司宣告发放 2021 年度现金股利 600 万元，并于 5 月 26 日实际发放。2022 年乙公司实现净利润 2 000 万元。

要求：编制甲公司与上述长期股权投资相关的会计分录。

2. 甲公司为上市公司。2021 年 1 月 1 日，甲公司以银行存款 11 000 万元，自乙公司购入 W 公司 80%的股权，对 W 公司形成了合并。乙公司系甲公司的母公司的全资子公司。W 公司 2021 年 1 月 1 日股东权益总额为 15 000 万元，其中，股本为 8 000 万元，资本公积为 3 000 万元，盈余公积为 2 600 万元，未分配利润为1 400 万元。W 公司 2021 年 1 月 1 日可辨认净资产的公允价值为 17 000 万元。

W 公司 2022 年实现净利润 2 500 万元，提取盈余公积 250 万元。当年购入的其他债权投资因公允价值上升确认其他综合收益 300 万元。

W 公司 2022 年实现净利润 3 200 万元，提取盈余公积 320 万元，分配现金股利 2 000 万元。

要求：

（1）判断上述企业合并的类型（同一控制下的企业合并或非同一控制下的企业合并），并说明原因。

（2）编制甲公司与购入W公司股权相关的会计分录。

3. 甲公司2020—2022年对丙公司投资业务的有关资料如下：

（1）2020年3月1日，甲公司以银行存款2 000万元购入丙公司股份，另支付相关税费10万元。甲公司持有的股份占丙公司有表决权股份的20%，对丙公司的财务和经营决策具有重大影响，并准备长期持有该股份。2020年3月1日，丙公司可辨认净资产的公允价值为9 500万元。

（2）2020年4月1日，丙公司宣告分派2019年度的现金股利100万元。

（3）2020年5月10日，甲公司收到丙公司分派的2019年度现金股利。

（4）2020年12月31日，丙公司因其他债权投资公允价值增加而调整增加其他综合收益150万元。

（5）2020年度，丙公司实现净利润400万元（其中1—2月份净利润为100万元）。

（6）2021年4月2日，丙公司召开股东大会，审议董事会于2020年3月1日提出的2020年度利润分配方案。审议通过的利润分配方案为：按净利润的10%提取法定盈余公积；按净利润的5%提取任意盈余公积；分配现金股利120万元。该利润分配方案于当日对外公布。

（7）2022年，丙公司发生净亏损600万元。

（8）2022年3月20日，甲公司出售对丙公司的全部投资，收到出售价款1 950万元，已存入银行。

要求：编制甲公司对丙公司长期股权投资的会计分录（“长期股权投资”科目要求写出明细科目）。

第6章判断题 即测即评

第6章选择题 即测即评

第7章 Chapter 7 固定资产

素养提升

1. 固定资产投资在微观层面标志着一个企业未来的发展方向，在宏观层面是衡量经济三驾马车——投资、消费和出口中“投资”的重要指标。结合党中央和国务院关于加强固定资产投资项目管理的相关文件精神，准确理解固定资产投资决策和会计处理在社会主义市场经济发展中的重要作用。

2. 深入学习习近平总书记关于中国经济发展进入新常态、供给侧结构性改革、“一带一路”建设重要思想，充分认识固定资产确认、计量和列报在企业整个资产业务中的重要性，充分认识诸多新兴轻资产公司的业务特点和管理要求。

3. 折旧的经济学意义在于对固定资产原始投资的补偿，折旧方法选择不当会导致固定资产投资的补偿不合理。全面梳理和了解我国会计实践中固定资产折旧方法的变迁过程，充分认识固定资产加速折旧在我国社会主义市场经济发展过程中的特殊功能和重要作用。

4. 结合中国特色社会主义法治体系学习相关会计法规，结合我国资本市场中重资产公司在建工程转固定资产的时间选择、变更折旧方法等典型案例，准确理解和掌握《企业会计准则第4号——固定资产》中的核算要求。

学习目标

1. 掌握：固定资产入账、折旧、盘盈、盘亏和处置的会计处理。
2. 理解：涉及增值税的固定资产交易的会计处理。
3. 了解：固定资产减值准备的计提及其理论问题。

本章主要讲解固定资产的定义、分类及其会计核算。本章设置的专栏简要阐述了相关的法律规定和理论背景，旨在引导读者拓宽知识面，激发读者的创造性思维。

7.1 固定资产概述

7.1.1 固定资产的定义和特征

1. 固定资产的定义

固定资产，是指同时具有下列特征的有形资产：(1) 为生产商品、提供劳务、出租或经营管理而持有的；(2) 使用寿命超过一个会计年度。也就是说，固定资产通常是指为生产经营活动而持有的、使用期限较长、单位价值较高，并且在使用过程中保持原有实物形态的资产，包括房屋及建筑物、机器设备、运输设备、工具器具等。

2. 固定资产的特征

从固定资产的定义看，固定资产具有以下三个方面的特征：

(1) 持有目的：为生产商品、提供劳务、出租或经营管理而持有。这一特征是区分固定资产与其他资产的根本标志。固定资产属于企业物质资料生产过程中用来改变或影响劳动对象的劳动资料，企业持有固定资产的目的是生产商品、提供劳务、出租或经营管理，即企业持有的固定资产是企业的劳动工具或手段而不是用于出售的产品。例如，房屋通常是一个企业的固定资产，但是，房地产公司用来对外出售的房屋则是其存货的一部分。此外，持有目的中的"出租"固定资产，是指企业以经营租赁方式出租的机器设备类固定资产，不包括以经营租赁方式出租的建筑物，因为按照我国现行企业会计准则的规定，经营租出的建筑物属于企业的投资性房地产。

(2) 使用寿命：超过一个会计年度。这一特征是区分固定资产与流动资产的重要标志。企业对一项固定资产预计使用的时间要在一个会计年度以上，且不改变其形态，这是固定资产的基本特征；而流动资产往往会在一个会计年度内被耗用或改变形态。固定资产的使用寿命，是指企业使用固定资产的预计期间，或者该固定资产所能生产产品或提供劳务的数量。通常情况下，固定资产的使用寿命是指使用固定资产的预计期间，比如自用房屋建筑物的使用寿命表现为企业对该建筑物的预计使用年限。但是，对于某些机器设备或运输设备等固定资产，其使用寿命也可以表现为该固定资产所能生产产品或提供劳务的数量。

固定资产使用寿命超过一个会计年度，意味着固定资产属于非流动资产，随着固定资产的使用和磨损，企业需要通过计提折旧的方式逐渐减少其账面价值。

(3) 存在形态：有形资产。这一特征是区分固定资产与无形资产的重要标志。固定资产具有实物特征，且在使用过程中保持其原有的实物形态，这一特征将固定资产与无形资产区别开来。有些无形资产可能同时符合固定资产的其他特征，如企业拥有的专利权也是为生产商品、提供劳务而持有的，使用寿命也会超过一个会计年度，但是，由于其没有实物形态，因此专利权不属于固定资产。

7.1.2　固定资产的分类

根据不同的分类标准，固定资产可以分成不同的类别。在实际工作中，企业应当选择适当的分类标准，将固定资产进行分类，以满足经营管理的需要。

（1）按经济用途分类，固定资产可以分为生产用固定资产和非生产用固定资产。

生产用固定资产，是指直接服务于企业生产经营过程的固定资产，如厂房、机器设备等。非生产用固定资产，是指不直接服务于生产经营过程的固定资产，如总部管理人员使用的汽车、办公用房等。

固定资产按经济用途分类，可以归类反映企业生产经营用固定资产和非生产经营用固定资产之间的组成变化情况，借以考核和分析企业固定资产的管理和利用情况，从而促进固定资产的合理配置，充分发挥其效用。

（2）按使用情况分类，固定资产可以分为使用中的固定资产、未使用的固定资产和不需用的固定资产。

使用中的固定资产，是指正在使用的经营性和非经营性固定资产。由于季节性经营或修理等原因，暂时停止使用的固定资产仍属于企业使用中的固定资产；企业出租给其他单位使用的固定资产以及内部替换使用的固定资产，也属于使用中的固定资产。未使用的固定资产，是指已完工或已购建的尚未交付使用的固定资产以及因进行改建、扩建等原因停止使用的固定资产，如企业购建的尚待安装的固定资产、经营任务变更停止使用的固定资产等。不需用的固定资产，是指本企业多余或不适用，需要处理的固定资产。

固定资产按使用情况进行分类，有利于企业掌握固定资产的使用情况，便于比较分析固定资产的利用效率，挖掘固定资产的使用潜力，促进固定资产的合理使用。

（3）按所有权进行分类，固定资产可以分为自有固定资产和租入固定资产。

自有固定资产，是指企业拥有的可供企业自由支配使用的固定资产；租入固定资产，是指企业采用租赁方式从其他单位租入的固定资产。固定资产按所有权进行分类，可以提供固定资产所有权归属方面的信息，有利于加强固定资产的筹资管理。

（4）按经济用途和使用情况进行综合分类，固定资产可以分为生产经营用固定资产、非生产经营用固定资产、租出固定资产、不需用固定资产、未使用固定资产、土地、融资租入固定资产等。

其中，土地主要是指由于历史遗留原因，已经估价单独入账的土地。因征地而支付的补偿费，应计入与土地有关的房屋、建筑物的价值内，不单独作为土地价值入账；企业取得的土地使用权通常应确认为无形资产，不能作为固定资产核算。

7.2 固定资产的确认和初始计量

7.2.1 固定资产的确认条件

一项资产仅仅符合固定资产的定义，并不能确认为固定资产。固定资产只有同时满足下列条件的，才能予以确认。

1. 与该固定资产有关的经济利益很可能流入企业

通过第1章关于资产的定义，我们知道，预期会给企业带来经济利益是资产最为重要的特征。换言之，如果某一项目预期不能给企业带来经济利益，就不能确认为企业的资产。固定资产是企业的一项重要资产，其当然要能预期为企业带来经济利益。但是，对固定资产的确认，关键是需要判断其所包含的经济利益是否很可能流入企业，这里的“很可能”要求发生的概率要在50%以上。如果某一固定资产包含的经济利益不是很可能流入企业，那么，即使其满足固定资产确认的其他条件，企业也不应将其确认为固定资产；如果某一固定资产包含的经济利益很可能流入企业，并同时满足固定资产确认的其他条件，那么，企业就应将其确认为固定资产。

在实际工作中，“很可能”往往是一个会计职业判断问题。判断固定资产包含的经济利益是否很可能流入企业，主要是依据与该固定资产所有权相关的风险和报酬是否转移到了本企业。其中，风险是指由于经营情况变化造成的相关收益的变动，以及由于资产闲置、技术陈旧等原因造成的损失；报酬是指在固定资产使用寿命内直接使用该资产而获得的经济利益，以及处置该资产所实现的收益等。一般而言，取得固定资产的所有权是判断与固定资产所有权相关的风险和报酬是否转移到企业的一个重要标志。凡是所有权已属于企业，无论企业是否收到或持有该固定资产，均应作为本企业的固定资产；反之，如果没有取得所有权，即使存放在企业，也不能作为本企业的固定资产。对于融资租入固定资产来说，企业虽然未能取得固定资产的所有权，但与该固定资产所有权相关的风险和报酬实质上已转移给企业，因此，企业能够控制该项固定资产所包含的经济利益的流入。

在具体运用固定资产确认的第一个条件时，要特别注意那些能够间接为企业带来未来经济利益的资产。例如，企业购置的安全设备和环境保护设备等，虽然这些设备不能直接为企业带来经济利益，但是这些设备的使用有助于其他资产更好地为企业创造经济利益，从这个意义上讲，它们也为企业经济利益做出了贡献。因此，在消防设备、救护设备等安全设备以及排污设备等环保设备的购置成本能够可靠计量的情况下，也应将其确认为企业的固定资产。

2. 该固定资产的成本能够可靠地计量

会计核算中的确认和计量是不可分的，因此，成本能够可靠地计量，是资产确认的一项必要条件。固定资产作为企业资产的重要组成部分，要对其进行确认，企业为取得该固定资产而发生的支出就必须能够确切地计量或合理地估计。如果固定资产的成本能够可靠地计量，并同时满足其他确认条件，就可以在会计账簿和财务报表中加以确认；否则，企业不应加以确认。

企业在确定固定资产成本时，有时需要根据所获得的最新资料，对固定资产的成本进行合理的估计。比如，企业对于已达到预定可使用状态的固定资产，在尚未办理竣工决算时，需要根据工程预算、工程造价或者工程实际发生的成本等资料，按暂估价值确定固定资产的入账价值，待办理竣工决算手续后再调整。也就是说，这种根据最新资料对成本所做的合理估计，也视同成本能够可靠地计量，满足固定资产确认的第二个条件。

在具体运用固定资产确认的第二个条件时，要特别注意构成一个整体的固定资产各组成部分的计量问题。例如，企业购入一项大型生产设备，而该生产设备是由几个不同的主要部件组成的，如果各个部件具有不同的使用寿命或者以不同的方式为企业提供经济利益，从而适用不同的折旧率或者折旧方法，那么，企业就应将购入成本按照各个部件的公允价值进行分配，将其各个组成部件单独确认为固定资产。

7.2.2　固定资产的初始计量

1. 固定资产初始计量原则

（1）固定资产应按其取得成本进行初始计量。固定资产取得成本，是指企业购建某项固定资产达到预定可使用状态前所发生的一切合理、必要的支出。这些支出包括直接发生的价款、运杂费、包装费和安装成本等，也包括间接承担的借款利息、外币借款折算差额以及应分摊的其他间接费用。

（2）预计弃置费用应折现计入固定资产入账价值。弃置费用，是指根据国家法律和行政法规、国际公约等规定，企业承担的环境保护和生态恢复等义务所确定的将要在资产弃置时发生的支出。需要注意的是，弃置费用仅仅是对于特殊行业的特定固定资产而言的，例如，核电站核设施等的弃置和恢复环境义务，石油天然气开采企业油气资产的弃置和恢复环境义务等。一般工商企业的固定资产发生的报废清理费用不属于弃置费用，应当在发生时作为固定资产处置费用处理。

（3）购买固定资产的价款超过正常信用条件延期支付，实质上具有融资性质的，固定资产的成本以购买价款的现值为基础确定。实际支付的价款与购买价款现值之间的差额，应当在信用期间内采用实际利率法进行摊销，摊销金额除满足借款费用资本化条件的应当计入固定资产成本外，均应当在信用期间内确认为财务费用，计入当期损益。

2. 不同方式取得固定资产的初始计量

固定资产的取得方式主要包括购买、自行建造、融资租入等，取得的方式不同，初始计量的要求也各不相同。以下主要介绍企业外购固定资产和自行建造固定资产的核算。

（1）外购固定资产。企业外购固定资产的成本，包括购买价款，相关税费，使固定资产达到预定可使用状态前所发生的可归属于该项资产的运输费、装卸费、安装费和专业人员服务费等。值得注意的是，我国现行增值税相关法规规定，企业购建生产用机器设备及交通工具类固定资产所发生的增值税进项税额可以从销项税额中抵扣，因此，涉及增值税的生产用固定资产的入账价值不包括允许抵扣的增值税进项税额。

外购固定资产分为购入不需要安装的固定资产和购入需要安装的固定资产两类。

1）购入不需要安装的固定资产。企业购入不需要安装的机器设备及生产用交通工具时，按应计入固定资产成本的金额，借记“固定资产”科目；按可以抵扣的增值税进项税额，借记“应交税费——应交增值税（进项税额）”科目；按实际支付或应付的金额，贷记“银行存款”“其他应付款”等科目。

例 7-1

甲公司为增值税一般纳税人。2022 年 10 月 10 日，甲公司购入一台不需要安装的机器设备，取得的增值税专用发票上注明的设备价款为 520 000 元，增值税税额为 67 600 元，支付的装卸费为 6 000 元，款项已通过银行转账支付。

假定不考虑其他因素，甲公司账务处理如下：

借：固定资产	526 000	
应交税费——应交增值税（进项税额）	67 600	
贷：银行存款		593 600

2）购入需要安装的固定资产。企业购入需要安装的固定资产，首先应通过“在建工程”科目核算，即按购入成本，借记“在建工程”科目，贷记“银行存款”等科目；发生安装调试成本时，借记“在建工程”科目，贷记“原材料”“应付职工薪酬”等科目；待固定资产安装完毕交付使用时，再借记“固定资产”科目，贷记“在建工程”科目。

例 7-2

乙公司为增值税一般纳税人。2022 年 10 月 10 日，乙公司购入一台需要安装的机器设备，取得的增值税专用发票上注明的设备价款为 520 000 元，增值税税额为 67 600 元，支付的装卸费为 6 000 元，款项已通过银行转账支付。安装设备时，领用原材料一批，其账面成本为 48 400 元，未计提存货跌价准备，购进该批原材料时支付的增值税进项税额为 6 292 元；应支付安装工人薪酬 9 600 元。2022 年 11 月 10 日，设备安装完毕，达到预定可使用状态。

假定不考虑其他因素，乙公司账务处理如下：

①2022 年 10 月 10 日，支付设备价款、增值税和装卸费时。

借：在建工程　526 000

　应交税费——应交增值税（进项税额）　67 600

　贷：银行存款　593 600

②领用本公司原材料、结算安装工人薪酬时。

借：在建工程　58 000

　贷：原材料　48 400

　　应付职工薪酬　9 600

③2022 年 11 月 10 日，设备安装完毕达到预定可使用状态时。

借：固定资产　584 000

　贷：在建工程　584 000

（2）自行建造固定资产。自行建造的固定资产，其成本由建造该项资产达到预定可使用状态前所发生的必要支出构成，包括工程用物资成本、人工成本、缴纳的相关税费、应予资本化的借款费用以及应分摊的间接费用等。其中，计入固定资产成本的借款费用，应当按照《企业会计准则第 17 号——借款费用》的相关规定处理。

与固定资产有关的流转税

自行建造固定资产包括自营方式建造和出包方式建造两种情况。

1）自营方式建造固定资产。企业以自营方式建造固定资产，首先要购买各类工程物资。企业为在建工程准备的各种物资，应按实际支付的购买价款、运输费、保险费等相关税费，作为实际成本，并按各种专项物资的种类进行明细核算。

企业购买工程物资时，按实际支付的不含税的价款，借记“工程物资”科目；按工程物资的进项税额，借记“应交税费——应交增值税（进项税额）”科目；按实际支付的价款，贷记“银行存款”科目。在建工程领用工程物资时，借记“在建工程”科目，贷记“工程物资”科目。因在建工程发生的相关支出，借记“在建工程”科目，贷记“原材料”“应付职工薪酬”等科目。工程建造完毕达到预定可使用状态时，借记“固定资产”科目，贷记“在建工程”科目。

工程完工后剩余的工程物资，如转作本企业库存材料，则应按其实际成本进行结转，借记“原材料”科目，贷记“工程物资”科目。盘盈、盘亏、报废、毁损的工程物资，减去保险公司、过失人赔偿部分后的差额，工程项目尚未完工的，计入或冲减所建工程项目的成本；工程已经完工的，计入当期营业外收支。

工程达到预定可使用状态前因进行负荷联合试车所发生的净支出，计入工程成本。企业的在建工程项目在达到预定可使用状态前所取得的负荷联合试车过程中形成的、能够对外销售的产品，其发生的成本，计入在建工程成本；销售或转为库存商品时，按其实际销售收入或预计售价冲减工程成本。

在建工程发生单项或单位工程报废或毁损，减去残料价值和过失人或保险公司等赔款后的净损失，工程项目尚未达到预定可使用状态的，计入继续施工的工程成本；工程项目已达到预定可使用状态的，属于筹建期间的，计入管理费用，不属于筹建期间的，计入营业外支出。如为非正常原因造成的报废或毁损，或在建工程项目全部报废或毁损，应将其净损失直接计入当期营业外支出。

所建造的固定资产已达到预定可使用状态，但尚未办理竣工决算的，应当自达到预定可使用状态之日起，根据工程预算、造价或者工程实际成本等，按估计价值转入固定资产，并按规定计提固定资产折旧，待办理竣工决算手续后再调整，但对于已计提的折旧，不再追溯调整。

例 7-3

2022 年 3 月 1 日，甲公司准备自行建造一条生产线，为此购入工程物资一批，不含税价款为 500 000 元，增值税进项税额为 65 000 元，款项以银行存款支付。厂房建设期间，先后领用工程物资 480 000 元；剩余工程物资转为该公司的存货。领用生产用原材料一批，实际成本为 64 000 元，未计提存货跌价准备，购进该批原材料时支付的增值税进项税额为 8 320 元；辅助生产车间为工程提供有关劳务支出 70 000 元；应支付工程人员薪酬 131 600 元。当年 6 月底，工程达到预定可使用状态并交付使用。

假定不考虑其他因素，甲公司账务处理如下：

①购入为工程准备的物资时。

借：工程物资　500 000
　　应交税费——应交增值税（进项税额）　65 000
　贷：银行存款　565 000

②领用工程物资时。

借：在建工程　480 000
　贷：工程物资　480 000

③工程领用原材料时。

借：在建工程　64 000
　贷：原材料　64 000

④辅助生产车间为工程提供劳务支出时。

借：在建工程　70 000
　贷：生产成本——辅助生产成本　70 000

⑤计提在建工程人员薪酬时。

借：在建工程　131 600
　贷：应付职工薪酬　131 600

⑥2022 年 6 月底，工程达到预定可使用状态并交付使用时。

借：固定资产　745 600
　贷：在建工程　745 600

⑦剩余工程物资转作存货时。

借：原材料　　20 000

　贷：工程物资　　20 000

2）出包方式建造固定资产。企业采用出包方式建造固定资产，其成本由建造该项资产达到预定可使用状态前所发生的必要支出构成，具体包括发生的建筑工程支出、安装工程支出，以及分摊计入的待摊支出。其中，待摊支出是指在建设期间发生的，不能直接计入某项固定资产价值，而应由所建造固定资产共同负担的相关费用，包括为建造工程发生的管理费、可行性研究费、临时设施费、公证费、监理费等。

在出包方式下，企业应按合理估计的工程进度和合同规定结算的进度款，借记“在建工程”科目，贷记“银行存款”“预付账款”等科目。工程完成时，按合同规定补付的工程款，借记“在建工程”科目，贷记“银行存款”等科目。企业将需安装的设备运抵现场安装时，借记“在建工程”科目，贷记“工程物资”科目。企业为建造固定资产发生的待摊支出，借记“在建工程——待摊支出”科目，贷记“银行存款”“应付职工薪酬”“长期借款”等科目。

（3）其他方式取得的固定资产。

1）投资者投入固定资产。投资者投入固定资产的成本，应当按照投资合同或协议约定的价值确定，但合同或协议约定价值不公允的除外。

2）融资租入固定资产。融资租入固定资产的入账价值，应当遵循《企业会计准则第 21 号——租赁》的相关规定处理。

3）非货币性资产交换、债务重组等方式取得的固定资产。非货币性资产交换、债务重组等方式取得的固定资产的成本，应当分别遵循《企业会计准则第 7 号——非货币性资产交换》及《企业会计准则第 12 号——债务重组》的相关规定处理。

7.3　固定资产的后续计量

固定资产后续计量包括固定资产折旧和固定资产后续支出两个环节。

7.3.1　固定资产折旧

1. 固定资产折旧的概念

折旧（depreciation），是指在固定资产预计使用寿命内，按照确定的方法对应计折旧额进行系统分摊的过程。

其中，使用寿命，是指企业使用固定资产的预计期间，或者该固定资产所能生产产品或提供劳务的数量。企业在确定固定资产的使用寿命时，主要应当考虑预计生产能力或实物产量、预计有形损耗或无形损耗以及现行法律法规对特定资产使用的限制等因素。

应计折旧额，是指固定资产原价扣除其预计净残值后的金额。已计提减值准备的固定资产，还应当扣除已计提的固定资产减值准备的累计金额。

预计净残值，是指假定固定资产处于预计使用寿命终了时的状态，企业当前从该项固定资产处置中获得的扣除预计处置费用后的金额。

企业应当根据固定资产的性质和使用情况，合理确定固定资产的使用寿命和预计净残值。固定资产的使用寿命、预计净残值一经确定，不得随意变更。

2. 固定资产折旧范围

固定资产折旧范围分为空间范围和时间范围两个维度。

（1）空间范围：回答哪些固定资产应该计提折旧，哪些固定资产不应该计提折旧的问题。

除以下情况外，企业应对所有固定资产计提折旧：

1）已提足折旧仍继续使用的固定资产；

2）按照规定单独估价作为固定资产入账的土地。

依据上述规定，企业未使用、不需用以及修理期间停用的固定资产，均应计提折旧；融资租入的固定资产比照自有的固定资产核算，应当计提折旧；已达到预定可使用状态但尚未办理竣工决算的固定资产，需要按照估计价值确认为固定资产，也应计提折旧。但是，对处于更新改造过程中的固定资产，由于其账面价值已经转入在建工程，不再计提折旧。

（2）时间范围：回答固定资产从什么时间（月份）开始计提折旧，什么时间（月份）终止计提折旧的问题。

固定资产应当按月计提折旧。当月增加的固定资产，当月不计提折旧，从下月起开始计提折旧；当月减少的固定资产，当月仍计提折旧，从下月起不再计提折旧。此外，固定资产提足折旧后，不管能否继续使用，均不再提取折旧；提前报废的固定资产，也不再补提折旧。

3. 固定资产折旧方法

固定资产折旧方法应能科学反映固定资产损耗与其带来的经济利益之间的关系。因此，企业应当根据与固定资产有关的经济利益的预期实现方式，合理选择固定资产折旧方法。

固定资产折旧方法包括年限平均法、工作量法、双倍余额递减法和年数总和法等。固定资产的折旧方法一经确定，不得随意变更。

固定资产折旧应当按照“谁受益谁负担”的原则进行会计处理。计提折旧时，借记“生产成本”“制造费用”“管理费用”等科目，贷记“累计折旧”科目。

（1）**年限平均法**（straight-line depreciation method），是指将固定资产应计折旧额平均分摊到其预计使用寿命期内的一种方法。由于采用年限平均法，固定资产累计折旧额呈直线状上升，因此该方法又称直线法。采用年限平均法，折旧额的计算公式为：

$$年折旧额=\frac{原价-预计净残值}{预计使用年限}$$

或

$$=\frac{原价\times(1-预计净残值/原价)}{预计使用年限}$$

或

$$=原价\times年折旧率$$

$$月折旧额=\frac{年折旧额}{12}$$

例 7-4

2022 年 12 月 10 日，甲公司购入一台不需要安装的机器设备用于 A 产品的生产，并于当月投入使用。设备原价为 500 000 元，预计使用寿命为 5 年，预计净残值率为 4%，采用年限平均法计提折旧。

假定不考虑其他因素，甲公司有关折旧的计算和账务处理如下：

1）固定资产 2022 年 12 月投入使用，2023 年 1 月开始计提折旧。

$$年折旧额=\frac{500\,000-500\,000\times4\%}{5}=96\,000(元)$$

$$月折旧额=\frac{96\,000}{12}=8\,000(元)$$

2）2023 年 1 月 31 日计算折旧时。

借：制造费用	8 000	
贷：累计折旧		8 000

其他各月折旧的计算和账务处理同上。

采用年限平均法计提固定资产折旧简便易行。但是，在各期固定资产负荷程度不相同的情况下，采用该方法计提折旧，会造成各期折旧费用负担和固定资产实际损耗程度不相符，进而违背会计权责发生制的理念。

（2）**工作量法**（workload depreciation method），是指根据各会计期间实际工作量计算每期应提折旧额的一种方法。采用工作量法，折旧额的计算公式为：

$$单位工作量折旧额=\frac{固定资产原价\times(1-预计净残值率)}{预计总工作量}$$

某项固定资产月折旧额=该项固定资产当月工作量×单位工作量折旧额

例 7-5

甲公司的一台机器设备用于生产 B 产品，采用工作量法计提折旧。设备原价为 500 000 元，预计生产 B 产品产量为 1 000 000 件，预计净残值率为 5%。2022 年 1 月，甲公司使用该机器实际生产 B 产品 60 000 件。

甲公司该台机器设备折旧额的计算和账务处理如下：

$$单件折旧额=\frac{500\,000\times(1-5\%)}{1\,000\,000}=0.475(元/件)$$

2022 年 1 月折旧额=60 000×0.475=28 500(元)

2022年1月31日计提折旧时：

借：制造费用　　28 500

　贷：累计折旧　　28 500

很显然，采用工作量法计提固定资产折旧，某期的工作量相对较大，该期负担的折旧费用相对就较多，这就大大增强了各期折旧费用负担和固定资产实际损耗程度的相关性。

加速折旧法

年限平均法和工作量法是固定资产折旧计算的两种传统的方法，以下进一步介绍双倍余额递减法和年数总和法这两种加速折旧的方法。所谓**加速折旧法**（accelerated depreciation method），是指在固定资产使用的早期多提折旧、在其使用的后期少提折旧的计提方法。在实际工作中，加速折旧法能够更好地满足固定资产提前更新的需要。

（3）**双倍余额递减法**（double declining balance method），是指在不考虑固定资产预计净残值的情况下，根据每期期初固定资产原价减去累计折旧后的余额和双倍的直线法折旧率计算固定资产折旧的一种方法。采用双倍余额递减法，折旧额的计算公式如下：

$$\text{年折旧率}=\frac{2}{\text{预计使用年限}}\times 100\%$$

$$\text{年折旧额}=\text{固定资产账面净值}\times\text{年折旧率}$$

$$\text{月折旧率}=\frac{\text{年折旧率}}{12}$$

$$\text{月折旧额}=\text{固定资产账面净值}\times\text{月折旧率}$$

由于每年年初固定资产净值没有扣除预计净残值，而对固定资产计算折旧额时又不能使固定资产的账面折余价值降低到其预计净残值以下，因此，在我国现行会计实务中，采用双倍余额递减法计提固定资产折旧时，应在其折旧年限到期前两年内，将固定资产净值扣除预计净残值后的余额平均摊销。

例7-6

2021年12月10日，乙公司购入一台机器设备生产C产品，当月投入使用。设备原价500 000元，预计使用年限为5年，预计净残值率为4%。乙公司按双倍余额递减法计算折旧。

假定不考虑其他因素，乙公司每年折旧额计算如下：

1）固定资产2021年12月投入使用，2022年1月开始计提折旧。

$$\text{年折旧率}=\frac{2}{5}\times 100\%=40\%$$

$$\text{2022年应提的折旧额}=500\,000\times 40\%=200\,000(\text{元})$$

$$\text{2023年应提的折旧额}=(500\,000-200\,000)\times 40\%=120\,000(\text{元})$$

$$\text{2024年应提的折旧额}=(500\,000-200\,000-120\,000)\times 40\%=72\,000(\text{元})$$

2）从2025年起改按年限平均法计提折旧。

$$\text{2025 年和 2026 年应提的折旧额}=\frac{500\ 000-200\ 000-120\ 000-72\ 000-500\ 000\times 4\%}{2}=44\ 000(\text{元})$$

月折旧额计算及账务处理略。

（4）**年数总和法**（sum-of-the-years-digits method），是指将固定资产的原价减去预计净残值的余额，乘以一个以固定资产尚可使用年限为分子、以预计使用年限的逐年数字之和为分母的逐年递减的分数计算每年折旧额的一种方法。采用年数总和法，折旧额计算公式如下：

$$\text{年折旧率}=\frac{\text{尚可使用年限}}{\text{预计使用年限的逐年数字之和}}\times 100\%$$

$$\text{年折旧额}=(\text{原价}-\text{预计净残值})\times\text{年折旧率}$$

$$\text{月折旧率}=\frac{\text{年折旧率}}{12}$$

$$\text{月折旧额}=(\text{原价}-\text{预计净残值})\times\text{月折旧率}$$

例7-7

承例7-6。乙公司采用年数总和法计算的各年折旧额如表7-1所示。

表7-1　折旧计算表　　单位：元

年份	尚可使用寿命	原价－预计净残值	年折旧率	年折旧额	累计折旧
2022	5	480 000	5/15	160 000	160 000
2023	4	480 000	4/15	128 000	288 000
2024	3	480 000	3/15	96 000	384 000
2025	2	480 000	2/15	64 000	448 000
2026	1	480 000	1/15	32 000	480 000

月折旧额计算及账务处理略。

4. 固定资产预计使用寿命、预计净残值和折旧方法的复核

企业至少应当于每年年度终了，对固定资产的使用寿命、预计净残值和折旧方法进行复核。使用寿命预计数与原先估计数有差异的，应当调整固定资产使用寿命；净残值预计数与原先估计数有差异的，应当调整预计净残值；与固定资产有关的经济利益预期实现方式有重大改变的，应当改变固定资产折旧方法。固定资产使用寿命、预计净残值和折旧方法的改变，应当遵循《企业会计准则第28号——会计政策、会计估计变更和差错更正》的规定，作为会计估计变更处理。

7.3.2　固定资产后续支出

1. 概念和确认原则

固定资产后续支出，是指企业在固定资产持续使用过程中发生的维护修理费用和更新改造支出等。

从会计处理的角度看，固定资产后续支出既可能计入固定资产成本，也可能计入当期损益。其确认原则为：固定资产后续支出如果符合固定资产确认条件的（即该支出很可能导致流入企业的经济利益超过了原先的估计，且支出的金额能够可靠计量），则应将其资本化，计入固定资产账面价值，同时将被替换部分的账面价值扣除；如果后续支出不符合固定资产确认条件的，则应将其费用化，计入当期损益。

2. 资本化的后续支出

资本化的后续支出，是指符合固定资产确认条件且计入固定资产成本的支出。企业发生的可资本化的后续支出，应通过“在建工程”科目进行核算，借记“在建工程”科目，贷记“银行存款”“应付职工薪酬”等科目。待更新改造等工程完工，固定资产达到预定可使用状态时，再借记“固定资产”科目，贷记“在建工程”科目，并按重新确定的使用寿命、预计净残值和折旧方法计提折旧。

企业在发生可资本化的固定资产后续支出时，可能涉及替换固定资产的某个组成部分。如果满足固定资产的确认条件，应当将用于替换的部分资本化，计入固定资产账面价值，同时终止确认被替换部分的账面价值。

例 7-8

甲公司有关固定资产更新改造的资料如下：

（1）2020年12月20日，该公司自行建成了一条生产线并投入使用，建造成本为1 000 000元，采用年限平均法计提折旧，预计净残值率为4%，预计使用寿命为6年。

（2）2023年1月1日，由于现有生产线的生产能力已难以满足公司生产发展的需要，公司决定对现有生产线进行改扩建，以提高其生产能力。

（3）2023年1月1日至3月31日，经过3个月完成了对上述生产线的改扩建工程，共发生支出400 000元，全部以银行存款支付。上述支出均符合固定资产确认条件。

（4）该生产线改扩建工程达到预定可使用状态后，大大提高了生产能力，预计其使用寿命也由原来的6年延长至10年。假定预计净残值率和折旧方法不变。甲公司按年度计提固定资产折旧。

假定不考虑其他因素，甲公司的相关计算和账务处理如下：

（1）2021年1月1日至2022年12月31日。

$$\text{生产线应计折旧额} = 1\,000\,000 \times (1-4\%) = 960\,000(\text{元})$$

$$\text{年折旧额} = \frac{960\,000}{6} = 160\,000(\text{元})$$

每年计提固定资产折旧的账务处理为：

借：制造费用　　160 000

　贷：累计折旧　　160 000

(2) 2023 年 1 月 1 日，固定资产的账面价值为 680 000 元，转入在建工程。

借：在建工程 680 000

　　累计折旧 320 000

　贷：固定资产 1 000 000

(3) 2023 年 1 月 1 日至 3 月 31 日，发生改扩建工程支出。

借：在建工程 400 000

　贷：银行存款 400 000

(4) 2023 年 3 月 31 日，生产线改扩建工程达到预定可使用状态。

$$固定资产入账价值=680\ 000+400\ 000=1\ 080\ 000(元)$$

借：固定资产 1 080 000

　贷：在建工程 1 080 000

(5) 2023 年 12 月 31 日。

$$应计折旧额=1\ 080\ 000\times(1-4\%)=1\ 036\ 800(元)$$

$$月折旧额=\frac{1\ 036\ 800}{7\times12+9}=11\ 148.39(元)$$

$$2023 年应计提的折旧额=11\ 148.39\times9=100\ 335.51(元)$$

借：制造费用 100 335.51

　贷：累计折旧 100 335.51

剩余各年的折旧计算及账务处理略。

3. 费用化的后续支出

费用化的后续支出，是指不符合固定资产确认条件且计入当期损益的支出。企业在固定资产持有期间发生的维护修理费用，通常应确认为费用化的支出。发生费用化的后续支出时，借记“管理费用”“制造费用”等科目，贷记“银行存款”“应付职工薪酬”等科目。

例 7-9

2022 年 1 月 20 日，甲公司对某办公楼进行日常维修，维修过程中领用原材料一批，价值为 50 000 元，为购买该批原材料支付的增值税进项税额为 6 500 元；应支付维修人员薪酬为 21 000 元。

假定不考虑其他因素，甲公司账务处理如下：

借：管理费用 77 500

　贷：原材料 50 000

　　　应交税费——应交增值税（进项税额转出） 6 500

　　　应付职工薪酬 21 000

7.4 固定资产处置

固定资产处置主要涉及固定资产出售、转让、报废和毁损等业务，当企业处置某项固定资产时，会计上应对该项固定资产进行终止确认。

7.4.1 固定资产终止确认的条件

固定资产处置，包括固定资产的出售、转让、报废和毁损、对外投资、非货币性资产交换、债务重组等。固定资产满足下列条件之一的，应当予以终止确认：

（1）该固定资产处于处置状态。从固定资产用途的角度看，处于处置状态的固定资产已不能再用于生产产品、提供劳务、出租或经营管理，因此不再符合固定资产的定义，应予以终止确认。

（2）该固定资产预期通过使用或处置不能产生经济利益。从企业持有固定资产的目的和固定资产本质的角度看，不能产生经济利益便不再符合固定资产的定义和确认条件，也应予以终止确认。

7.4.2 固定资产处置的账务处理

固定资产处置的账务处理通常涉及结转账面价值、发生清理费用、收取残料价值和变价收入、结算应收保险公司或过失人赔款、结转清理净损益等环节。

企业出售、转让、报废固定资产或发生固定资产毁损时，应当将处置收入扣除账面价值和相关税费后的金额计入当期损益。其中，固定资产的账面价值是指固定资产的账面净值，即固定资产成本扣减累计折旧和减值准备后的金额。

固定资产处置应通过“固定资产清理”科目核算。企业处置固定资产时，先将固定资产账面价值转入“固定资产清理”科目。按被清理固定资产的账面价值，借记“固定资产清理”科目；按已计提的折旧金额，借记“累计折旧”科目；按已计提的固定资产减值准备金额，借记“固定资产减值准备”科目；按固定资产原价，贷记“固定资产”科目。

对于发生的清理费用，借记“固定资产清理”科目，贷记“银行存款”等科目。

对于收回出售固定资产的价款、报废固定资产的残料价值和变价收入等，借记“银行存款”“原材料”等科目，贷记“固定资产清理”科目。

对于按保险合同或相关规定计算的应由保险公司或过失人赔偿的损失，借记“银行存款”“其他应收款”等科目，贷记“固定资产清理”科目。

经过上述处理后，对于固定资产清理的净损益，分以下两种情况处理：

（1）属于出售或转让固定资产所发生的净损益，借记或贷记“固定资产清理”科目，贷记或借记“资产处置损益”科目。

（2）属于报废或毁损固定资产所发生的净收益，借记“固定资产清理”科目，贷记“营业外收入”科目；对于固定资产清理的净损失，借记“营业外支出”科目，贷记“固定资产清理”科目。

例 7－10

甲公司有一台生产用机器设备，因使用期满经批准报废。该设备原价为 373 400元，累计已计提折旧 356 400 元。在清理过程中，以银行存款支付清理费用 5 000 元，收到残料变卖收入 13 000 元。

假定不考虑其他因素，甲公司账务处理如下：

（1）结转固定资产账面价值。

借：固定资产清理	17 000	
累计折旧	356 400	
贷：固定资产		373 400

（2）支付清理费用。

借：固定资产清理	5 000	
贷：银行存款		5 000

（3）收到残料变价收入。

借：银行存款	13 000	
贷：固定资产清理		13 000

（4）结转固定资产清理净损益。

借：营业外支出	9 000	
贷：固定资产清理		9 000

7.4.3　固定资产盘亏的处理

为了保证固定资产核算的真实性和完整性，企业应当定期或者至少于每年年末对固定资产进行清查盘点。对于清查中发现的固定资产盘亏，应及时查明原因，并在期末结账前处理完毕。

对于固定资产盘亏造成的损失，企业应将其计入当期损益。按盘亏固定资产的账面价值，借记“待处理财产损溢——待处理固定资产损溢”科目；按已计提的累计折旧，借记“累计折旧”科目；按已计提的减值准备，借记“固定资产减值准备”科目；按固定资产原价，贷记“固定资产”科目。

经批准后处理时，按可收回的保险赔偿或过失人赔偿，借记“其他应收款”科目；按发生的盘亏净损失，借记“营业外支出”科目；按“待处理财产损溢”科目的余额，贷记“待处理财产损溢”科目。

例 7－11

红星公司年末对固定资产进行清查时，发现丢失笔记本电脑一台。该电脑原价 22 000 元，已计提折旧 14 000 元。经查明，电脑丢失与业务员李明保管不当有关。经批准，由李明赔偿 5 000 元。

假定不考虑其他因素，红星公司账务处理如下：

（1）发现电脑丢失时。

借：待处理财产损溢——待处理固定资产损溢　8 000
　　累计折旧　14 000
　贷：固定资产　22 000

（2）报经批准后。

借：其他应收款——李明　5 000
　　营业外支出　3 000
　贷：待处理财产损溢——待处理固定资产损溢　8 000

7.5 固定资产减值准备

《企业会计准则第 8 号——资产减值》规定，企业应当在资产负债表日考虑计提固定资产的资产减值准备。

固定资产存在减值迹象的，应当估计其**可收回金额**（recoverable amount）。可收回金额应当根据“资产的公允价值减去处置费用后的净额”与“资产预计未来现金流量的现值”两者之间较高者确定。通俗地说，前者可称作**变卖净价**（net selling price），即若将固定资产变卖能够卖多少钱；后者可称作**在用价值**（value in use），即持续使用该固定资产价值几何。

如果估计结果表明某项固定资产的可收回金额低于其账面价值，则应将该固定资产的账面价值减记至可收回金额。计提固定资产减值准备时，借记“资产减值损失”科目，贷记“固定资产减值准备”科目。

在计提固定资产减值准备后的会计期间，应当在减值后的账面价值的基础上重新计算该固定资产的折旧额。

固定资产计提的资产减值损失一经确认，在以后会计期间不得转回。也就是说，即使其可收回金额将来有所回升，也不应予以转回。处置固定资产时，应当注销原计提的固定资产减值准备。

例 7-12

江南公司 2021 年 1 月购入一台生产用机器设备，原值为 200 000 元，预计净残值为 8 000 元，预计使用年限为 5 年，采用年限平均法计提折旧。2022 年 12 月 31 日该机器发生减值，预计可收回金额为 110 000 元。计提减值准备后，该机器设备的预计使用年限为 2 年，预计净残值为 2 000 元。

假定不考虑其他因素，江南公司的相关计算和账务处理如下：

$$\text{该设备截至 2022 年年底的累计折旧} = \frac{200\,000-8\,000}{12\times 5}\times(11+12)=73\,600(\text{元})$$

2022 年年底的账面价值 = 200 000 − 73 600 = 126 400（元）

固定资产减值准备 = 126 400 − 110 000 = 16 400（元）

借：资产减值损失　　16 400
　贷：固定资产减值准备　　16 400

$$\text{计提减值准备之后的月折旧额}=\frac{110\,000-2\,000}{24}=4\,500\text{（元）}$$

思考题

1. 什么是固定资产？固定资产有哪些基本特点？
2. 固定资产的取得方式有哪些？如何确定自行建造固定资产的取得成本？
3. 什么是固定资产折旧？固定资产折旧方法有哪些？
4. 什么是年限平均法？什么是加速折旧法？如何认识和评价上述两类方法？
5. 什么是固定资产后续支出？固定资产后续支出是如何核算的？
6. 什么是固定资产处置？固定资产处置是如何核算的？

练习题

1. 甲公司为增值税一般纳税人，适用的增值税税率为 13%。该公司在生产经营期间以自营方式建造一条生产线。2022 年 1—4 月发生的有关经济业务如下：

（1）购入一批工程物资，收到的增值税专用发票上注明的价款为 200 万元，增值税税额为 26 万元，款项已通过银行转账支付。

（2）工程领用工程物资 190 万元。

（3）工程领用生产用 A 原材料一批，实际成本为 100 万元；购入该批 A 原材料支付的增值税税额为 13 万元。

（4）应付工程人员职工薪酬 114 万元。

（5）工程建造过程中，由于非正常原因造成部分毁损，该部分工程实际成本为 50 万元；应从保险公司收取赔偿款 5 万元，该赔偿款尚未收到。

（6）以银行存款支付工程其他支出 40 万元。

（7）工程达到预定可使用状态并交付使用。

（8）剩余工程物资转为生产用原材料，并办妥相关手续。

要求：编制甲公司与上述固定资产建造业务相关的会计分录。

2. 乙公司为一家上市公司，其 2019—2023 年发生的某项固定资产的业务资料如下：

（1）2019 年 12 月 12 日，乙公司购进一台不需要安装的设备，取得的增值税专用发票上注明的设备价款为 350 万元，增值税为 45.5 万元，另发生运输费 1.5 万元，款项以银行存款支付；没有发生其他相关税费。该设备于当日投入使用，预计使用年限为 10 年，预计净残值为 15 万元，采用直线法计提折旧。

（2）2020 年 12 月 31 日，乙公司对该设备进行检查时发现其已经发生减值，预计可收回金额为285万元；计提减值准备后，该设备原预计使用年限、预计净残值、折旧方法保持不变。

（3）2021年12月31日，乙公司因生产经营方向调整，决定采用出包方式对该设备进行改良，改良工程验收合格后支付工程价款。该设备于当日停止使用，开始进行改良。

（4）2022年3月12日，改良工程完工并验收合格，乙公司以银行存款支付工程总价款25万元。当日，改良后的设备投入使用，预计尚可使用8年，采用直线法计提折旧，预计净残值为16万元。2022年12月31日，该设备未发生减值。

（5）2023年12月31日，该设备因遭受自然灾害发生严重毁损，乙公司决定对其进行处置，取得残料变价收入10万元、保险公司赔偿款30万元，发生清理费用3万元。款项均以银行存款收付，不考虑其他相关税费。

要求：编制乙公司与上述固定资产业务相关的会计分录。

第7章判断题
即测即评

第7章选择题
即测即评

第 8 章

Chapter 8 无形资产

素养提升

1. 深入学习习近平总书记关于知识产权保护的一系列重要讲话精神，充分认识知识产权保护工作关系国家治理体系和治理能力现代化，关系高质量发展，关系人民生活幸福，关系国家对外开放大局，关系国家安全。切实践行习近平法治思想，加强知识产权保护，充分认识无形资产核算和管理在知识产权保护中的基础性作用。

2. 深入学习习近平总书记关于科技创新的重要论述，充分认识树立创新发展理念、实施创新驱动发展战略、加强科技创新的重大意义。切实践行习近平总书记关于为什么要坚定不移走中国特色自主创新道路、为什么能走中国特色自主创新道路以及如何走好中国特色自主创新道路等问题的重要思想，准确理解和掌握我国企业会计准则中关于研发费用的核算和列报要求在促进我国企业自主创新中的意义。

3. 全面梳理和掌握我国无形资产会计准则的发展历程，准确把握无形资产会计核算在计划经济时期、对外开放初期和会计准则全面趋同时期的不同特点，理解无形资产会计核算和管理在中国特色社会主义市场经济建设过程中所发挥的独特作用。

4. 结合中国特色社会主义法治体系学习相关会计法规，结合我国资本市场中专利权核算、非专利技术处理和保护、商誉会计规则的变迁等典型案例，准确理解和掌握《企业会计准则第 6 号——无形资产》中的核算要求。

学习目标

1. 掌握：无形资产入账、摊销、减值和处置的会计处理。
2. 理解：研发支出的会计处理。
3. 了解：无形资产减值准备的计算及其理论问题。

8.1 无形资产概述

8.1.1 无形资产的概念和特征

1. 无形资产的概念

无形资产，是指企业拥有或者控制的没有实物形态的可辨认非货币性资产，包括专利权、商标权、著作权、特许权、非专利技术和土地使用权等。

2. 无形资产的特征

根据上述定义，可将无形资产的特征归纳为以下几个方面：

（1）不具有实物形态。无形资产没有实物形态，这一特征是其与存货、固定资产等有实物形态资产的重要区别。无形资产通常表现为某种权利、某项技术或某种获取超额利润的综合能力，如专利权、土地使用权、非专利技术等。无形资产没有实物形态，但却能够提高企业的经济效益，甚至为企业带来超额收益。

（2）具有可辨认性。可辨认性，是指无形资产能够单独辨认并区别于其他资产的特性。一项资产要作为无形资产核算，就必须能够从企业中分离或划分出来，并能单独用于出售和转让等。需要注意的是，产生于合同性的权利或其他法定权利，也被认为具有可辨认性，而不论这些权利是否可以从企业或其他权利和义务中转移或者分离。

可辨认性特征将商誉排斥在无形资产之外，因为商誉是与企业整体价值联系在一起的，其存在无法与企业自身区分开来，因而不具有可辨认性。

（3）具有非货币性。无形资产具有非货币性，这一特征是其与银行存款、应收账款等货币性资产的重要区别。我们知道，如果仅仅强调不具有实物形态和可辨认性，那么，银行存款、应收账款等货币性资产同样具备这些特征，因此，强调其非货币性，即不具有在未来收取固定或可确定的现金的特性就显得尤为重要。不仅如此，与银行存款、应收账款等流动资产相比，无形资产还具有在较长时期供企业使用并创造经济利益的特性，即无形资产属于非流动资产。

（4）具有不确定性。无形资产作为企业拥有或者控制的经济资源，同样具有能够为企业带来未来经济利益的属性。但是，与其他资产相比，无形资产能为企业带来多少未来的经济利益具有较大的不确定性。众所周知，随着当代科学技术和市场经济的发展，很多专利权、商标权等无形资产的经济寿命往往难以准确地估计，从而使其创造未来经济利益的风险加大，不确定性也随之增大，这就要求企业在对无形资产进行核算时要持更为谨慎的态度，同时也要求企业尤其要加强无形资产的风险管理。

8.1.2　无形资产的确认条件

某个项目要确认为无形资产，应符合无形资产的定义，并同时满足下列条件。

1. 与该无形资产有关的经济利益很可能流入企业

前已述及，能够带来未来的经济利益是无形资产的基本属性，只是与其他资产相比，其不确定性更大。但是，当某个项目要作为无形资产确认时，就必须具备其所产生的经济利益很可能流入企业这一条件。毫无疑问，在对无形资产确认时，强调“很可能”这一条件，具有更为重要的意义。通常情况下，无形资产产生的未来经济利益可能包括在销售商品、提供劳务的收入当中，或者体现在获得的其他利益当中，抑或企业使用该项无形资产而降低了费用或节约了成本。也就是说，在多数情况下，无形资产是间接地为企业带来经济利益的，其创造经济利益的方式没有其他资产那么直接和直观。

一般来说，经济利益是指直接或间接流入企业的现金或现金等价物，由于无形资产通常是间接为企业带来经济利益，且具有较大的不确定性，因此，要确定无形资产创造的经济利益是否很可能流入企业，就离不开会计人员的职业判断。会计人员在实施这种判断时，需要考虑与无形资产创造经济利益相关联的各项因素，比如配合无形资产发挥效用的人力资源、硬件设施、相关技术等，同时还应考虑外部环境和相关新型工艺、新型技术等的影响。

2. 该无形资产的成本能够可靠地计量

成本能够可靠地计量是资产确认的一项基本条件，无形资产也不例外。但是，对于无形资产而言，这个条件显得尤为重要，因为很多符合无形资产定义并具有无形资产特征的项目，就因为其成本不能可靠计量，因而不能作为企业的无形资产核算，如企业内部产生的品牌、长期积累的客户关系等。在理解这一确认条件时，还要特别注意会计确认和会计计量的关系，事实上，任何资产的确认都要以其成本或价值能够可靠计量为前提。

8.1.3　无形资产的分类

1. 按经济内容分类

按经济内容分类，无形资产可分为专利权、非专利技术、商标权、著作权、特许权、土地使用权等。

（1）专利权，是指国家专利主管机关依法授予发明创造专利申请人，对其发明创造在法定期限内所享有的专有权利，包括发明专利权、实用新型专利权和外观设计专利权。

（2）非专利技术，是指不为外界所知、在生产经营活动中已采用的、不享有法律保护的、可以带来经济效益的各种技术和诀窍。非专利技术一般包括工业专有技术、商业贸易专有技术、管理专有技术等。

（3）商标权，是指专门在某类指定的商品或产品上使用特定的名称或图案的权利。经商标局核准注册的商标为注册商标，商标注册人享有商标专用权，受法律保护。

（4）著作权，又称版权，是指作者对其创作的文学、科学和艺术作品依法享有的某些特殊权利。著作权包括作品署名权、发表权、修改权和保护作品完整权，还包括复制权、发行权、出租权、展览权、表演权、放映权、广播权、信息网络传播权、摄制权、改编权、翻译权、汇编权以及应当由著作权人享有的其他权利。著作权属于作者，受法律保护。

（5）特许权，又称经营特许权、专营权，是指企业在某一地区经营或销售某种特定商品的权利或是一家企业接受另一家企业使用其商标、商号、技术秘密等的权利。

（6）土地使用权，是指国家准许某企业在一定期间内对国有土地享有开发、利用、经营的权利。根据我国土地管理法的规定，我国土地实行公有制，任何单位和个人不得侵占、买卖或者以其他形式非法转让。

2. 按取得方式分类

按取得方式分类，无形资产可分为企业自创的无形资产和外购的无形资产。前者是指由企业自己开发、研制而获得的以及由于其他客观原因形成的无形资产，如自创专利、非专利技术、商标权等；后者则是指企业以一定代价从其他单位购入的，如外购专利权、商标权、特许权等。

从会计的角度看，企业自行研究、开发的无形资产在核算上与外购的无形资产有较大的区别，因为前者通常存在更大的不确定性，会计处理也应遵循更为审慎的原则。此外，除自创和外购两种基本方式外，无形资产还可以通过企业所有者投资取得，通过非货币性资产交换或债务重组等方式取得。不同取得方式下形成的无形资产，其在初始计量方面的要求也会有所不同。

3. 按经济寿命期限分类

按经济寿命期限分类，无形资产可分为使用寿命有限的无形资产和使用寿命不确定的无形资产。前者是指在有关法律法规中规定了最长有效期限或通过其他方式能够合理预计其有效期限的无形资产，如专利权、商标权、土地使用权等，对这些无形资产法律法规都会规定其有效的使用期限，并予以合法的保护；后者是指没有法律法规规定其最长有效期限或通过其他方式不能够合理预计其有效期限的无形资产，如非专利技术，这类无形资产通常没有相应的法规规定其有效使用期限，有时也难以通过其他方式合理估计其使用寿命。

从会计的角度看，使用寿命有限的无形资产和使用寿命不确定的无形资产在核算上也存在较大区别，因为前者可以在有限的使用寿命内进行摊销，而后者则无法按期摊销。

8.2 无形资产的初始计量

无形资产应当按照成本进行初始计量，但是，不同方式取得的无形资产，其成本构成不尽相同。上一节我们提到，无形资产的取得方式有外购、自创（自行研发）、投资者投入、非货币性资产交换取得和债务重组取得等，其中，非货币性资产交换和债务重组取得的无形资产，其初始计量应分别遵循《企业会计准则第 7 号——非货币性资产交换》和《企业会计准则第 12 号——债务重组》的相关规定。以下主要介绍企业外购、投资者投入和自行研发方式取得无形资产的核算。

8.2.1 外购无形资产

外购无形资产应按其外购成本计量，外购成本包括购买价款、相关税费以及直接归属于使该项资产达到预定用途所发生的其他支出。其中，直接归属于使该项资产达到预定用途所发生的其他支出，是指使无形资产达到预定用途所发生的专业服务费用、测试无形资产是否能够正常发挥作用的费用等，具体内容包括律师费、咨询费、公证费、鉴定费等。企业外购无形资产支付款项时，借记“无形资产”科目，贷记“银行存款”等科目。

在企业外购无形资产的过程中，如果购买的价款超过正常信用条件延期支付，实质上具有融资性质的，无形资产的初始成本应以购买价款的现值为基础确定。此时，应按未来应付款项的现值，借记“无形资产”科目；按未来应付的款项总额，贷记“长期应付款”科目；按两者之间的差额，借记“未确认融资费用”科目。

例 8－1

2022 年 1 月 8 日，甲公司从 B 公司处购买一项专利技术，实际支付款项 500 000元。为购买上述专利技术，甲公司还专门聘请了一家服务机构进行咨询和鉴定，并支付相关费用 12 000 元。

假定不考虑其他因素，甲公司账务处理如下：

借：无形资产	512 000	
贷：银行存款		512 000

对于外购的土地使用权，通常应当按照取得时所支付的价款及相关税费确认为无形资产。土地使用权用于自行开发建造厂房等地上建筑物时，土地使用权的账面价值不得与地面上建筑物合并计算其成本，而仍作为无形资产进行核算。但是，如果房地产开发企业取得土地使用权用于建造对外出售的商品房，其相关的土地使用权的价值应当计入所建造的房屋和建筑物的成本，即作为存货进行核算。

企业外购房屋建筑物所支付的价款中包括土地使用权以及建筑物价值的，则应当对实际支付的价款按照合理的方法在土地使用权和地上建筑物之间进行分配，并分别确认为无形资产和固定资产；如果确实无法合理分配的，应当全部作为固定资产，按照固定资产确认和计量的原则进行处理。

企业改变土地使用权的用途，停止自用土地使用权而用于赚取租金或资本增值时，应将其账面价值转为投资性房地产。

8.2.2 投资者投入无形资产

投资者投入无形资产的成本，应当按照投资合同或协议约定的价值确定，但合同或协议约定价值不公允的除外。企业收到所有者投入无形资产时，按无形资产的公允价值，借记“无形资产”科目；按投资方在企业注册资本中所占份额，贷记“实收资本”或“股本”科目；按两者之间的差额，贷记或借记“资本公积”科目。

例8-2

甲公司接受A公司以其所拥有的专利权作为出资，双方协议约定的价值为1 000万元，这一价值与按照市场情况估计的公允价值相同，已办妥相关手续。

假定不考虑其他因素，甲公司账务处理如下：

借：无形资产——专利权	10 000 000	
贷：实收资本		10 000 000

8.2.3 自行研发无形资产

1. 确认和计量的总体要求

基于对未来经济利益不确定性和成本能否可靠计量等因素的考虑，通常情况下，企业自创商誉以及企业内部产生的品牌、报刊名等都不确认为无形资产。但是，对于企业内部研发的专利权、非专利技术等，如果其符合无形资产定义并满足无形资产的确认条件，就应当考虑将其确认为一项无形资产。不过，鉴于研究开发费用的特殊性，在将其确认为无形资产时，还应满足一些特定的条件。

在我国会计实务中，企业应将研发过程划分为研究阶段和开发阶段两个部分。对于研究阶段发生的支出，全部予以费用化处理，计入当期损益；对于开发阶段发生的支出，在符合一定条件的情况下，确认为无形资产，否则也予以费用化处理。无法区分研究阶段和开发阶段的支出，应当在发生时作为管理费用，全部计入当期损益。

2. 研究阶段与开发阶段的区分

（1）研究阶段，是指为获取新的技术和知识等进行的有计划的调查阶段，其主要特点是不确定性、计划性和探索性。

所谓不确定性，是指研究是否能在未来形成成果，即通过开发后是否会形成无形资产具有很大的不确定性，企业在研究阶段也无法证明其能够带来未来经济利益的无形资产的存在。

所谓计划性，是指研究阶段是建立在有计划的调查基础上，即研发项目已经董事会或者相关管理层的批准，并着手收集相关资料，进行市场调查等。

所谓探索性，是指研究阶段基本上是摸索性的，主要为进一步的开发活动进行资料及相关方面的准备，在这一阶段通常不会形成阶段性成果。

研究活动具体包括：意在获取新的知识而进行的活动；各类知识或成果的应用研究、评价和最终选择活动；材料、工艺、产品等替代品的研究活动；等等。

（2）开发阶段，是指在进行商业性生产或使用前，将研究成果或其他知识应用于某项计划或设计，以生产出新的或具有实质性改进的材料、装置、产品等的阶段，其主要特点是具有较大的确定性和针对性。

所谓较大的确定性，是指进入开发阶段的项目形成最终成果的可能性较大，通常是具备了形成一项新产品或新技术的基本条件。

所谓针对性，是指开发阶段是建立在研究阶段基础上的，具有明确的意图并针对具体的目标、产品、工艺等。

开发活动具体包括生产前或使用前的原型和模型的设计、建造和测试；包含新技术的工具、夹具、模具的设计；新的或经改造的材料、工艺、产品等的替代品的设计、建造和测试等。

3. 开发阶段相关支出资本化的条件

对于开发阶段发生的支出，在同时满足以下条件的情况下，应将其资本化，计入无形资产的成本：

（1）完成该无形资产以使其能够使用或出售在技术上具有可行性。

（2）具有完成该无形资产并使用或出售的意图。

（3）无形资产产生经济利益的方式，包括能够证明运用该无形资产生产的产品存在市场或无形资产自身存在市场，无形资产将在内部使用的，应当证明其有用性。

（4）有足够的技术、财务和其他资源支持，以完成该无形资产的开发，并有能力使用或出售该无形资产。

（5）归属于该无形资产开发阶段的支出能够可靠地计量。

4. 内部开发无形资产成本的计量和处理

内部研发形成的无形资产的成本，应由可直接归属于该资产的创造、生产并使该资产达到预定可使用状态的所有必要支出组成。具体包括开发该无形资产时耗费的材料、负担的折旧和摊销、负担的劳务成本、负担的可以资本化的利息支出，以及发生的公证费、注册费等。

需要注意的是，在开发无形资产过程中发生的、除上述可直接归属于无形资产开发活动之外的其他费用，如销售费用、管理费用等间接费用，以及无形资产达到预定用途前发生的可辨认的无效和初始运作损失，为运行该无形资产发生的培训支出等，均不构成无形资产的开发成本。

企业自行开发无形资产发生的研发支出，满足资本化条件的，借记“研发支出——资本化支出”科目，贷记“原材料”“银行存款”“应付职工薪酬”等科目；研究开发项目达到预定用途形成无形资产的，应按“研发支出——资本化支出”科目的余额，借记“无形资产”科目，贷记“研发支出——资本化支出”科目。

对于自行开发无形资产发生的不满足资本化条件的研发支出，借记“研发支出——费用化支出”科目，贷记“原材料”“银行存款”“应付职工薪酬”等科目；会计期末，借记“管理费用”科目，贷记“研发支出——费用化支出”科目。

例8-3

2022年1月1日，甲公司经董事会批准自行研发某项专利技术。该公司在研发过程中发生材料费用2 000 000元、人工费用500 000元，负担另外一项非专利技术的摊销费用500 000元，并用银行存款支付注册费等其他相关费用200 000元，总计3 200 000元，其中，符合资本化条件的支出为2 600 000元。2022年12月31日，该项新型专利技术达到预定用途并注册成功。

假定不考虑其他因素，甲公司账务处理如下：

（1）发生研发支出时。

借：研发支出——费用化支出	600 000	
——资本化支出	2 600 000	
贷：原材料		2 000 000
应付职工薪酬		500 000
银行存款		200 000
累计摊销		500 000

（2）2022年12月31日。

借：管理费用	600 000	
无形资产	2 600 000	
贷：研发支出——费用化支出		600 000
——资本化支出		2 600 000

8.3 无形资产的后续计量

8.3.1 无形资产后续计量的总体要求

1. 无形资产后续计量的基本原则

无形资产的后续计量取决于无形资产的使用寿命能否可靠地确定，对于使用寿命能够可靠确定的无形资产，应将其认定为使用寿命有限的无形资产，并将初始入账成本在其有限的使用寿命内进行摊销；对于使用寿命不能够可靠确定的无形资产，应将其认定为使用寿命不确定的无形资产，且不再进行摊销，但应于每年年末进行减值测试。

根据上述要求，企业对不同渠道取得的无形资产进行初始确认和计量后，就应对无形资产的使用寿命能否可靠确定进行判断和分析。

2. 无形资产使用寿命的判断

鉴于无形资产多来源于法律或合同性权利、不具有实物形态、带来未来经济利益具有较大不确定性等特点，企业对无形资产使用寿命能否可靠确定的判断，往往要遵循以下顺序进行：

（1）法律法规有规定期限的，通常应以法律法规规定的期限为基础，将其认定为使用寿命有限的无形资产。如注册商标的有效期为 10 年，自核准注册之日起计算；发明专利权的期限为 20 年，实用新型专利权和外观设计专利权的期限为 10 年，均自申请日起计算；等等。在对这类无形资产的使用寿命进行估计时，其使用寿命不应超过法定权利的期限。此外，法定权利能够在到期时因续约等延续，且有证据表明企业续约不需要付出大额成本的，续约期应当计入使用寿命。

（2）无法律法规规定的，看相关合同是否有规定年限，如果企业签订的具有法律效力的合同有规定期限的，应据此将其认定为使用寿命有限的无形资产。如企业签订了一项特许权受让合同，合同规定对该特许权的使用期限为 3 年，那么，这项特许权就是使用寿命有限的无形资产。

（3）法律法规和合同都没有规定使用寿命的，企业应当综合各方面因素判断，确定无形资产能为企业带来经济利益的期限。例如，企业可参照其他单位类似无形资产的使用寿命来确定本企业无形资产的使用年限。

经过上述方法仍无法合理确定无形资产为企业带来经济利益的期限的，企业应将其认定为使用寿命不确定的无形资产。

3. 无形资产使用寿命的复核

由于无形资产的使用寿命依赖于会计人员的分析和判断，因此，企业至少应当于每年年度终了对使用寿命有限的无形资产的使用寿命进行复核。无形资产的使用寿命与以前估计不同的，应当作为会计估计变更处理，并在未来期间改变其摊销期限。

企业应当在每个会计期间对使用寿命不确定的无形资产的使用寿命进行复核。如果有证据表明无形资产的使用寿命是有限的，应当估计其使用寿命，并作为会计估计变更处理，即在未来期间将其作为使用寿命有限的无形资产进行核算。

8.3.2　使用寿命有限的无形资产

对于使用寿命有限的无形资产，企业应自取得的当月起对其进行摊销。无形资产的摊销方法应能准确反映与该项无形资产有关的经济利益的预期实现方式，可供选择的无形资产摊销方法包括直线法、生产总量法、双倍余额递减法等。无法可靠确定预期实现方式的，应当采用直线法摊销。

无形资产的应摊销额为其取得成本扣除预计残值后的金额，如果无形资产计提了减值准备，那么，其随后期间的应摊销额还应扣除已计提的减值准备。使用寿命有限的无形资产，其残值通常为零。但是，如果有第三方承诺在无形资产使用寿命结束时购买该无形资产，那么，其承诺的付款额应作为预计的残值；或者企业根据活跃市场能够得到预计残值信息，并且该市场在无形资产使用寿命结束时很可能存在，那么，也应据此确定预计的残值。

无形资产的摊销金额应该按照谁受益谁负担的原则处理。摊销无形资产时，借记“管理费用”“制造费用”等科目，贷记“累计摊销”科目。某项无形资产包含的经济利益通过所生产的产品或其他资产实现的，其摊销金额应当计入相关资产的成本。

例8-4

甲公司从外单位购入某项专利权，取得成本为7 000 000元，估计使用寿命为7年，该项专利用于A产品的生产；同时，甲公司还购入一项商标权，取得成本为3 000 000元，估计使用寿命为10年。上述购买价款均以银行存款支付。假定这两项无形资产的预计残值均为零，甲公司采用直线法进行无形资产摊销。

甲公司账务处理如下：

（1）取得无形资产时。

借：无形资产——专利权	7 000 000	
——商标权	3 000 000	
贷：银行存款		10 000 000

（2）按年摊销时。

借：制造费用——专利权摊销	1 000 000	
管理费用——商标权摊销	300 000	
贷：累计摊销		1 300 000

素养提升：会计规则的理论逻辑、历史逻辑和实践逻辑

加速摊销法

虽然会计准则允许企业按照与该项无形资产有关的经济利益的预期实现方式，选择使用加速摊销法（指双倍余额递减法等），但是税法要求企业采用直线法计算摊销额，即无形资产按照直线法计算的摊销费用才准予扣除。如果企业会计处理中采用了加速摊销法，则必须在企业所得税汇算清缴时进行纳税调整。

8.3.3 使用寿命不确定的无形资产

对于使用寿命不确定的无形资产，在持有期间内不需要摊销，但为了避免其价值被高估，企业应当在每一会计期末对其进行减值测试。值得注意的是，对于使用寿命有限的无形资产，只有会计期末出现减值迹象时，才需要对其进行减值测试。无形资产发生减值时，借记“资产减值损失”科目，贷记“无形资产减值准备”科目。

8.4　无形资产的处置

无形资产的处置，主要是指无形资产出售、对外出租，或者是无法为企业带来未来经济利益时，应予转销并终止确认等。

8.4.1　无形资产出售

企业出售无形资产，应当将取得的价款与该无形资产账面价值的差额计入当期损益。按出售无形资产所得价款，借记“银行存款”等科目；按累计摊销额，借记“累计摊销”科目；按已计提的减值准备，借记“无形资产减值准备”科目；按无形资产的初始入账价值，贷记“无形资产”科目；按其差额，贷记或借记“资产处置损益”科目。

例 8-5

2022 年 1 月 1 日，甲公司拥有某项专利权的成本为 500 万元，已摊销金额为 200 万元，已计提的减值准备为 20 万元。该公司于 2022 年将该项专利权出售，取得价款 340 万元存入银行。假定不考虑相关税费。

假定不考虑其他因素，甲公司账务处理如下：

借：银行存款	3 400 000	
累计摊销	2 000 000	
无形资产减值准备	200 000	
贷：无形资产		5 000 000
资产处置损益		600 000

8.4.2　无形资产出租

企业出租无形资产，其实质是企业让渡无形资产的使用权，通常应作为其他业务处理。按让渡无形资产使用权取得的租金收入，借记“银行存款”等科目，贷记“其他业务收入”科目；按摊销出租无形资产的成本及发生与转让有关的各种费用支出，借记“其他业务成本”科目，贷记“累计摊销”等科目。

例 8-6

2022 年 1 月 1 日，甲公司将一项专利技术出租给乙企业使用，出租合同规定：租期 3 年，年租金 30 万元，每年年末支付。该项专利技术的账面余额为 200 万元，摊销期限为 10 年。

假定不考虑其他因素，甲公司账务处理如下：

（1）收取该项专利技术的租金时。

借：银行存款	300 000
贷：其他业务收入	300 000

（2）对该项专利技术进行摊销时。

借：其他业务成本	200 000
贷：累计摊销	200 000

8.4.3 无形资产报废

无形资产报废，是指无形资产预期不能为企业带来经济利益时对其进行的处置。企业报废无形资产时，应当将其账面价值予以转销。按已计提的累计摊销额，借记“累计摊销”科目；按已计提的减值准备，借记“无形资产减值准备”科目；按其账面余额，贷记“无形资产”科目；按其差额，借记“营业外支出”科目。

例8-7

2022年12月31日，甲公司某项专利权的账面余额为300万元，已计提减值准备80万元。该专利权的摊销期限为10年，采用直线法进行摊销，预计残值为零，已摊销5年。假定以该专利权生产的产品已没有市场，预期不能再为企业带来经济利益，甲公司决定对其进行报废处理。

假定不考虑其他因素，甲公司账务处理如下：

借：累计摊销	1 500 000
无形资产减值准备	800 000
营业外支出	700 000
贷：无形资产——专利权	3 000 000

8.5 无形资产减值准备

《企业会计准则第8号——资产减值》规定，企业应当在资产负债表日考虑计提无形资产的减值准备。

无形资产存在减值迹象的，应当估计其可收回金额。可收回金额应当根据“资产的公允价值减去处置费用后的净额”与“资产预计未来现金流量的现值”两者之间较高者确定。如果估计结果表明无形资产的可收回金额低于其账面价值，则应将该无形资产的账面价值减记至可收回金额。计提无形资产减值准备时，借记“资产减值损失”科目，贷记“无形资产减值准备”科目。

如果涉及摊销，则在计提无形资产减值损失后的会计期间，应当在减值后的账面价值的基础上重新计算该无形资产的摊销额。

无形资产的减值损失一经确认，在以后会计期间不得转回。也就是说，即使其可收回金额将来有所回升，也不应予以转回。处置无形资产时，应当注销原计提的无形资产减值准备。

思考题

1. 什么是无形资产？无形资产有哪些主要特征？
2. 什么是土地使用权？土地使用权是如何进行核算的？
3. 企业内部研发无形资产是如何进行核算的？
4. 如何判断和分析无形资产的使用寿命？意义何在？
5. 使用寿命有限的无形资产是如何进行核算的？
6. 使用寿命不确定的无形资产是如何进行核算的？
7. 无形资产处置有哪几种情况？分别如何进行核算？

练习题

1. 红星公司于 2019 年 7 月 1 日购入一项专利技术并投入使用，其入账价值为 300 万元，预计使用年限为 5 年，法律规定的有效年限为 6 年，预计残值为零，采用直线法摊销。2022 年 7 月 1 日，红星公司以 50 万元的价格将上述专利技术出售给甲公司，同时发生相关税费 3 万元。

要求：编制红星公司与上述无形资产相关的会计分录。

2. 甲公司有关无形资产的业务如下：

(1) 2019 年 1 月 1 日，公司开始自行研究开发一项管理用专利技术，当年发生材料费 300 万元、人工工资 100 万元，用银行存款支付其他费用 50 万元。其中，符合资本化条件的支出为 300 万元。至 2019 年 12 月 31 日，该项专利技术尚未研发成功。

(2) 2020 年 1—7 月，上述专利技术研发发生材料费 100 万元、人工工资 50 万元，用银行存款支付其他费用 20 万元。其中，符合资本化条件的支出 150 万元。2020 年 7 月 10 日，专利技术研发获得成功，达到预定用途。该项无形资产的预计使用年限为 10 年，预计残值为零，采用直线法摊销。

(3) 2023 年 1 月 10 日，甲公司出售该项专利技术，收到价款 300 万元，已存入银行。

要求：编制甲公司各年度与该项无形资产相关的会计分录。

第 8 章判断题
即测即评

第 8 章选择题
即测即评

第9章
Chapter 9 负 债

素养提升

1. 深入学习习近平总书记关于风险治理的重要论述，学习和领会党中央、国务院关于化解债务危机、市场化银行债权转股权等文件精神，理解负债核算和管理在国家宏观层面及企业微观层面对于财务杠杆运用和风险治理的极端重要性。

2. 深入学习习近平总书记关于工人阶级和工会工作的重要论述，学习和领会党中央、国务院关于保护职工权益的相关文件精神，梳理和掌握我国职工薪酬会计准则的变迁过程，准确理解职工薪酬会计核算和管理在保护职工权益方面的重要作用。

3. 深入学习习近平总书记关于减税降费工作的指示精神，学习和领会党中央、国务院关于税制改革、减税降费等系列文件要求，梳理和掌握我国近年增值税、消费税、所得税等重要税种的改革情况和实施细则，准确理解应交税费核算在国家税收征管和企业税收筹划中的积极作用。

4. 结合中国特色社会主义法治体系学习相关会计法规，结合我国资本市场中职工权益维护、破产重整、破产清算等典型案例，理解和掌握《企业会计准则第9号——职工薪酬》《企业会计准则第12号——债务重组》《企业会计准则第13号——或有事项》中的部分核算要求。

学习目标

1. 掌握：流动负债和非流动负债的会计处理。
2. 理解："应交税费"科目的用法及其法律依据。
3. 了解：预计负债的含义与会计处理。

9.1 负债概述

9.1.1 负债的定义和特征

负债，是指企业过去的交易或者事项形成的、预期会导致经济利益流出企业的现时义务。根据负债的定义，负债具有以下几个方面的特征。

1. 负债是由企业过去的交易或者事项形成的

负债应当是由企业过去的交易或者事项所形成的经济义务。例如，企业从其他企业赊购一批材料，材料已运抵仓库，但款项未付，这项过去已经发生的业务就会导致负债的增加；又如，企业从银行取得借款，这项过去已经发生的业务一方面导致企业银行存款的增加，另一方面也会导致负债的增加。相反，对于那些企业承诺将要在未来发生的交易或者事项，会计上通常都不确认负债。例如，企业与其他企业签订一项合同，承诺将在3个月后赊购一批物资，由于当前赊购业务尚未发生，故不形成本企业的债务。

2. 负债预期会导致经济利益流出企业

预期会导致经济利益流出企业是负债的本质特征。对于已经发生的交易或事项，只有企业在履行相应义务时会导致经济利益流出企业的，才符合负债的定义，因而才能够确认为负债。例如，对于企业赊购材料的业务，当企业将来用库存现金或银行存款清偿其应付而未付的款项时，就会导致经济利益流出企业。当然，经济利益流出企业的具体形式多种多样，除以库存现金或银行存款偿还债务而导致经济利益流出外，企业还可能以实物资产或提供劳务等形式偿还债务，或者将负债转为资本等。有些债务可能最终得到了债权人的豁免而未导致经济利益流出企业，但是这并不影响在确认负债时对经济利益流出企业的预期。

3. 负债是企业承担的现时义务

负债必须是企业承担的现时义务。所谓现时义务，是指企业在现行条件下已经承担的义务。与现时义务相对应的是潜在义务。所谓潜在义务，是指结果取决于未来不确定事项的可能义务。也就是说，潜在义务最终是否转变为现时义务，由某些未来不确定事项的发生或不发生决定。对于潜在义务，企业不应当将其确认为负债。

现时义务可以是法定义务，也可以是推定义务。其中，法定义务是指具有约束力的合同或者法律法规规定的义务，通常在法律意义上需要强制执行。例如，企业购买原材料形成的应付账款，向银行贷款形成的借款等，均属于企业承担的法定义务，需要依法予以偿还。推定义务是指根据企业公开的承诺或多年来的习惯做法而导致企业将承担的义务。例如，某企业公开承诺，对于售出商品提供6个月期限内的保修服务，预期将为售出商品提供的保修服务就属于推定义务。

9.1.2 负债的确认条件

企业是否将一项现时义务确认为负债，不仅需要符合上述负债的定义，而且需要同时满足以下两个条件。

1. 与该义务有关的经济利益很可能流出企业

如前所述，预期会导致经济利益流出企业是负债的一个本质特征。但是，在会计实务中，履行义务所需流出的经济利益往往带有不确定性，尤其是与推定义务相关的经济利益通常需要依赖于合理的估计。因此，负债的确认应当与经济利益流出的不确定性程度的判断结合起来，如果有确凿证据表明与现时义务有关的经济利益很可能（概率在 50%以上）流出企业，就应当将其作为负债予以确认；反之，虽然企业承担了现时义务，但是导致经济利益流出企业的可能性很小，就不符合负债的确认条件，因而不应将其作为负债予以确认。

2. 经济利益流出的金额能够可靠地计量

负债的确认在考虑经济利益流出企业的同时，对于未来流出的经济利益的金额也应当能够可靠地计量。如果负债形成的现时义务属于法定义务，其经济利益流出的金额通常可以根据合同或者法律的规定予以确定；如果负债形成的现时义务属于推定义务，其经济利益流出的金额通常要根据履行相关义务所需支出的最佳估计数进行估计确定。此外，在对负债引起的经济利益流出的金额进行计量时，还需综合考虑有关货币时间价值、风险等因素的影响，当经济利益流出的未来期间较长或风险较大时，应当对未来现金流量进行折现，以确定负债的计量金额。

9.1.3 负债的分类

负债通常按其偿还时间的长短，划分为流动负债和非流动负债两类。

1. 流动负债

流动负债是指将在一年或超过一年的一个营业周期内偿还的债务，主要包括短期借款、应付票据、应付账款、预收账款、应付职工薪酬、应交税费、应付利润、其他应付款等。流动负债大部分是由于企业经营活动中的结算关系形成的，如应付票据、应付账款、预收账款等；有些是借贷关系形成的，如短期借款；还有一些是利润分配形成的，如应付利润、应付股利等。

2. 非流动负债

非流动负债是指偿还期在一年或超过一年的一个营业周期以上的债务，包括长期借款、应付债券、长期应付款等。非流动负债大部分是由融资活动引起的借贷关系形成的。

将负债划分为流动负债和非流动负债，可以科学地揭示负债的偿还期限，从而有利于对企业财务状况和偿债能力的分析和评价。当然，流动负债和非流动负债的划分是一个动态的过程，随着时间的推移，非流动负债会转化为流动负债。例如，将于一年内到期的非流动负债，就应当列为流动负债，在企业的资产负债表中单独反映。

9.2 流动负债

9.2.1 短期借款

短期借款是指企业向银行或其他金融机构等借入的期限在一年以下（含一年）的各种借款。短期借款通常是企业为维持正常生产经营所需资金而借入的款项，与长期借款相比，短期借款具有借款期限相对较短、利息费用相对较低、借款手续相对简便等特点。

短期借款的核算主要包括借款取得、期末计息和到期还本三个环节。

企业借入的各种短期借款，借记“银行存款”科目，贷记“短期借款”科目。

资产负债表日，按计算确定的短期借款利息费用，借记“财务费用”科目，贷记“银行存款”或“应付利息”科目。

归还短期借款时，借记“短期借款”科目，贷记“银行存款”科目。

例9-1

甲公司2022年1月1日从银行取得短期借款100万元，年利率6%，期限12个月，利息按月支付。

甲公司账务处理如下：

(1) 2022年1月1日，借入款项时。

借：银行存款	1 000 000	
贷：短期借款		1 000 000

(2) 各月月末支付利息时。

$$各月支付利息金额=\frac{1\ 000\ 000\times 6\%}{12}=5\ 000(元)$$

借：财务费用	5 000	
贷：银行存款		5 000

(3) 2022年12月31日，偿还本金时。

借：短期借款	1 000 000	
贷：银行存款		1 000 000

9.2.2 应付票据

应付票据是在日常经营活动中由于采用商业汇票方式结算而形成的、由出票人出票、承兑人承兑的票据。

票据分为支票、本票和汇票。其中，汇票又分银行汇票和商业汇票，而商业汇票又进一步按照承兑人的不同，分为银行承兑汇票和商业承兑汇票。本节所讲的应付票据仅指通过商业汇票结算而形成的负债。由于我国商业汇票的承兑期限最长不超过6个月，因此，应付票据属于流动负债。

商业汇票按是否带息分为带息票据和不带息票据两种。

1. 带息票据

这种票据的面值实质上是票据的现值，因此，企业应按照票据的面值和规定的利率按期计算利息。企业开出、承兑商业汇票时，借记“材料采购”等科目，贷记“应付票据”科目；会计期末，按照计算的利息，借记“财务费用”科目，贷记“应付票据”科目；票据到期支付票款时，借记“应付票据”科目，贷记“银行存款”科目。

2. 不带息票据

这种票据的面值就是票据的到期价值，不需要计算利息。企业开出、承兑商业汇票时，借记“材料采购”等科目，贷记“应付票据”科目；票据到期支付票款时，借记“应付票据”科目，贷记“银行存款”科目。

例9-2

甲公司为增值税一般纳税人。2022年1月31日购入一批原材料，不含税价款50 000元，增值税税率13%。甲公司开出一张面值为56 500元的不带息商业承兑汇票，期限为4个月。

甲公司账务处理如下：

（1）2022年1月31日，购入材料时。

借：原材料	50 000	
应交税费——应交增值税（进项税额）	6 500	
贷：应付票据		56 500

（2）2022年5月31日，票据到期支付款项时。

借：应付票据	56 500	
贷：银行存款		56 500

（3）若2022年5月31日不能付款。

借：应付票据	56 500	
贷：应付账款		56 500

9.2.3 应付及预收款项

1. 应付账款

应付账款是企业因购买材料、商品和接受劳务等形成的应付而未付的款项。

与应付票据不同的是，应付账款没有用以证明延期付款的期票，因而应单独设置“应付账款”科目进行核算。

应付账款通常在所购货物所有权转移或所接受劳务发生时进行确认，确认的金额为发票账单等凭证上所载明的应付金额，不考虑货币时间价值。在实际工作中，为了客观反映企业所拥有的资产和应承担的义务，对于货物已到但发票未到的情况，一般应于月末按估计价格确认应付账款，并于下月初用红字冲回，待收到发票账单时，再根据实际金额入账。

企业购买材料等形成应付账款时，借记“原材料”等科目，贷记“应付账款”科目；偿还应付账款时，借记“应付账款”科目，贷记“银行存款”科目。对于因债权单位撤销等原因而无法支付或无须支付的款项，则借记“应付账款”科目，贷记“营业外收入”科目。

例 9－3

甲公司为增值税一般纳税人。2022 年 1 月 1 日购入一批原材料，不含税价款 100 000 元，增值税税率 13%，款项未付。该批材料于 1 月 15 日验收入库；所欠货款于 3 月 20 日全额支付。

甲公司账务处理如下：

(1) 2022 年 1 月 1 日，购买材料时。

借：在途物资	100 000	
应交税费——应交增值税（进项税额）	13 000	
贷：应付账款		113 000

(2) 2022 年 1 月 15 日，材料验收入库时。

借：原材料	100 000	
贷：在途物资		100 000

(3) 2022 年 3 月 20 日，支付款项时。

借：应付账款	113 000	
贷：银行存款		113 000

2. 预收账款

预收账款是企业按照购销合同的规定，在未提供商品或劳务的情况下而向购货方预先收取的款项。预收账款既是企业的一项流动负债，又是一项未实现收入；将来向购货方提供商品或劳务时，一方面减少（偿还）负债，另一方面确认收入。

预收账款应按实际收到的款项入账。企业收到购货方预付的款项时，借记“银行存款”科目，贷记“预收账款”科目；待发出商品或提供劳务并符合收入确认条件时，借记“预收账款”科目，贷记“主营业务收入”科目。

在实际工作中，预收账款业务不多的企业，也可以不设置“预收账款”科目，而将预收的款项直接记入“应收账款”科目的贷方。但是，在编制财务报表时，应根据“应收账款”科目的明细账分析填列，将属于预收账款的金额填列在流动负债中。

9.2.4 应付职工薪酬

1. **职工薪酬的内容**

职工薪酬是指企业为获得职工提供的服务或解除劳动关系而给予的各种形式的报酬或补偿，包括职工在职期间和离职后提供给职工的全部货币性薪酬和非货币性薪酬。企业提供给职工配偶、子女或其他被赡养人的福利等，也属于职工薪酬的内容。职工薪酬主要包括短期薪酬、离职后福利、辞退福利和其他长期职工福利。

（1）短期薪酬。指企业预期在职工提供相关服务的年度报告期间结束后12个月内将全部予以支付的职工薪酬，因解除与职工的劳动关系给予的补偿除外。短期薪酬主要包括：

1）职工工资、奖金、津贴和补贴。指构成工资总额的计时工资、计件工资、支付给职工的超额劳动报酬和增收节支的劳动报酬、为了补偿职工特殊或额外的劳动消耗和因其他特殊原因支付给职工的津贴，以及为了保证职工工资水平不受物价影响支付给职工的物价补贴等。

2）职工福利费。指尚未实行医疗统筹企业职工的医疗费用、职工因公负伤赴外地就医路费、职工生活困难补助，以及按照国家规定开支的其他职工福利支出。

3）医疗保险费、工伤保险费和生育保险费等社会保险费。指企业按照国家规定的基准和比例计算，向社会保险经办机构缴纳的医疗保险费、工伤保险费和生育保险费。

4）住房公积金。指企业按照规定的基准和比例计算，向住房公积金管理机构缴存的住房公积金。

5）工会经费和职工教育经费。指企业为了改善职工文化生活、为职工学习先进技术和提高文化水平、业务素质，用于开展工会活动和职工教育及职业技能培训的相关支出。

6）短期带薪缺勤。指企业支付工资或提供补偿的职工缺勤，包括年休假、病假、婚假、产假、丧假、探亲假等。

7）短期利润分享计划。指因职工提供服务而与职工达成的基于利润或其他经营成果提供薪酬的协议。

8）非货币性福利。指企业以自己生产的产品或外购商品发放给职工作为福利，企业将自己拥有的资产或租赁资产提供给职工无偿使用，免费为职工提供诸如医疗保健的服务，或向职工提供企业支付了一定补贴的商品或服务等。

9）其他短期薪酬。指除上述薪酬以外的其他为获得职工提供的服务而给予的短期薪酬。

（2）离职后福利。指企业为获得职工提供的服务而在职工退休或与企业解除劳动关系后，提供的各种形式的报酬和福利。属于短期薪酬和辞退福利的除外。

离职后福利通常是通过离职后福利计划的相关安排来实现的。离职后福利计划，指企业与职工就离职后福利达成的协议，或者企业向职工提供离职后福利制定的规章或办法等。离职后福利计划分为设定提存计划和设定受益计划：设定提存计划指向独立的基金缴存固定费用后，企业不再承担进一步支付义务的离职后福利计划；设定受益计划指除设定提存计划以外的离职后福利计划。

（3）辞退福利。指企业在职工劳动合同到期之前解除与职工的劳动合同关系，或者为鼓励职工自愿接受裁减而给予职工的补偿。辞退福利应当在辞退职工的会计期间进行确认和计量。

（4）其他长期职工福利。指除短期薪酬、离职后福利、辞退福利之外所有的职工薪酬，包括长期带薪缺勤、长期残疾福利、长期利润分享计划等。

2. 职工薪酬的核算

（1）货币性职工薪酬。对于货币性职工薪酬，国家规定了计提基础和计提比例的，应当按照国家规定的标准计提。没有规定计提基础和计提比例的，企业应当根据历史经验数据和实际情况，合理进行预计并计提，当期实际发生金额大于预计金额的，应当补提应付职工薪酬；当期实际发生金额小于预计金额的，应当冲回多提的应付职工薪酬。

职工薪酬应该按照“谁受益谁负担”的原则进行核算。对于应由生产产品、提供劳务负担的职工薪酬，应计入相关产品或劳务的成本；对于应由在建工程、无形资产等负担的职工薪酬，应计入建造固定资产或无形资产的成本；对于除上述两项之外的其他职工薪酬，通常应计入当期损益。

企业确认应付职工薪酬时，借记“生产成本”“制造费用”“在建工程”“管理费用”“销售费用”等科目，贷记“应付职工薪酬”科目；支付或结算应付职工薪酬时，借记“应付职工薪酬”科目，贷记“银行存款”“其他应付款”等科目。

例 9-4

甲公司 2022 年 1 月应付工资 2 200 000 元，其中：生产工人工资 1 200 000 元，车间管理人员工资 130 000 元，行政管理人员工资 190 000 元，专设销售机构人员工资 210 000 元，在建工程人员工资 470 000 元。在当期应付工资中，代扣个人所得税 21 150 元。实际发放工资 2 178 850 元。

甲公司账务处理如下：

1）通过银行划转职工工资时。

借：应付职工薪酬——工资	2 178 850	
贷：银行存款		2 178 850

2）结算代扣个人所得税时。

借：应付职工薪酬	21 150	
贷：应交税费——应交个人所得税		21 150

3）分配本月工资费用时。

借：生产成本	1 200 000	
制造费用	130 000	
管理费用	190 000	

　　销售费用　　210 000
　　在建工程　　470 000
　贷：应付职工薪酬　　2 200 000

（2）非货币性职工薪酬。企业以其生产的产品作为非货币性福利发放给职工的，应视同正常销售处理。决定发放非货币性福利时，借记“生产成本”“制造费用”等科目，贷记“应付职工薪酬”科目。实际发放时，按照该产品的公允价值确认销售收入，并结转销售成本，借记“应付职工薪酬”科目，贷记“主营业务收入”和“应交税费——应交增值税（销项税额）”科目；同时，借记“主营业务成本”科目，贷记“库存商品”科目。

例9-5

乙公司是一家皮具制造公司，有职工500名，其中：一线生产工人450名，总部管理人员50名。2022年2月，乙公司决定以其生产的皮具作为福利发放给职工，每名职工发放1件皮具产品。该批皮具的单位成本为1 000元，单位计税价格（等于公允价值）为1 200元，适用的增值税税率为13%。

乙公司账务处理如下：

1）决定发放非货币性福利时。

生产成本＝450×1 200×(1＋13%)＝610 200(元)

管理费用＝50×1 200×(1＋13%)＝67 800(元)

借：生产成本　　610 200
　　管理费用　　67 800
　贷：应付职工薪酬　　678 000

2）实际发放非货币性福利时。

借：应付职工薪酬　　678 000
　贷：主营业务收入　　600 000
　　　应交税费——应交增值税（销项税额）　　78 000
借：主营业务成本　　500 000
　贷：库存商品　　500 000

9.2.5 应交税费

应交税费包括企业依法应缴纳的增值税、消费税、所得税、资源税、土地增值税、城市维护建设税、房产税、城镇土地使用税、车船税、教育费附加、代扣代缴的个人所得税等税费。

企业应设置“应交税费”账户，反映各种税费的结算和缴纳情况，并在该账户下分税种设置明细账户进行核算。以下介绍几种主要流转税费的会计处理。

1. 应交增值税

增值税是以商品（含应税劳务和应税服务）在流转过程中产生的增值额作为

征税对象而征收的一种流转税。具体内容参见第 4 章。增值税的纳税人按其经营规模及会计核算健全与否划分为一般纳税人和小规模纳税人。

（1）一般纳税人的增值税业务。一般纳税人应在“应交税费”科目下设置“应交增值税”明细科目进行核算。“应交税费——应交增值税”明细账内，分别设置“进项税额”“已交税金”“销项税额”“出口退税”“进项税额转出”等专栏。

1）一般物资购销业务。一般纳税人购入货物或接受应税劳务按规定支付的增值税，经税务机关批准后计入进项税额，销售货物或提供劳务按规定收取的增值税为销项税额，当期销项税额减去可以抵扣的进项税额即为当期应缴纳的增值税税额。

按照规定，企业购入货物或接受劳务必须具备以下凭证，其进项税额才能予以抵扣：一般纳税人企业销售货物或者提供应税劳务均应开具增值税专用发票，增值税专用发票记载了销售货物的售价、税率以及税额等，购货方以增值税专用发票上记载的购入货物已支付的税额，作为扣税和记账的依据；企业进口货物必须缴纳增值税，其缴纳的增值税在完税凭证上注明，进口货物缴纳的增值税根据从海关取得的完税凭证上注明的增值税税额，作为扣税和记账的依据；购进免税农产品或收购废旧物资，按照经税务机关批准的收购凭证上注明的价款或收购金额的一定比率计算进项税额，并以此作为扣税和记账的依据。

如果企业没有按照规定取得并保存增值税扣税凭证，或者增值税扣税凭证上未按照规定注明增值税税额及其他有关事项的，其进项税额不能从销项税额中抵扣。值得注意的是，按照修订后的《增值税暂行条例》，企业购入的机器设备等生产经营用固定资产所支付的增值税在符合税收法规规定情况下，也应从销项税额中扣除，不再计入固定资产成本。按照税收法规规定，购入的用于集体福利或个人消费的固定资产而支付的增值税，不能从销项税额中抵扣，仍应计入固定资产成本。

例 9－6

甲公司为增值税一般纳税人，2022 年 2 月购入一批原材料，增值税专用发票上注明原材料价款 5 000 000 元，增值税税额 650 000 元。货款已经支付，材料已经到达并验收入库。

甲公司账务处理如下：

借：原材料	5 000 000
应交税费——应交增值税（进项税额）	650 000
贷：银行存款	5 650 000

例 9－7

甲公司为增值税一般纳税人，2022 年 2 月销售产品确认收入 10 000 000 元，增值税税率为 13%，货款尚未收到。该批产品成本为 8 200 000 元。

甲公司账务处理如下：

借：应收账款	11 300 000
贷：主营业务收入	10 000 000
应交税费——应交增值税（销项税额）	1 300 000

借：主营业务成本　　8 200 000
　贷：库存商品　　8 200 000

2）购入免税农产品。一般情况下，企业购入免税产品，不能确认抵扣税额。但按税法规定，对于购入的免税农业产品、收购的废旧物资等可以按买价的一定比率计算进项税额，并准予从销项税额中抵扣。在会计核算时，一是按购进免税农业产品有关凭证上确定的金额，扣除一定比例的进项税额，作为购进农业产品的成本；二是扣除的部分作为进项税额，待以后抵扣。

例9-8

甲公司收购免税农业产品，实际支付的买价为1 500 000元，收购的农业产品已验收入库，款项已经支付。假定甲公司采用实际成本进行日常材料核算，该农业产品准予抵扣的进项税额按买价的9%计算确定。

甲公司账务处理如下：

进项税额＝1 500 000×9%＝135 000(元)

借：原材料　　1 365 000
　　应交税费——应交增值税（进项税额）　　135 000
　贷：银行存款　　1 500 000

3）视同销售业务。视同销售业务，是指业务性质本身不是销售，但按照税法规定需要计算缴纳增值税的业务。按照《增值税暂行条例》及其实施细则的规定，对于企业将自产、委托加工或购买的货物分配给股东或投资者，将自产、委托加工的货物用于集体福利或个人消费等行为，视同销售货物，需计算缴纳增值税。

例9-9

甲公司为增值税一般纳税人，适用的增值税税率为13%。2022年2月以自产产品对乙公司投资，双方协议按产品售价及相关税金作为投资的对价。该批产品的成本为100万元，售价和计税价格均为120万元。

甲公司账务处理如下：

借：长期股权投资　　1 356 000
　贷：主营业务收入　　1 200 000
　　　应交税费——应交增值税（销项税额）　　156 000
借：主营业务成本　　1 000 000
　贷：库存商品　　1 000 000

4）不予抵扣业务。按照规定，企业购进用于集体福利或个人消费的固定资产、用于非应税项目的购进货物或者应税劳务等，不予抵扣增值税进项税额。

属于购入货物时即能认定其进项税额不能抵扣的，如购进用于集体福利或个人消费的固定资产、购入的货物直接用于免税项目、直接用于非应税项目，或者直接用于集体福利和个人消费的，应将其增值税专用发票上注明的增值税税额，计入购入货物及接受劳务的成本。

属于购入货物时不能直接认定其进项税额能否抵扣的，应按增值税专用发票上注明的增值税税额，先记入“应交税费——应交增值税（进项税额）”科目；如果这部分购入货物以后用于按规定不得抵扣进项税额项目的，应将原已计入进项税额并已支付的增值税转入有关负担对象，借记“在建工程”“应付职工薪酬——职工福利”等科目，贷记“应交税费——应交增值税（进项税额转出）”科目。

例 9－10

甲公司为增值税一般纳税人，适用的增值税税率为 13%。2022 年 2 月购入一批材料，增值税专用发票上注明的增值税税额为 13 万元，材料价款 100 万元。材料已入库，货款已经支付。该笔增值税准予从当期销项税额中抵扣。材料入库后，甲公司将该批材料全部用于一项非应税工程建设项目。

甲公司账务处理如下：

①2022 年 2 月购入材料时。

借：原材料	1 000 000	
应交税费——应交增值税（进项税额）	130 000	
贷：银行存款		1 130 000

②工程领用材料时。

借：在建工程	1 130 000	
贷：原材料		1 000 000
应交税费——应交增值税（进项税额转出）		130 000

5）缴纳增值税。企业应在“应交税费”科目下设置“未交增值税”明细科目；在“应交税费——应交增值税”明细科目下增设“转出多交增值税”和“转出未交增值税”两个专栏。

本月上缴本月的应交增值税，借记“应交税费——应交增值税（已交税金）”科目，贷记“银行存款”科目。

月度终了，将本月应交未交增值税自“应交税费——应交增值税”明细科目转入“应交税费——未交增值税”明细科目，借记“应交税费——应交增值税（转出未交增值税）”科目，贷记“应交税费——未交增值税”科目。

将本月多交的增值税自“应交税费——应交增值税（转出多交增值税）”明细科目转入“应交税费——未交增值税”明细科目，借记“应交税费——未交增值税”科目，贷记“应交税费——应交增值税（转出多交增值税）”科目。

本月上缴上期应交未交的增值税，借记“应交税费——未交增值税”科目，贷记“银行存款”科目。

素养提升：会计规则的理论逻辑、历史逻辑和实践逻辑

“应交税费——应交增值税”所设的各个专栏

在手工记账的情形下，增值税一般纳税人需购置专用的、设有若干专栏的“应交税费——应交增值税”明细账账页（如图9－1所示）。这种账页格式与众不同，其功能是完整地列示企业在某一纳税期间内的增值税纳税义务的计算过程。在电算化的情形下，打印存档的“应交税费——应交增值税”明细账账页大体上也是以这种样式输出的。

应交税费——应交增值税　　明细账

<table>
<tr><th rowspan="3">月</th><th rowspan="3">日</th><th rowspan="3">摘要</th><th colspan="24">借方专栏</th><th colspan="24">贷方专栏</th></tr>
<tr><th colspan="8">进项税额</th><th colspan="8">已交税金</th><th colspan="8">转出未交增值税</th><th colspan="8">销项税额</th><th colspan="8">进项税额转出</th><th colspan="8">转出多交增值税</th></tr>
<tr><th>十</th><th>万</th><th>千</th><th>百</th><th>十</th><th>元</th><th>角</th><th>分</th><th>十</th><th>万</th><th>千</th><th>百</th><th>十</th><th>元</th><th>角</th><th>分</th><th>十</th><th>万</th><th>千</th><th>百</th><th>十</th><th>元</th><th>角</th><th>分</th><th>十</th><th>万</th><th>千</th><th>百</th><th>十</th><th>元</th><th>角</th><th>分</th><th>十</th><th>万</th><th>千</th><th>百</th><th>十</th><th>元</th><th>角</th><th>分</th><th>十</th><th>万</th><th>千</th><th>百</th><th>十</th><th>元</th><th>角</th><th>分</th></tr>
<tr><td></td><td></td><td></td><td colspan="48"></td></tr>
<tr><td></td><td></td><td></td><td colspan="48"></td></tr>
<tr><td></td><td></td><td></td><td colspan="48"></td></tr>
<tr><td></td><td></td><td></td><td colspan="48"></td></tr>
<tr><td></td><td></td><td></td><td colspan="48"></td></tr>
<tr><td></td><td></td><td></td><td colspan="48"></td></tr>
<tr><td></td><td></td><td></td><td colspan="48"></td></tr>
</table>

图9－1　“应交税费——应交增值税”明细账（示意图）

尽早掌握增值税的相关法规和会计处理方法对于学习会计学和开展实务工作非常重要。建议读者根据前述示例多做练习，根据各个分录亲自练习一下这些专栏的用法，从中可以体会会计管理工作的乐趣。

（2）小规模纳税人的增值税业务。小规模纳税人的增值税，应当在“应交税费”科目下设置“应交增值税”明细科目进行核算，不需要再设置专栏。

小规模纳税人购入货物无论是否取得增值税专用发票，其支付的增值税税额均不计入进项税额，而计入购入货物的成本。其他企业从小规模纳税人购入货物或接受劳务支付的增值税税额，如果不能取得增值税专用发票，也不能作为进项税额抵扣，而应计入购入货物或应税劳务的成本。

小规模纳税人销售货物或提供应税劳务，实行简易办法计算应纳税额，按照销售额的一定比例计算；小规模纳税人的销售额不包括其应纳税额。采用销售额和应纳税额合并定价方法的，按照公式“不含税销售额＝含税销售额÷（1＋征收率）”还原为不含税销售额计算。

例9－11

丙企业为小规模纳税人，增值税征收率为3%。该企业2022年2月购入原材料一批，增值税专用发票上记载的价款为500 000元，增值税税额为65 000元，

材料已验收入库，货款尚未支付。丙企业2022年2月销售产品一批，含税价格为772 500元，货款尚未收到。

丙企业账务处理如下：

1）购进原材料时。

借：原材料 565 000

贷：应付账款 565 000

2）销售货物时。

$$不含税价格=\frac{772\ 500}{1+3\%}=750\ 000(元)$$

$$应交增值税=750\ 000\times 3\%=22\ 500(元)$$

借：应收账款 772 500

贷：主营业务收入 750 000

应交税费——应交增值税 22 500

2. 应交消费税

消费税是指对生产、委托加工及进口应税消费品征收的一种税。国家在普遍征收增值税的基础上，选择部分消费品再征收一道消费税，其目的主要是引导消费方向，调整产业结构，保证国家税收收入。

消费税的征收采取从价定率和从量定额两种方法。实行从价定率办法计征的应纳税额的税基为不含增值税的销售额；实行从量定额办法计征的销售数量是指应税消费品的数量。

消费税实行价内征收，对于应该缴纳的消费税，企业应在“应交税费”科目下设置“应交消费税”明细科目进行核算。

企业将生产的产品直接对外销售的，按规定计算出应交的消费税，借记“税金及附加”科目，贷记“应交税费——应交消费税”科目。用应税消费品对外投资，或用于在建工程等其他方面，其按规定应缴纳的消费税，应计入有关资产的成本。

例9-12

甲公司2022年6月应纳消费税的产品销售收入为2 000 000元，该产品适用的消费税税率为10%。确认销售收入的账务处理略。

甲公司账务处理如下：

$$应交消费税=2\ 000\ 000\times 10\%=200\ 000(元)$$

借：税金及附加 200 000

贷：应交税费——应交消费税 200 000

例9-13

甲公司将应税消费品用于对外投资，该批消费品成本为5 000 000元，计税价格为6 000 000元。该消费品适用的增值税税率为13%，消费税税率为10%。

甲公司账务处理如下：

应交增值税=6 000 000×13%=780 000(元)

应交消费税=6 000 000×10%=600 000(元)

借：长期股权投资　　7 380 000
　贷：主营业务收入　　6 000 000
　　　应交税费——应交增值税（销项税额）　　780 000
　　　　　　　——应交消费税　　600 000

借：主营业务成本　　5 000 000
　贷：库存商品　　5 000 000

需要缴纳消费税的委托加工物资，委托方提货时，由受托方代收代缴税款（金银首饰除外）。如果委托加工物资收回后直接用于销售的，应将代收代缴的消费税计入委托加工物资的成本，借记“委托加工物资”科目，贷记“银行存款”“应付账款”等科目；如果委托加工物资收回后用于连续生产应税消费品的，应按代收代缴的消费税，借记“应交税费——应交消费税”科目，贷记“银行存款”“应付账款”等科目。

例 9-14

甲公司委托乙企业加工材料（非金银首饰），原材料价款为150 000元，加工费用为60 000元，由受托方代收代缴的消费税为6 000元，材料已经加工完毕并验收入库，加工费用尚未支付。假设不考虑增值税等其他税费。

甲公司账务处理如下：

（1）将加工收回后的材料直接用于销售。

借：委托加工物资　　150 000
　贷：原材料　　150 000

借：委托加工物资　　66 000
　贷：应付账款　　66 000

借：原材料　　216 000
　贷：委托加工物资　　216 000

（2）将加工收回后的材料用于继续生产。

借：委托加工物资　　150 000
　贷：原材料　　150 000

借：委托加工物资　　60 000
　　应交税费——应交消费税　　6 000
　贷：应付账款　　66 000

借：原材料　　210 000
　贷：委托加工物资　　210 000

素养提升：会计规则的理论逻辑、历史逻辑和实践逻辑

不通过“应交税费”科目核算的税种

有些税种的纳税手续比较简便，一般在纳税义务发生时即刻履行，不需要按照规定的纳税期间定期汇算清缴，因此，其纳税过程就不需要通过“应交税费”科目核算。常见的该类税种包括印花税、契税、耕地占用税、车辆购置税等。

印花税是对经济活动和经济交往中书立、使用、领受凭证征收的一种税。如签订合同、启用账簿和启用权利或许可证照等情形下，行为人需要按照规定的税率缴纳印花税。税额较小时，可以通过购买印花税票并自行贴花的方式来纳税。税额较大时，纳税人可持凭证到税务机关，采取汇贴或汇缴的办法来纳税。缴纳印花税时，根据相关的法律证据，直接借记“税金及附加”科目，贷记“库存现金”“银行存款”等科目。

契税是在土地使用权、房屋所有权的权属转移过程中，对取得土地使用权、房屋所有权的单位和个人征收的一种税。企业在缴纳契税时，根据具体情形直接借记“固定资产”“无形资产”等科目，贷记“库存现金”“银行存款”等科目。

耕地占用税是对占用耕地建房或从事其他非农业建设的单位和个人，按照规定税额一次性征收的一种税。企业在缴纳耕地占用税时，根据具体情形直接借记“固定资产”等科目，贷记“库存现金”“银行存款”等科目。

车辆购置税是对在我国境内购置应税车辆的单位和个人征收的一种税。该税种的征税范围是汽车、摩托车、电车、挂车、农用运输车。企业在缴纳车辆购置税时，根据具体情形直接借记“固定资产”等科目，贷记“库存现金”“银行存款”等科目。

9.2.6 其他应付款

其他应付款是指企业除应付票据、应付账款、预收账款、应付职工薪酬、应付利息、应付股利、应交税费、长期应付款等以外的其他各项应付、暂收的款项。具体包括：包装物租金；存入保证金（如收入包装物押金等）；职工工资结算过程中的各种代扣应付款项；应付、暂收所属单位及个人的款项等。

对于其他应付款，企业应设置“其他应付款”科目进行核算。企业发生其他各种应付、暂收款项时，借记“管理费用”等科目，贷记“其他应付款”科目；支付其他各种应付、暂收款项时，借记“其他应付款”科目，贷记“银行存款”等科目。

例 9－15

甲公司 2022 年 2 月收到客户租用包装物的押金 7 000 元，款项存入银行。

甲公司账务处理如下：

借：银行存款　　7 000

　贷：其他应付款　　7 000

9.3 非流动负债

9.3.1 长期借款

长期借款是指企业从银行或其他金融机构借入的期限在一年以上（不含一年）的各项借款。

长期借款的核算包括借款取得、期末计息和到期还本三个环节。

企业借入长期借款时，借记“银行存款”科目，贷记“长期借款”科目。

资产负债表日，按计算确定的长期借款的利息费用，借记“在建工程”“财务费用”等科目，贷记“应付利息”科目。

归还长期借款本金时，借记“长期借款”科目，贷记“银行存款”科目。

例 9-16

甲公司为建造一幢厂房，于2020年12月31日借入期限为两年的长期借款5 000 000元，款项已存入银行。借款合同利率为9%，实际利率与合同利率相同。每年付息一次，期满后一次还清本金。2021年1月1日，以银行存款支付工程价款3 000 000元；2022年1月1日，又以银行存款支付工程款2 000 000元。该厂房于2022年6月30日完工，达到预定可使用状态。

假定不考虑其他因素，甲公司账务处理如下：

（1）2020年12月31日，取得借款时。

借：银行存款　　5 000 000

　贷：长期借款　　5 000 000

（2）2021年1月1日，支付工程款时。

借：在建工程　　3 000 000

　贷：银行存款　　3 000 000

（3）2021年12月31日，计算当年应计入工程成本的利息时。

应付利息＝5 000 000×9%＝450 000（元）

借：在建工程　　450 000

　贷：应付利息　　450 000

（4）2021年12月31日，支付借款利息时。

借：应付利息　　450 000

　贷：银行存款　　450 000

（5）2022年1月1日，支付工程款时。

借：在建工程　　2 000 000

　贷：银行存款　　2 000 000

（6）2022 年 6 月 30 日，工程达到预定可使用状态时。

应付利息＝5 000 000×9%×6/12＝225 000（元）

借：在建工程 225 000
　贷：应付利息 225 000

同时

借：固定资产 5 675 000
　贷：在建工程 5 675 000

（7）2022 年 12 月 31 日，计算 2022 年 7—12 月利息时。

借：财务费用 225 000
　贷：应付利息 225 000

（8）2022 年 12 月 31 日，支付利息时。

借：应付利息 450 000
　贷：银行存款 450 000

（9）2022 年 12 月 31 日，偿还本金时。

借：长期借款 5 000 000
　贷：银行存款 5 000 000

9.3.2 应付债券

应付债券是指企业为筹集资金而依照法定程序发行、约定在一定日期还本付息的有价证券。在实际工作中，企业发行债券的期限通常在一年以上，因而构成了一项非流动负债。

应付债券的核算包括债券发行、利息调整的摊销和到期还本付息三个环节。

1. 企业债券的发行

企业债券的发行方式有三种，即面值发行、溢价发行和折价发行，三种发行方式主要取决于票面利率与市场利率（如同期银行存款的利率）的高低。在其他条件不变的情况下，债券的票面利率高于同期银行存款利率时，可按超过债券票面价值的价格发行，称为溢价发行。溢价是企业以后各期多付利息而事先得到的补偿。债券的票面利率低于同期银行存款利率时，可按低于债券面值的价格发行，称为折价发行。折价是企业以后各期少付利息而预先给予投资者的补偿。债券的票面利率与同期银行存款利率相同时，可按票面价格发行，称为面值发行。从本质上看，溢价或折价是发行债券的企业在债券存续期内对利息费用的一种调整。

为了正确反映企业债券的发行及还本付息情况，企业应设置“应付债券”科目进行核算。企业发行债券时，按实际收到的款项，借记“银行存款”等科目；按债券票面价值，贷记“应付债券——面值”科目；按实际收到的款项与票面价值之间的差额，贷记或借记“应付债券——利息调整”科目。

2. 期末利息调整的摊销

会计期末，债券的溢价或折价应在债券存续期间内采用实际利率法进行摊销。实际利率法，是指按照应付债券的实际利率计算其摊余成本及各期利息费用的方法；实际利率，是指将应付债券在债券存续期间的未来现金流量，折现为该债券当前账面价值所使用的利率。

会计期末，对于分期付息、一次还本的债券，企业应按应付债券的摊余成本和实际利率计算确定的债券利息费用，借记“在建工程”“财务费用”等科目；按票面利率计算确定的应付未付利息，贷记“应付利息”科目；按其差额，借记或贷记“应付债券——利息调整”科目。对于一次还本付息的债券，应于资产负债表日按摊余成本和实际利率计算确定的债券利息费用，借记“在建工程”“财务费用”等科目；按票面利率计算确定的应付未付利息，贷记“应付债券——应计利息”科目；按其差额，借记或贷记“应付债券——利息调整”科目。

3. 企业债券的偿还

对于一次还本付息方式的债券，企业应于债券到期支付债券本息时，借记“应付债券——面值、应计利息”科目，贷记“银行存款”科目。对于一次还本、分期付息方式的债券，企业应于每期支付利息时，借记“应付利息”科目，贷记“银行存款”科目；债券到期偿还本金并支付最后一期利息时，借记“应付债券——面值”“在建工程”“财务费用”等科目，贷记“银行存款”科目，按借贷双方之间的差额，借记或贷记“应付债券——利息调整”科目。

例 9－17

2020 年 12 月 31 日，甲公司经批准发行 5 年期一次还本、分期付息的公司债券 20 000 000 元，债券利息在每年 12 月 31 日支付，票面利率为年利率 6%。假定债券发行时的市场利率为 5%。

$$\begin{aligned}\text{甲公司该批债券实际发行价格} &= 20\,000\,000\times 0.783\,5(P/F,5\%,5)\\ &\quad +20\,000\,000\times 6\%\times 4.329\,5(P/A,5\%,5)\\ &=20\,865\,400(\text{元})\end{aligned}$$

根据上述资料，采用实际利率法和摊余成本计算确定的利息费用如表 9－1 所示。

表 9－1 利息费用一览表 单位：元

付息日期	支付利息	利息费用	利息调整摊销	期末摊余成本
2020 年 12 月 31 日				20 865 400.00
2021 年 12 月 31 日	1 200 000	1 043 270.00	156 730.00	20 708 670.00
2022 年 12 月 31 日	1 200 000	1 035 433.50	164 566.50	20 544 103.50
2023 年 12 月 31 日	1 200 000	1 027 205.18	172 794.82	20 371 308.68
2024 年 12 月 31 日	1 200 000	1 018 565.44	181 434.56	20 189 874.12
2025 年 12 月 31 日	1 200 000	1 010 125.88*	189 874.12	20 000 000.00

* 含尾数调整。

根据表 9-1 中的资料，甲公司账务处理如下：

（1）2020 年 12 月 31 日，发行债券。

借：银行存款　　20 865 400
　贷：应付债券——面值　　20 000 000
　　　　　　——利息调整　　865 400

（2）2021 年 12 月 31 日，计算利息费用。

借：财务费用等　　1 043 270
　　应付债券——利息调整　　156 730
　贷：应付利息　　1 200 000

2022 年、2023 年、2024 年确认利息费用的会计处理同 2021 年，具体金额参照表 9-1。

（3）2025 年 12 月 31 日，归还债券本金及最后一期利息费用。

借：财务费用等　　1 010 125.88
　　应付债券——面值　　20 000 000.00
　　　　　　——利息调整　　189 874.12
　贷：银行存款　　21 200 000.00

素养提升：会计规则的理论逻辑、历史逻辑和实践逻辑

预计负债

细心的读者可能注意到，许多上市公司的财务报表中列有“预计负债”项目。预计负债是企业针对某些或有事项的预期影响所记录的负债。或有事项，是指过去的交易或者事项形成的，其结果须由某些未来事项的发生或不发生决定的不确定事项，如对外担保、未决诉讼、产品质量保证等所导致的不确定性。《企业会计准则第 13 号——或有事项》规定，与或有事项相关的义务同时满足下列条件的，应当确认为预计负债：（1）该义务是企业承担的现时义务；（2）履行该义务很可能导致经济利益流出企业；（3）该义务的金额能够可靠地计量。例如，如果企业的售后服务担保满足确认预计负债的条件，则其会计处理应为借记“销售费用”科目，贷记“预计负债”科目。

思考题

1. 什么是负债？负债具有哪些基本特征？
2. 什么是流动负债？流动负债的内容有哪些？
3. 什么是职工薪酬？职工薪酬的内容有哪些？
4. 什么是应交税费？应交税费的内容有哪些？
5. 一般纳税人的增值税是如何核算的？

6. 小规模纳税人的增值税是如何核算的？
7. 什么是非流动负债？非流动负债的内容有哪些？
8. 什么是应付债券？应付债券是如何核算的？

练习题

1. 和信公司为一家生产彩电的企业，共有职工100名。2022年2月，公司以其生产的成本为5 000元的液晶电视和外购的每台不含税价格为500元的电暖气作为春节福利发放给职工。该型号液晶电视的售价为每台7 000元，和信公司适用的增值税税率为13%；和信公司购买电暖气开具了增值税专用发票，增值税税率为13%。假定100名职工中85名为直接参加生产的职工，15名为总部管理人员。

要求： 编制和信公司上述发放非货币性福利的会计分录。

2. 甲、乙公司均为增值税一般纳税人，本期甲公司以自产产品对乙公司进行投资，双方协议按产品的售价作为投资对价。该批产品的成本为200万元，假设售价和计税价格均为220万元。该产品适用的增值税税率为13%。乙公司收到投入的产品作为原材料使用。

要求： 根据上述资料，分别编制甲、乙公司相关的会计分录。

3. 丙企业为建造一幢厂房，2021年1月1日借入期限两年的长期专门借款100万元，款项已存入银行。借款合同利率为9%，市场利率与合同利率相同。每年付息一次，期满后一次还清本金。2021年年初，丙企业以银行存款支付工程价款60万元，2022年年初又以银行存款支付工程费用40万元。该厂房于2022年8月底完工，达到预定可使用状态。假定不考虑其他因素。

要求： 编制丙企业和上述长期借款相关的会计分录。

4. 2020年12月31日，甲公司经批准发行5年期一次还本、分期付息的公司债券1 000万元，债券利息在每年12月31日支付，票面利率为年利率6%。假定债券发行时的市场利率为5%。

要求：

(1) 计算甲公司该批债券的发行价格。

(2) 编制甲公司该批债券发行、利息调整摊销及到期偿还本金的会计分录。

第9章判断题 即测即评

第9章选择题 即测即评

第 10 章

Chapter 10 所有者权益

素养提升

1. 深入学习贯彻习近平总书记关于依法规范和引导资本健康发展的重要论述，基于我国市场经济实践，帮助学生理解《中华人民共和国公司法》的立法理念。

2. 结合《中华人民共和国公司法》，帮助学生理解所有者权益类项目的设计依据、公司分配税后利润的程序、公司回购本公司股份的会计处理规则，同时理论联系实践，使得学生能够深刻认识所有者权益类项目的本质。

3. 深入介绍其他综合权益会计处理规则的设计理念，理解这一会计规则的理论逻辑和历史逻辑，在此基础上引导学生独立分析、思考其他综合收益会计处理规则在实践中可能遇到的困境并尝试提出解决方案，培养学生发现问题、提出问题、分析问题、解决问题的能力。

学习目标

1. 掌握：公司所有者权益的构成及其会计处理规则；公司利润分配的会计处理。
2. 理解：公司法与会计规则的关系。
3. 了解：上市公司利润分配方案的常见情形。

所有者权益（owners' equity），又称**净资产**（net asset），是指资产减去负债后的剩余权益。对于公司制的企业，又称为股东权益。从资产负债表上可以直观地看出，债权人和股东对企业的财产都拥有要求权，资产总额扣除债权人的权益之后的余额就是股东权益。

在资产负债表中，所有者权益的具体项目通常包括实收资本（股份公司为股本）、资本公积、盈余公积和未分配利润四个项目。这是按照《中华人民共和国公司法》（以下简称《公司法》）第八章“公司财务、会计”的规定而进行的一种比较科学的分类。除此以外，企业会计准则体系还规定了其他权益工具、其他综合收益等项目，这些项目也在所有者权益部分列示。在国外教材中，常把盈余公积和未分配利润合称为“**留存收益**”（retained earnings，又译作“保留盈余”）。初学者往往被这些概念弄得晕头转向，为便于理解，特对上述概念之间的关系进行梳理，如图10－1所示。

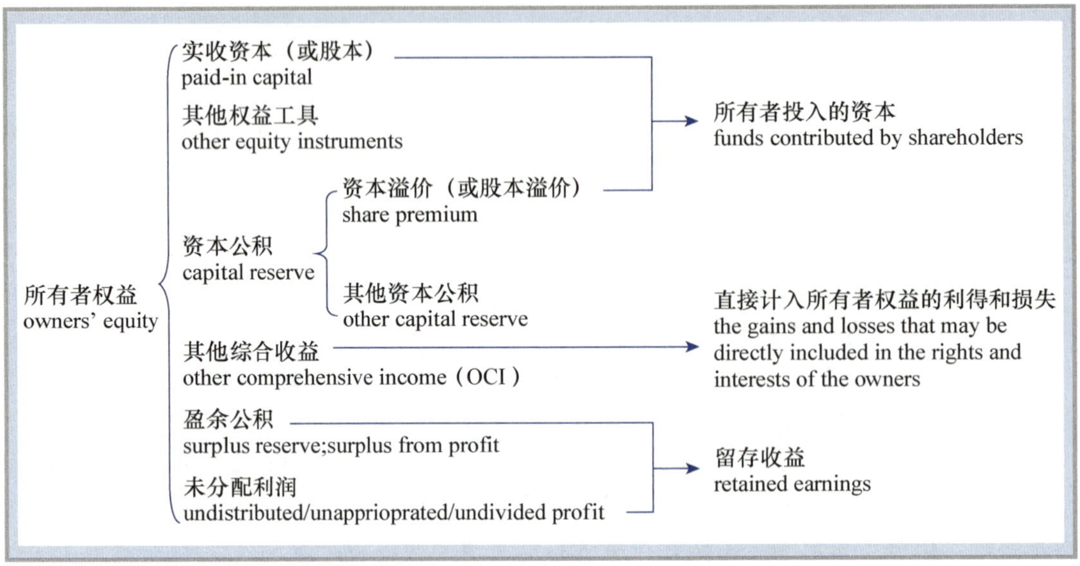

图10－1 资产负债表中所有者权益的构成

相对于资产和负债而言，所有者权益理解起来比较抽象。它与具体的资产或负债没有直接对应关系，只是资产总额减负债总额后的余额。我们不能指着某项资产说它属于股本、资本公积、盈余公积或未分配利润，通常在总括的意义上使用这些概念。会计法规并没有专门针对所有者权益项目的会计处理制定具体的计量准则。这是因为所有者权益的金额可以直接根据资产和负债的计量结果计算得到，只要资产和负债的计量是恰当的，自然就计算出所有者权益的金额了。

10.1 实收资本

《公司法》所称的“公司”，是指依照《公司法》在中国境内设立的有限责任公司和股份有限公司。公司是企业法人，有独立的法人财产，享有法人财产权。公司以其全部财产对公司的债务承担责任。有限责任公司的股东以其认缴的出资额为限对公司承担责任；股份有限公司的股东以其认购的股份为限对公司承担责任。

公司设立、变更、终止应当依法在工商行政管理机关办理公司登记。公司经登记机关（工商行政管理机关）依法登记，领取企业法人营业执照，方取得企业法人资格。公司营业执照签发日期为公司成立日期。公司营业执照应当载明公司的名称、住所、注册资本、经营范围、法定代表人姓名等事项。公司营业执照记载的事项发生变更的，公司应当依法办理变更登记，由公司登记机关换发营业执照。依法设立的有限责任公司必须在公司名称中标明有限责任公司或者有限公司字样，股份有限公司必须在公司名称中标明股份有限公司或者股份公司字样。

10.1.1　有限责任公司实收资本的会计处理

与股份有限公司的情形不同，有限责任公司只给股东出具“出资证明”，而不细分资本份额。无论股东的出资金额多么巨大，都以一纸证明交给股东。有限责任公司具有“人资两合公司”的特点，股东之间不仅仅把资本积聚在一起，还存在彼此的信任关系。有限责任公司的股东可以自行约定分红方案，在这种情况下就不必按照出资比例分取红利。

有限责任公司的注册资本为在公司登记机关登记的全体股东认缴的出资额。法律、行政法规以及国务院决定对有限责任公司注册资本实缴、注册资本最低限额另有规定的，从其规定。

有限责任公司的相关法律规定

有限责任公司设置“实收资本”科目核算全体股东实际交付并经公司登记机关依法登记的出资额。该科目的期末贷方余额反映的是全体股东实际交付并经公司登记机关依法登记的出资额。企业可按投资机构的名称（或投资者个人的姓名）设置明细科目进行明细核算。有限责任公司应当置备股东名册。记载于股东名册的股东，可以依股东名册主张行使股东权利。

1. 有限责任公司收到实收资本时的处理

有限责任公司成立时，收到股东交付的资产，应按资产项目借记“银行存款”等资产科目，按全体股东实际交付并经公司登记机关依法登记的出资额贷记“实收资本”科目。

借：银行存款、固定资产、无形资产等资产科目

［按货币出资额或评估确定的出资金额］

贷：实收资本　［按货币出资额或评估确定的出资金额］

例 10－1

靳莉、孙希荣、马晓艳分别出资 2 000 000 元、3 000 000 元、4 000 000 元共同设立利民商贸有限责任公司，公司注册资本为 9 000 000 元。三人在公司章程中约定平均分红。2022 年 1 月 6 日公司收到各位股东一次性缴足的现款时，其账务处理如下：

借：银行存款	9 000 000	
贷：实收资本——靳莉		2 000 000
——孙希荣		3 000 000
——马晓艳		4 000 000

2. 有限责任公司接受新股东入股时的会计处理

有限责任公司可能会出现新股东入股时缴纳了较多的资金而注册资本并没有增加太多的情形。这通常是因为原有的股东已经把企业的规模做大、信誉做强，新股东此时加入往往需要相应地增加投入。有限责任公司应当将股东的出资额超出其在注册资本中所占份额的部分计入资本公积。

例 10－2

2022年8月8日志诚实业有限责任公司接受吴静丽出资，该股东出资2 300 000元，但列在其名下的出资额（实收资本）仅为1 000 000元，并在修改后的股东章程中约定按照实缴的出资比例分红。其会计处理如下：

借：银行存款	2 300 000	
贷：实收资本——吴静丽		1 000 000
资本公积——资本溢价		1 300 000

3. 有限责任公司减少实收资本时的处理

有限责任公司按法定程序减少注册资本时，借记“实收资本”科目，贷记“库存现金”“银行存款”等科目。

借：实收资本	[按减资额]	
贷：库存现金、银行存款等		[按减资额]

例 10－3

莺歌有限责任公司拟与升平有限责任公司合并，在合并决议达成时，莺歌公司股东张卓然表示强烈反对，但其余股东无人愿意接受其股权。张卓然要求公司收购其股权。一个月后，公司开出支票支付500万元收购了张卓然的股权（其出资额为500万元）。其会计分录为：

借：实收资本——张卓然	5 000 000	
贷：银行存款		5 000 000

素养提升：结合中国特色社会主义法治体系学习相关法规

有限责任公司减资或回购股份的相关法律规定

公司减少注册资本，应当符合《公司法》规定的程序，减少后的注册资本及实收资本数额应当达到法律、行政法规规定的公司注册资本的最低限额并经验资机构验资。

《公司法》第七十四条规定，有下列情形之一的，对股东会该项决议投反对票的股东可以请求公司按照合理的价格收购其股权：

（一）公司连续五年不向股东分配利润，而公司该五年连续盈利，并且符合本法规定的分配利润条件的；

（二）公司合并、分立、转让主要财产的；

（三）公司章程规定的营业期限届满或者章程规定的其他解散事由出现，股东会会议通过决议修改章程使公司存续的。

自股东会会议决议通过之日起六十日内，股东与公司不能达成股权收购协议的，股东可以自股东会会议决议通过之日起九十日内向人民法院提起诉讼。

有限责任公司依据《公司法》第七十四条的规定收购其股东的股权的，应当依法申请减少注册资本及相应的实收资本的变更登记。

4. 有限责任公司股权转让的会计处理

例 10－4

利民商贸有限责任公司股东靳莉 2022 年 9 月 9 日因需住校攻读博士学位，无暇打理公司业务，欲转让其全部股权。其实缴的出资额为 2 000 000 元。另外两位股东孙希荣和马晓艳经商议，决定对半接收靳莉的股权。相关的账务处理如下：

借：实收资本——靳莉	2 000 000	
贷：实收资本——孙希荣		1 000 000
——马晓艳		1 000 000

素养提升：结合中国特色社会主义法治体系学习相关法规

有限责任公司股权转让的相关法律规定

《公司法》第七十一条规定，有限责任公司的股东之间可以相互转让其全部或者部分股权。

股东向股东以外的人转让股权，应当经其他股东过半数同意。股东应就其股权转让事项书面通知其他股东征求同意，其他股东自接到书面通知之日起满三十日未答复的，视为同意转让。其他股东半数以上不同意转让的，不同意的股东应当购买该转让的股权；不购买的，视为同意转让。

经股东同意转让的股权，在同等条件下，其他股东有优先购买权。两个以上股东主张行使优先购买权的，协商确定各自的购买比例；协商不成的，按照转让时各自的出资比例行使优先购买权。

公司章程对股权转让另有规定的，从其规定。

10.1.2　股份有限公司股本的会计处理

股份有限公司采取发起设立方式设立的，注册资本为在公司登记机关登记的全体发起人认购的股本总额。在发起人认购的股份缴足前，不得向他人募集股份。股份有限公司采取募集方式设立的，注册资本为在公司登记机关登记的实收股本总额。法律、行政法规以及国务院决定对股份有限公司注册资本实缴、注册资本最低限额另有规定的，从其规定。

股份有限公司
设立的相关法律规定

股份有限公司设“股本”科目核算其实收资本。该科目的期末贷方余额反映的是股份有限公司的股本总额。企业可按投资机构（或投资者个人）设置明细科目进行明细核算。

《公司法》规定，股票发行价格可以按票面金额，也可以超过票面金额，但不得低于票面金额。但《公司法》并未规定股票面值应当是多少元。我国大多数上市公司的股票面值为1元，少数公司的股票面值低于1元。股份有限公司以超过股票票面金额的发行价格发行股份所得的溢价款，应当列为“资本公积——股本溢价”。

股份有限公司在收到认股款时应借记“银行存款”等科目，按照股票面值和核定的股份总额计算的金额，贷记“股本”科目，按前述两者之差额，贷记“资本公积——股本溢价”科目。股份有限公司发行股票发生的手续费、佣金等交易费用，应从溢价中抵扣，冲减资本公积（股本溢价）。溢价不足抵扣的，冲减盈余公积和未分配利润。

借：银行存款等资产科目　　［按货币出资额或评估确定的出资金额］
　贷：股本　　［按股票面值和股份数计算的金额］
　　　资本公积——股本溢价　　［按以上两者之差］

例 10-5

东方电气股份有限公司发行了每股面值为1元的普通股1 000万股，发行价格为每股5元。已经收齐全部认股款，支付了发行佣金及相关税费500 000元。该公司的账务处理如下：

计入股本的金额＝10 000 000×1＝10 000 000(元)
计入资本公积的金额＝(5－1)×10 000 000－500 000
＝39 500 000(元)

借：银行存款　　49 500 000
　贷：股本　　10 000 000
　　　资本公积——股本溢价　　39 500 000

例 10-6

金山矿业股份有限公司发行了每股面值为0.1元的普通股2亿股，发行价格为每股0.3元。已经收齐全部认股款，支付了发行佣金及相关税费800 000元。该公司的账务处理如下：

计入股本的金额＝200 000 000×0.1＝20 000 000(元)
计入资本公积的金额＝(0.3－0.1)×200 000 000－800 000
＝39 200 000(元)

借：银行存款 59 200 000
　贷：股本 20 000 000
　　　资本公积——股本溢价 39 200 000

10.2 其他权益工具[①]

企业在所有者权益类科目中设“其他权益工具”科目，核算其发行的除普通股以外的、被归类为权益工具的各种金融工具，该科目可按企业所发行的金融工具的种类进行明细核算。

企业所发行的金融工具究竟应当划分为金融负债还是权益工具，要结合合同条款，根据会计准则的规定来界定。带有“债”字的金融工具并不必然被划分为金融负债，带有“股”字的金融工具也并不必然被划分为权益工具。这是因为实践中的合同条款千变万化、构思精妙，往往不能顾名思义。

企业发行的永续债和优先股，如果依照会计准则的规定被划分为金融负债，则应通过“应付债券”科目核算，永续债的利息支出和优先股的股利分配原则上比照借款费用进行会计处理，当期回购或者赎回所产生的利得或损失计入当期损益；如果依照会计准则的规定被划分为权益工具，则应通过“其他权益工具”科目核算，永续债的利息支出和优先股的股利分配均应作为利润分配进行会计处理，其回购、注销一律通过“库存股”科目作为权益的变动处理。

实践中，只有极少数企业涉及此类业务。感兴趣的读者可以参阅《企业会计准则第 37 号——金融工具列报》和《金融负债与权益工具的区分及相关会计处理规定》。

10.3 资本公积

《公司法》规定，股份有限公司以超过股票票面金额的发行价格发行股份所得的溢价款以及国务院财政部门规定列入资本公积金的其他收入，应当列为公司资本公积金。作为对比，除上节举例的情形外，有限责任公司较少出现涉及资本公积的业务。

资本公积通常情况下是指有限责任公司投资者的投资额超出其在企业注册资本中所占份额的部分（即资本溢价），或者是指股份有限公司的股票发行价格超过股票面值的部分（即股本溢价）。通俗地说，资本公积就是归属于全体资本投入者的公共积累。除此以外，股份有限公司实施股票期权激励计划（会计准则称作股份支付）时，在期权到期以前的每个资产负债表日，所记录的员工的劳动价值，也称作资本公积（即其他资本公积）。[②]

---

① 本节内容超出课程范围，不做教学要求。

② 本书对其他资本公积不做教学要求。

公司设“资本公积”科目核算以超过股票票面金额的发行价格发行股份所得的溢价款以及国务院财政部门规定列入资本公积金的其他收入，并区分“资本溢价（或股本溢价）”和“其他资本公积”进行明细核算。该科目期末的贷方余额反映公司的资本公积总额。

10.3.1 资本溢价（或股本溢价）的会计处理

有限责任公司收到新加入的股东的出资额时，借记“银行存款”等科目；按股东在注册资本中所占份额，贷记“实收资本”科目；按以上两者之差（即股东的出资额超出其在注册资本中所占份额的部分），贷记“资本公积——资本溢价”科目。

股份有限公司在收到认股款时，应借记“银行存款”等科目；按照根据股票面值和核定的股份总额计算的金额，贷记“股本”科目；按前述两者之差额，贷记“资本公积——股本溢价”科目。股份有限公司发行股票发生的手续费、佣金等交易费用，应从溢价中抵扣，冲减资本公积（股本溢价）。溢价不足抵扣的，冲减盈余公积和未分配利润。

示例见10.1节。限于篇幅，兹不赘述。

10.3.2 其他资本公积的会计处理①

其他资本公积，是指实施股权激励的股份有限公司在股票期权到期以前所记录的、预期其将会增发的股份所换得的职工的劳动的价值。这是企业依照《企业会计准则第11号——股份支付》所记录的资本公积。其性质类似于上一小节所介绍的资本溢价或股本溢价。

1. 以权益结算的股份支付所涉及的其他资本公积

有些以权益结算的股份支付附加有服务年限或业绩条件，受权人只有在完成等待期内的服务或达到规定业绩条件后才可行权。在等待期内的每个资产负债表日，企业应当以对可行权权益工具数量的最佳估计为基础，按照权益工具授予日的公允价值，将当期取得的服务计入相关资产成本或管理费用，即按照“可行权数量最佳估计×授予日公允价值”，借记“管理费用”科目或资产成本类科目，同时贷记“资本公积——其他资本公积”科目。在可行权日，应当把“资本公积——其他资本公积”科目余额调整至“实际可行权数量×授予日公允价值”。在行权日，企业根据实际行权的权益工具数量，计算确定应转入实收资本或股本的金额，将其转入实收资本或股本。企业应当按照根据实际行权的权益工具数量收到的认股款，借记“银行存款”科目；按照前已累积的贷记金额，借记“资本公积——其他资本公积”科目；按照新增的股本面值，贷记“股本”科目；按上述借方金额与贷方金额之差，贷记“资本公积——股本溢价”科目。

---

① 本小节内容超出课程范围，不做教学要求。

2. 采用权益法核算的长期股权投资所涉及的其他资本公积

在权益法下，如果被投资方存在上述涉及其他资本公积的情形，则投资方应当采用权益法，按其持股比例计算其在理论上应当分享的其他资本公积的相应份额，即增记（或减记）“长期股权投资”科目，同时增记（或减记）“资本公积——其他资本公积”科目。

10.3.3 资本公积转增资本的会计处理

《公司法》规定，资本公积可以用于转为增加公司资本。资本公积不得用于弥补公司的亏损。

经股东大会（或股东会）决议变更资本并在公司登记机关办理变更登记后，应按转增额，借记“资本公积——股本溢价（或资本溢价）”等科目，贷记“股本”科目。

10.4 其他综合收益

根据《企业会计准则第 30 号——财务报表列报》（2014 年修订）的规定，**其他综合收益**（other comprehensive income，OCI），泛指所有直接计入所有者权益的利得和损失。也就是说，所有未计入当期损益（即未纳入利润表中予以反映）的利得和损失，均被称作其他综合收益。

企业会计准则规定，其他综合收益项目应当区分为两类（即以后会计期间不能重分类进损益的其他综合收益项目和以后会计期间在满足规定条件时将重分类进损益的其他综合收益项目）予以列报。

其他综合收益的核算

企业应当设置“其他综合收益”科目进行其他综合收益的会计处理，该科目应当按照其他综合收益项目的具体内容设置明细科目。

10.5 盈余公积

10.5.1 提取盈余公积时的会计处理

《公司法》规定，公司分配当年税后利润时，应当提取利润的 10%列入公司法定公积金。公司法定公积金累计额为公司注册资本 50%以上的，可以不再提取。公司从税后利润中提取法定公积金后，经股东会或者股东大会决议，还可以从税后利润中提取任意公积金。公司应设置“盈余公积”科目并区分“法定盈余公积”和

“任意盈余公积”来核算《公司法》所称的“法定公积金”和“任意公积金”。“盈余公积”科目借方反映盈余公积的使用数（减少数），贷方反映提取数（增加数），期末贷方余额反映盈余公积的累积结存数。法律和会计上的用语多有差异，为明晰起见，本书列表对法律和会计用语进行了简要对比（见表10-1）。

表10-1 《公司法》与会计准则中的词汇对比

《公司法》中的词汇	对应的会计科目
资本公积金	资本公积
法定公积金	盈余公积——法定盈余公积
任意公积金	盈余公积——任意盈余公积

企业按规定提取的盈余公积，借记“利润分配——提取法定盈余公积”“利润分配——提取任意盈余公积”科目，贷记“盈余公积——法定盈余公积”“盈余公积——任意盈余公积”科目。

例10-7

天方食品股份公司2022年成立当年就实现税后利润96 000 000元，按10%的比例提取法定盈余公积，股东大会决议按20%提取任意盈余公积。其会计分录如下：

借：利润分配——提取法定盈余公积　　9 600 000
　　　　　　——提取任意盈余公积　　19 200 000
　贷：盈余公积——法定盈余公积　　9 600 000
　　　　　　——任意盈余公积　　19 200 000

10.5.2 划转盈余公积时的会计处理

《公司法》规定，盈余公积可以用于转为增加公司资本，也可用于弥补公司的亏损。盈余公积转增资本时，所留存的盈余公积不得少于转增前公司注册资本的25%。

1. 盈余公积转增股本

公司经股东大会（或股东会）决议，用盈余公积转增资本时，借记“盈余公积”科目，贷记“股本”（或“实收资本”）科目。

例10-8

中州酒业股份公司2022年决定用盈余公积转增公司注册资本70 000 000元（其中分别减记法定盈余公积60 000 000元、任意盈余公积10 000 000元），经股东大会决议并到公司登记管理机关办理变更登记后，其会计分录为：

借：盈余公积——法定盈余公积　　60 000 000
　　　　　　——任意盈余公积　　10 000 000
　贷：股本　　70 000 000

2. 盈余公积弥补亏损

盈余公积和未分配利润都是公司管理层和广大职工为股东创造的价值，正是在这个意义上，国外有将二者统称为“留存收益”或“保留盈余”的说法。如果公司偶有巨大亏损，则可用以前年度累积的盈余公积弥补当期亏损，这样可避免账目出现过于“难看”且无利可分的窘境。公司用盈余公积弥补亏损时，借记“盈余公积”科目，贷记“利润分配——盈余公积补亏”科目。年末结转时借记“利润分配——盈余公积补亏”科目，贷记“利润分配——未分配利润”科目。

例 10－9

貂蝉毛皮股份有限公司 2022 年因产品设计问题导致巨额亏损，股东大会决议动用盈余公积 80 000 000 元（其中法定盈余公积、任意盈余公积各动用 40 000 000 元）弥补亏损，之后照旧发放股利。其弥补亏损的会计分录为：

借：盈余公积——法定盈余公积　　40 000 000
　　　　　　——任意盈余公积　　40 000 000
　贷：利润分配——盈余公积补亏　　80 000 000

年末结转未分配利润时：

借：利润分配——盈余公积补亏　　80 000 000
　贷：利润分配——未分配利润　　80 000 000

10.6 未分配利润

资产负债表上的“未分配利润”项目所列报的是公司自成立以来所累积的、可供分配的税后利润。

10.6.1 利润分配的会计处理

企业应当设置“利润分配”科目，对利润分配的全过程进行会计处理。分配利润时，一律通过该科目的明细科目“提取法定盈余公积”、“提取任意盈余公积”、“应付现金股利”（或“应付利润”）、“转作股本的股利”等进行核算。

提取法定盈余公积、提取任意盈余公积的会计处理前已述及，此处从略。

1. 现金股利的会计处理

企业经股东大会或类似机构决议，向股东（或投资者）分配现金股利（或利润）时，借记“利润分配——应付现金股利（或应付利润）”科目，贷记“应付股利”“应付利润”科目。

例 10-10

百合婚庆股份有限公司股东大会决定对2022年的税后利润进行现金分红，共分配现金股利36 900 000元。

（1）决议通过后的会计分录为：

借：利润分配——应付现金股利　　36 900 000

　贷：应付股利　　36 900 000

（2）实际划拨该笔款项时的会计分录为：

借：应付股利　　36 900 000

　贷：银行存款　　36 900 000

2. 股票股利的会计处理

企业经股东大会或类似机构决议，向股东分配股票股利时，根据分配金额借记“利润分配——转作股本的股利”科目，根据股票面值乘以股份数所计算的金额贷记“股本”科目。以上两项金额如有差额，则按照该差额贷记“资本公积——股本溢价”科目。

例 10-11

江南酒家股份有限公司发行在外的普通股共1 000万股，该公司2022年实现的税后利润较为丰厚，故公司董事会建议每股分红1.5元。但股东大会为了积存现金以备扩大经营，决定参照每股5元的最新市价折合发放股票股利，最终采用的是“10送3”的送红股方案（即每10股派发3股股份）。在办理变更登记手续、实际配发股票股利时的会计分录为：

借：利润分配——转作股本的股利　　15 000 000

　贷：股本　　3 000 000

　　资本公积——股本溢价　　12 000 000

素养提升：结合中国特色社会主义法治体系学习相关法规

送红股和转增股本的异同

送红股是指上市公司在利润分配时把利润分配额度折合为本公司的股份，以发放股票的形式进行利润分配。这样，就不必动用公司的银行存款等资产，对于公司的扩大再生产有积极意义。

转增股本是指公司将公积金（资本公积金、盈余公积金）转化为股本。

送红股、转增股本后的效果是相似的：公司的股东权益的总额都没有变化，但总股本增大了，同时每股净资产降低了。两者的本质区别在于：红股来自公司的年度税后利润，因此，送红股只存在于公司有盈余的情形；而转增股本来自公积金，并不是对股东的分红回报，它可以不受公司本年度可分配利润的多少以及时间的限制，只要将公司账面上的公积金减少一些，增加相应的注册资本就可以了。

资料来源：周正庆．证券知识读本（修订本）．北京：中国金融出版社，2006.

10.6.2 未分配利润的结转

分配完毕后，应借记“利润分配——未分配利润”科目，贷记“利润分配——提取法定盈余公积”“利润分配——提取任意盈余公积”“利润分配——应付现金股利或利润”“利润分配——转作股本的股利”等科目。结转后，“利润分配”科目除“未分配利润”明细科目外，其他明细科目应无余额（如图 10－2 所示）。“利润分配——未分配利润”科目的贷方余额为企业自成立以来累积的未分配利润。

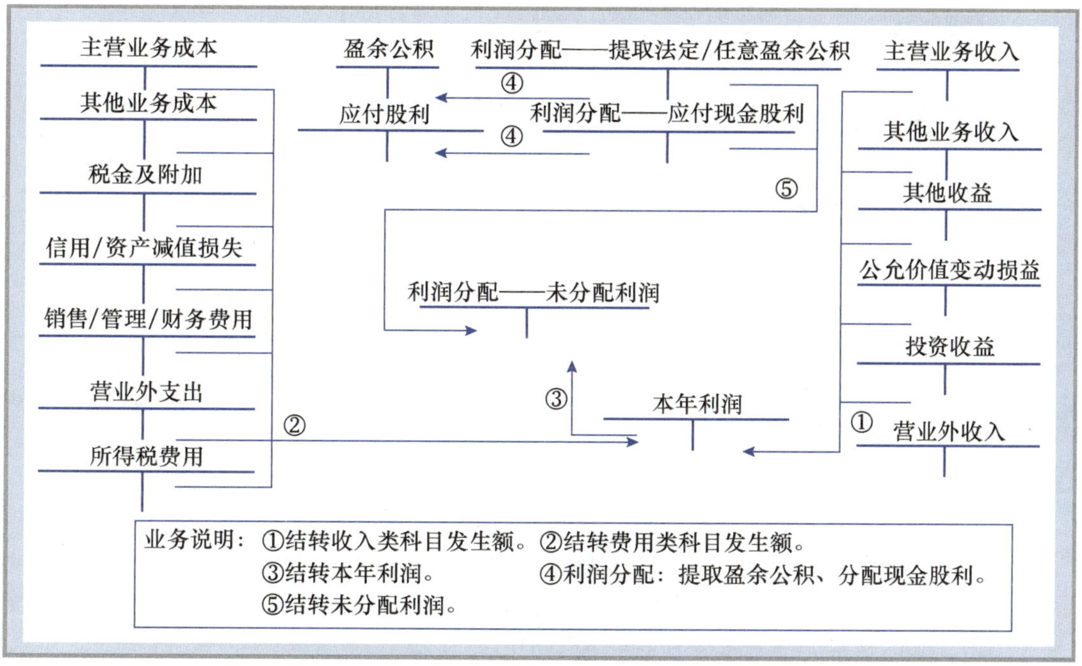

图 10－2 公司的利润结转与利润分配示意图

下面用一个同时涉及现金股利、股票股利、配股等情形的综合案例来模拟上市公司的实务操作，帮助读者了解我国上市公司利润分配的实际情况。此例略有难度，仅供学有余力者参考。

例 10－12

风动能源股份有限公司公开发行普通股 1 亿股，每股面值 1 元。2021 年年初未分配利润为 130 000 000 元，2022 年实现税后利润 200 000 000 元。

2023 年 2 月 20 日，公司公告的经股东大会批准的 2022 年度税后利润分配方案为：按照2022年税后利润的10%提取法定盈余公积，按5%提取任意盈余公积，同时向股东按每股0.1元派发现金股利，并参照当日的每股市价6元计算，以每10股送2股配3股的方式（即俗称的“10送2配3”）派发股票股利、配发新股，配股价格为每股4元。2023年3月9日，公司以银行存款支付了全部现金股利，新增股本所涉及的修改公司章程、变更登记等已经办妥（为简化起见，假定完美地完成了配股工作，所有股东均有资格获得配股、均已接受配股，并且没有出现不足1股的配股情况）。

风动能源股份有限公司利润分配的会计处理如下：

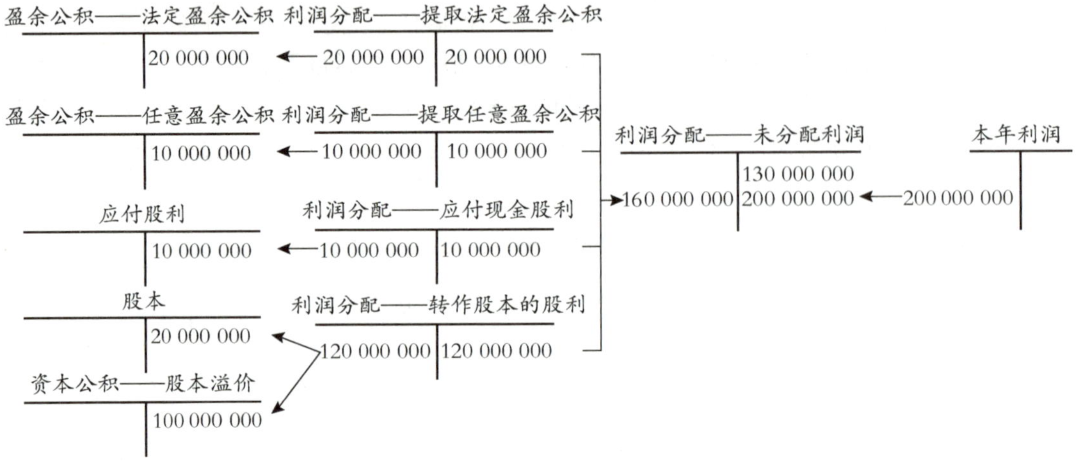

（1）2021年年度终了，企业结转本年实现的净利润时。

借：本年利润　200 000 000

　贷：利润分配——未分配利润　200 000 000

（2）提取法定盈余公积和任意盈余公积时。

借：利润分配——提取法定盈余公积　20 000 000

　　　　　——提取任意盈余公积　10 000 000

　贷：盈余公积——法定盈余公积　20 000 000

　　　　　——任意盈余公积　10 000 000

（3）股东大会批准发放现金股利时。

现金股利金额＝100 000 000×0.1＝10 000 000(元)

借：利润分配——应付现金股利　10 000 000

　贷：应付股利　10 000 000

实际发放现金股利时：

借：应付股利　10 000 000

　贷：银行存款　10 000 000

（4）实际发放股票股利时。

股票股利的折合价值＝100 000 000×2÷10×6

＝120 000 000(元)

借：利润分配——转作股本的股利　　120 000 000

　贷：股本　　20 000 000

　　　资本公积——股本溢价　　100 000 000

发放股票股利后，公司的股份总数变更为 1.2 亿股。

(5) 结转“利润分配”的明细科目。

借：利润分配——未分配利润　　160 000 000

　贷：利润分配——提取法定盈余公积　　20 000 000

　　　　　　　——提取任意盈余公积　　10 000 000

　　　　　　　——应付现金股利　　10 000 000

　　　　　　　——转作股本的股利　　120 000 000

利润分配结束后，风动能源股份有限公司“利润分配——未分配利润”科目的余额（贷方）＝130 000 000＋200 000 000－160 000 000＝170 000 000 元。

(6) 配股的会计处理。配股本身并不是上市公司的利润分配行为，而是上市公司尊重原股东对新发行股票的优先购买权，向原股东发行新股、筹集资金的行为。股东可以放弃其优先认股权。

接收股东认缴的配股款时：

借：银行存款　　120 000 000

　贷：股本　　30 000 000

　　　资本公积——股本溢价　　90 000 000

送股配股结束后，公司的股份总数变更为 1.5 亿股。

10.7　库存股

库存股（treasury share；treasury stock），是指股份有限公司暂时持有的本公司已发行的股份。这些股份一般是通过收购方式获得的。股份有限公司设置“库存股”科目对公司收购本公司股份的业务进行会计处理。该科目借方记录收购本公司股份所付出的代价，贷方记录转让或注销本公司股份所对应的、在收购时所付出的代价。该科目的期末借方余额反映的是收购后尚未处理的本公司股份当初的收购代价。在资产负债表上，“库存股”项目作为股东权益中的备抵项目，列报在“资本公积”项目之后。

10.7.1　收购本公司股份时的会计处理

公司收购本公司股份的相关法律规定

由于减少公司注册资本、将股份奖励给本公司职工或者股东对股东大会做出的公司合并、分立决议持异议而要求公司收购其股份等原因而收购本公司股份时，应按实际支付的金额，借记“库存股”科目，贷记“银行存款”等科目。同时，做备查登记。

借：库存股　　　　［按实际支付的金额］
　贷：银行存款　　　　［按实际支付的金额］

由于与持有本公司股份的其他公司合并而回购本公司股份的，应按照《企业会计准则第20号——企业合并》的规定进行会计处理。本书从略。

10.7.2 处置库存股时的会计处理

1. 注销库存股的情形

注销已收购的本公司股份时，按股票面值和所注销的股数计算的股票面值总额，借记“股本”科目；按转让的库存股所对应的账面代价，贷记“库存股”科目；按以上两者之差，借记或贷记“资本公积——股本溢价”科目。若借记“资本公积——股本溢价”科目导致该明细科目余额为零，则应依次冲减盈余公积、未分配利润。

公司全体股东或者发起人足额缴纳出资和缴纳股款后，公司申请减少注册资本，应当同时办理减少实收资本变更登记。

借：股本　　　　［按股票面值×所注销的股数］
　　资本公积——股本溢价→盈余公积→未分配利润
　贷：库存股　　　　［按转让的库存股所对应的账面代价］

例 10-13

某股份有限公司为减少公司注册资本，依法收购了本公司面值为1元的普通股股票1 000万股。收购本公司股票的实际代价为每股1.3元。假定其资本公积余额为200万元，盈余公积余额为6亿元。其会计分录如下：

（1）收购本公司股份时。

借：库存股　　　　13 000 000
　贷：银行存款　　　　13 000 000

（2）注销已收购的本公司股份时。

库存股面值＝1×10 000 000＝10 000 000(元)
冲销股本溢价＝2 000 000(元)
冲销盈余公积＝(1.3－1)×10 000 000－2 000 000＝1 000 000(元)

借：股本　　　　10 000 000
　　资本公积——股本溢价　　　　2 000 000
　　盈余公积　　　　1 000 000
　贷：库存股　　　　13 000 000

2. 将库存股奖励给本公司职工的情形

将收购的股份奖励给本公司职工时，借记“资本公积——其他资本公积”科目，贷记“库存股”科目。

借：资本公积——其他资本公积 ［按转让的库存股所对应的账面代价］
　贷：库存股 ［按转让的库存股所对应的账面代价］

例 10－14

某股份公司为了激励核心研发人员，决定奖励在英文刊物上发表文章若干篇的“劳动模范”每人 100 万股本公司的股票。所有会议文集、检索索引、收费出版物、电子出版物都计算在内，每篇文章的阅读人数不少于 8 人（包括作者本人在内）即可得奖。几个月后，有 9 位“劳动模范”达到了标准。该公司以每股 2 元的价格收购了本公司股份 900 万股，并立即奖励给了这些“劳动模范”。相关的账务处理如下：

（1）收购本公司股份时。

借：库存股	18 000 000	
贷：银行存款		18 000 000

（2）将收购的本公司股份奖励给职工时。

借：资本公积——其他资本公积	18 000 000	
贷：库存股		18 000 000

3．转让库存股的情形

转让已收购的本公司股份时，应按实际收到的金额，借记“银行存款”等科目；按转让库存股的账面余额，贷记本科目；按其差额，贷记“资本公积——股本溢价”科目；如为借方差额的，借记“资本公积——股本溢价”科目，股本溢价不足冲减的，应依次冲减盈余公积、未分配利润，借记“盈余公积”“利润分配——未分配利润”科目。

例 10－15

灰猫股份有限公司的大股东罗克因对股东大会做出的公司合并决议持异议，要求公司收购其股份。公司收购了罗克持有的本公司股份 10 万股，每股收购价格 1.4 元。本公司股票的每股面值为 1 元。税费等因素从略。相关的账务处理如下：

（1）收购本公司股份时。

借：库存股	140 000	
贷：银行存款		140 000

（2）转让库存股 6 万股，每股售价 1.5 元，实收价款 90 000 元。

借：银行存款	90 000	
贷：库存股		84 000
资本公积——股本溢价		6 000

（3）再度出售库存股 4 万股，每股售价 1.3 元，实收价款 52 000 元。

借：银行存款	52 000	
资本公积——股本溢价	4 000	
贷：库存股		56 000

思考题

1. 会计学的学习过程能够把很多相关学科的知识联系起来，这样有助于建立起稳固而实用的知识体系和能力框架。请阅读《公司法》，思考：通读《公司法》对于学好公司财务会计有何意义？你打算怎样同步提升自己的专业知识和专业技能？

2. 当你能用浅显的语言阐释专业问题的时候，你就是真正的专家了。试向自己的好朋友解释一下，“股本（实收资本）”“资本公积”“盈余公积”“利润分配”这四个会计科目哪些可能成为对应科目？哪些不可能成为对应科目？为什么？

3. 请解释何谓“资本公积——其他资本公积”。

练习题

甲上市公司2021—2022年发生与其股票有关的业务如下：

(1) 2021年1月4日，经股东大会决议，并报有关部门核准，增发普通股40 000万股，每股面值1元，每股发行价格5元，股款已全部收到并存入银行。假定不考虑相关税费。

(2) 2021年6月20日，经股东大会决议，并报有关部门核准，以资本公积4 000万元转增股本。

(3) 2022年6月20日，经股东大会决议，并报有关部门核准，以银行存款回购本公司股票100万股，每股回购价格为3元。

(4) 2022年6月26日，经股东大会决议，并报有关部门核准，将回购的本公司股票100万股注销。

要求： 逐笔编制甲上市公司上述业务的会计分录。

第10章判断题
即测即评

第10章选择题
即测即评

第 11 章

Chapter 11 收入、费用和利润

素养提升

1. 结合习近平总书记关于稳步促进全体人民共同富裕的重要论述，从国家战略和制度层面理解企业收入、费用和利润的会计处理规则。分配制度是实现共同富裕的有效制度安排，收入、费用和利润的会计处理规则是我国收入分配制度在企业微观层面的具体体现。

2. 开展跨学科教学，引导学生从管理学和法学的交叉学科视角来理解相关的会计处理规则，培养学生跨学科的思维与能力。结合《中华人民共和国民法典》，帮助学生理解《企业会计准则第 14 号——收入》中“五步法”的设计理念。结合《中华人民共和国税收征收管理法》《中华人民共和国企业所得税法》，帮助学生理清会计管理与财税管理的关系、利润表与企业所得税纳税申报表的关系。

3. 坚持理论逻辑、历史逻辑与实践逻辑相统一，突出问题导向。在掌握基本会计处理规则的基础上，向学生介绍公允价值变动损益、谨慎性原则等会计学领域存在争议的重要问题，引导学生思考、分析这些概念和相关会计处理规则背后的设计理念及实践困境，并尝试提出解决方案。

学习目标

1. 掌握：收入、费用的会计核算规则；纳税申报表的填报方法。
2. 理解：利润表和纳税申报表的关系；所得税法与会计规则之间的主要差异。
3. 了解：直接计入当期利润的利得和损失的含义；每股收益的含义和算法。

会计学是唯一能够提供企业利润数字的科学。传统上，人们之所以尊重会计工作，很大程度上是因为会计能够按照法律规定提供具有证明力的资产和利润数据。会计作为一种管理活动，所提供的资产、负债信息是股东控制企业运营所需的基础数据，所提供的收入和费用数据是评价企业业绩所需的基础数据。本书前

面已经阐释了资产负债表中的会计要素和报表项目，在本章中将要系统总结的是利润表中的会计要素和报表项目。利润表在实务工作中的重要性是显而易见的。利润表是评价企业管理层和职工工作业绩的重要标准，是企业所得税纳税申报时计算应纳税所得额时需要的基础资料，还是公司利润分配程序中确定税后利润时的数据来源。企业利润表中的数据也是国民经济统计公报的数据来源之一。因此，正确地对企业的收入、费用和利润进行会计处理，其意义不可小觑。

11.1 收入、费用和利润的定义

1. 基于收入和费用的广义概念的利润定义

在学习会计学基本原理的时候，大家接触的是广义的收入和费用概念。基于广义的收入和费用概念，利润的计算可用公式表示为：

（广义的）收入－（广义的）费用＝利润

《企业会计准则——基本准则》第十条规定，企业应当按照交易或者事项的经济特征确定会计要素。会计要素包括资产、负债、所有者权益、收入、费用和利润。显然，该条所称的收入和费用均取其广义。如此，收入减去费用等于利润。

上述公式又称经营成果等式、动态会计等式，反映了企业一定时期广义的**收入**（income）、广义的**费用**（expense）和**利润**（profit）之间的恒等关系，通俗易懂，与人们惯常的理解一致。它反映了利润的形成过程，是编制利润表的依据。

2. 基于收入和费用的狭义概念的利润定义

《企业会计准则——基本准则》第三十条所定义的收入[①]和第三十三条所定义的费用均为狭义。具体如下：收入是指企业在日常活动中形成的、会导致所有者权益增加的、与所有者投入资本无关的经济利益的总流入。费用是指企业在日常活动中发生的、会导致所有者权益减少的、与向所有者分配利润无关的经济利益的总流出。其中，**日常活动**（ordinary activities），是指企业为完成其经营目标所从事的经常性活动以及与之相关的活动。例如，工业企业制造并销售产品，商品流通企业销售商品，咨询公司提供咨询服务，软件公司为客户开发软件，安装公司提供安装服务，建筑企业提供建造服务等，均属于企业的日常活动。

根据上述狭义定义，利润是指企业在一定会计期间的经营成果。利润包括收入减去费用后的净额、直接计入当期利润的利得和损失等。直接计入当期利润的利得和损失，是指应当计入当期损益、会导致所有者权益发生增减变动的、与所

---

① 《企业会计准则第14号——收入》（2017年修订）第二条所定义的收入也是取其狭义。

有者投入资本或者向所有者分配利润无关的利得和损失。

前述广义收入，等于狭义收入加上直接计入当期利润的利得。直接计入当期利润的利得包括偶然所得（即资产处置收益、营业外收入）和预期所得（即公允价值变动收益）。

前述广义费用，等于狭义费用加上直接计入当期利润的损失。直接计入当期利润的损失包括偶然支出或损失（即资产处置损失、营业外支出）和预期损失（即资产减值损失、信用减值损失、公允价值变动损失）。

上述概念的关系可以表示为图 11－1。

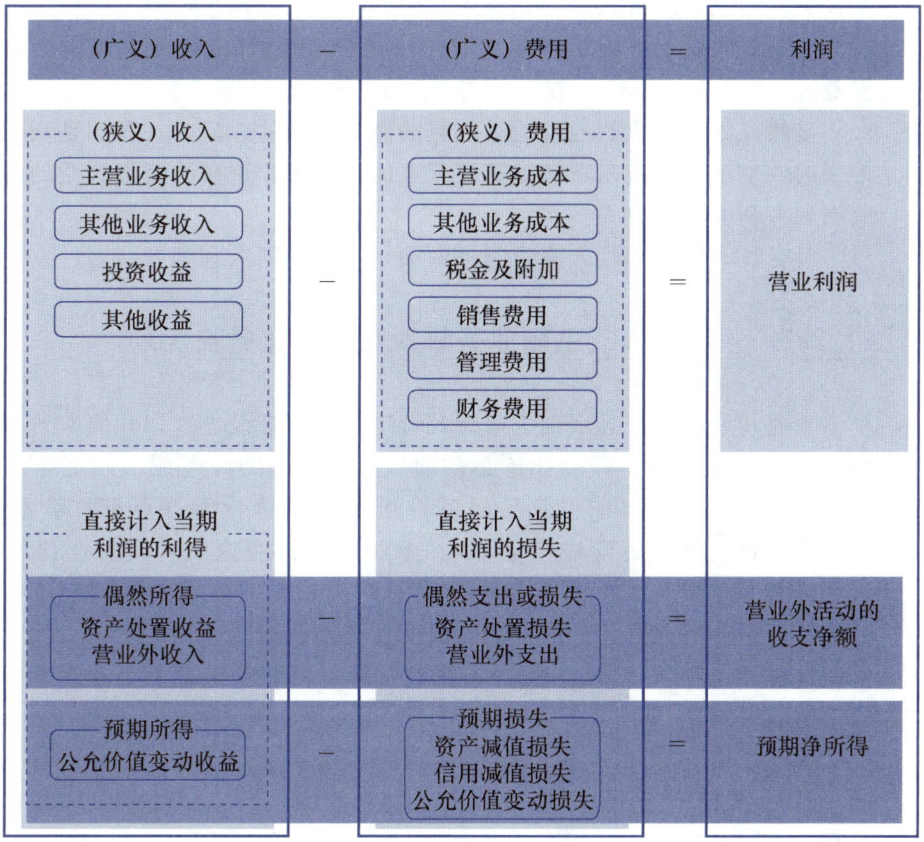

图 11－1　企业利润的构成（示意图）

11.2 收　入

如 11.1 节所述，《企业会计准则——基本准则》第三十条和《企业会计准则第 14 号——收入》（2017 年修订）第二条所定义的收入，均取其狭义，是指企业在日常活动中形成的、会导致所有者权益增加的、与所有者投入资本无关的经济利益的总流入。

狭义的收入包括营业收入（即主营业务收入和其他业务收入）、投资收益、其他收益。狭义的收入具有以下特征：

（1）收入是企业在日常活动中形成的。根据11.1节中对日常活动的定义，可知收入是指企业从事其营业范围内的业务活动所获得的经济利益的总流入。

（2）收入会导致所有者权益增加。这一特点区别于举债所形成的经济利益的总流入。例如，企业获得银行借款时也会导致经济利益流入企业（即银行存款增加），但不应当计入收入，而应当计入负债。

（3）收入是与所有者投入资本无关的经济利益的总流入。这一特点区别于股东投资所形成的经济利益的总流入。例如，股东以现金投资时，虽然会导致企业经济利益流入企业（即银行存款增加），但不应当计入收入，而应当计入所有者权益。

显然，如果企业的经营活动取得的经济利益的总流入，既不是因承担负债而带来的，也不是因股东增加投资而带来的，那么，这样的经济利益的总流入就是应当列入利润表的收入。

符合收入定义和收入确认条件的项目，应当列入利润表。

11.2.1 营业收入（主营业务收入和其他业务收入）

企业开展业务，必须到工商行政管理机关办理设立登记并领取营业执照，某些特殊经营项目或特殊行业还必须预先办理相应的许可证（如工业产品生产许可证、食品流通许可证、药品经营许可证、烟草专卖许可证、食盐专营许可证、金融许可证、保险许可证等）。企业法人营业执照（或营业执照）上面注有“经营范围”信息，这些信息与企业章程和企业制定的管理制度中的信息是一致的。企业依照营业执照上载明的营业范围从事经营活动所获得的收入在会计学中称作**营业收入**（revenue）。通俗地解释，营业收入就是企业开展常规业务所取得的收入。

营业收入与营业成本之间存在因果关系，二者均以总额入账，二者**匹配**（matching，或称配比，即营业收入减去营业成本）之后的结果即为日常活动的毛利。

通俗地说，营业收入是企业从事某项经营活动（如销售商品、提供服务等）收到的对价，营业成本是企业从事该经营活动所付出的代价。从合同的角度来说，合同的对价减去该合同的代价，就是该合同的毛利。

上述思路就是记录营业收入和营业成本的基本逻辑。

2017年修订的《企业会计准则第14号——收入》试图将销售商品收入和提供服务收入的会计处理规则统一起来，建立统一的更加科学合理地反映企业收入确认过程的规则。

该准则是借鉴《国际财务报告准则第15号——客户合同收入》（IFRS 15：Revenue from Contracts with Customers）制定的，适用于企业在销售商品和提供服务过程中与客户订立的合同。[①] 准则所称客户，是指与企业订立合同以向该企业购买其日常活动产出的商品或服务（准则笼统地称之为“商品”）并支付对价的一方。准则所称合同，是指双方或多方之间订立的有法律约束力的权利义务的协议，其形式可以是书面形式、口头形式或者其他可验证的形式（如隐含于商业惯例或企业以往的习惯做法中等）。

该准则的核心原则是，企业应当根据其向客户销售商品或提供服务的模式来记录营业收入，营业收入的金额应当是其销售商品或提供服务所收取（或应收取）的对价。

为贯彻上述核心原则，该准则推出了一套被称作“五步法”的会计处理规则（如图 11－2 所示）。

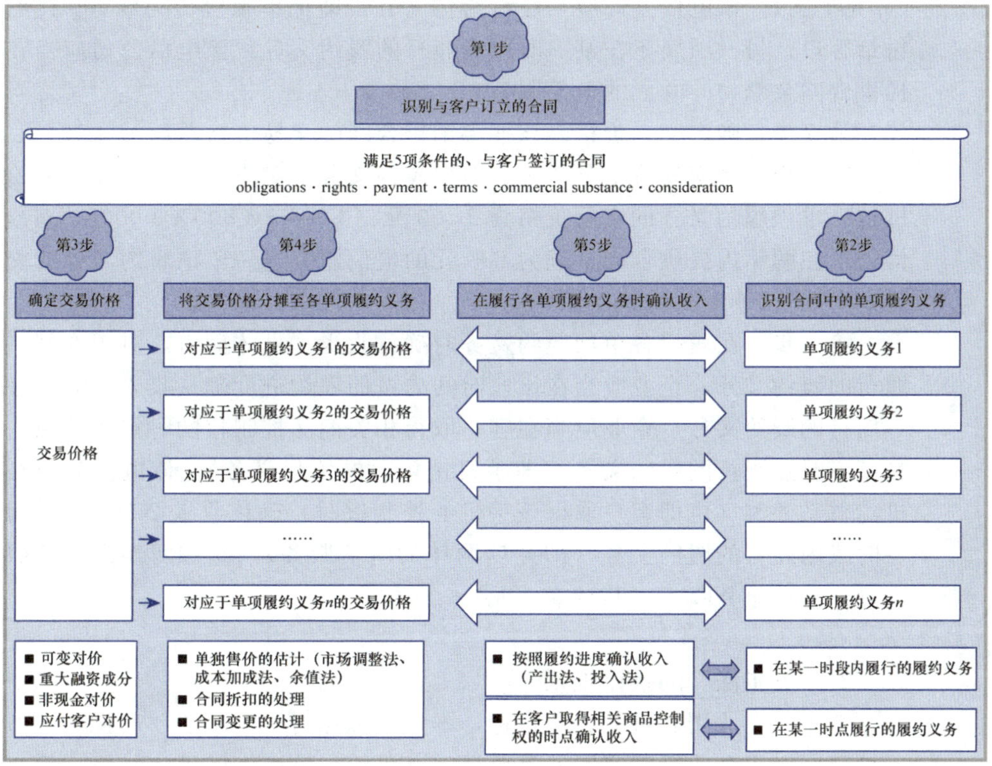

图 11－2　收入核算的“五步法”（示意图）

1．“五步法”的设计理念

为便于读者理解，这里结合一个小案例来解释。

例如，某电信公司以买手机送话费的捆绑销售方式开展促销，客户买单独售

---

① 但属于《企业会计准则第 2 号——长期股权投资》《企业会计准则第 22 号——金融工具确认和计量》《企业会计准则第 23 号——金融资产转移》《企业会计准则第 24 号——套期会计》《企业会计准则第 33 号——合并财务报表》《企业会计准则第 40 号——合营安排》《企业会计准则第 21 号——租赁》以及保险合同相关准则调整范围的除外。

价为3 000元的手机即可享有该电信公司赠送的有效期为两年的600元话费。对于这样的销售合同，该电信公司确认收入的程序如下：

第1步，识别与客户订立的合同，即判断某项合同是否属于《企业会计准则第14号——收入》（2017年修订）的调整范围，且满足该准则所规定的五项条件。

本例中，假定该买卖合同属于《企业会计准则第14号——收入》（2017年修订）的调整范围，且满足该准则所规定的合同条件。

第2步，识别合同中的单项履约义务，并进一步区分为在某一时段内履行的履约义务和在某一时点履行的履约义务。

本例中，该合同中的履约义务有两项：一项属于在某一时点履行的履约义务（详见下文），该电信公司应当履行给付义务，即把单独售价为3 000元的手机交付给客户；另一项属于在某一时段内履行的履约义务，该电信公司应当在两年内提供合同金额为600元的电信服务。

第3步，确定交易价格。该捆绑销售合同的交易价格总额为3 000元。

第4步，将交易价格分摊至各单项履约义务。对应于该电信公司所给付的手机这一单项履约义务的交易价格为2 500元（3 000÷3 600×3 000）；对应于该电信公司在两年内提供合同金额为600元的电信服务这一单项履约义务的交易价格为500元（3 000÷3 600×600）。

第5步，在履行各单项履约义务时确认收入。具体而言，对于在某一时段内履行的履约义务，企业应当在该段时间内按照履约进度确认收入。对于在某一时点履行的履约义务，企业应当在客户取得相关商品控制权的时点确认收入。对于在某一时点履行的履约义务（即手机销售时的给付义务），该电信公司在完成手机给付义务时（也即客户取得该手机的控制权时）确认收入2 500元。对于在某一时段内履行的履约义务（即此后两年的电信服务），此后两年内，按照履约进度确认电信服务收入（共计500元）。

2.“五步法”的操作规则

基于非专业用教材的教学目标，本书不拟探讨“五步法”的操作细节。但鉴于该准则对于企业管理实践的重要性，这里给出该准则的基本脉络，感兴趣的读者可在实际操作时比照《企业会计准则第14号——收入》（2017年修订）及其应用指南进行具体操作。

第1步：识别与客户订立的合同。《企业会计准则第14号——收入》（2017年修订）针对工商企业在日常经营（销售商品和提供服务）过程中与客户订立的合同，给出了营业收入的核算规则。①

企业与客户订立的同时满足下列条件的合同，才能依照该准则确认收入：

（1）缔约各方已批准该合同并承诺将履行各自的**义务**（obligations）。

---

① 作为对比，企业与客户以外的各方（如职工、投资方等）所签订的合同，如企业对外出租资产收取的租金、进行债权投资收取的利息、进行股权投资取得的现金股利等，不适用《企业会计准则第14号——收入》。

（2）该合同明确界定了缔约各方与所转让商品或提供劳务（以下简称“转让商品”）相关的**权利**（rights）。

（3）该合同有明确的与所转让商品相关的**支付条款**（payment terms）。

（4）该合同具有**商业实质**（commercial substance），即履行该合同将改变企业未来现金流量的风险、时间分布或金额。关于商业实质，应按照非货币性资产交换中有关商业实质的说明进行判断。

（5）企业因向客户转让商品而有权取得的**对价**（consideration）很可能收回。在评估对价是否很可能收回时，仅应考虑客户到期时支付对价的能力和意图（即客户的信用风险）。

在合同开始日即满足前款条件的合同，企业在后续期间无须对其进行重新评估，除非有迹象表明相关事实和情况发生重大变化。合同开始日通常是指合同生效日。

第 2 步：识别合同中的单项履约义务。企业应当在合同开始日对合同进行评估，识别其所包含的各项单项履约义务，并确定各项单项履约义务是在某一时段内履行的履约义务，还是在某一时点履行的履约义务。

（1）单项履约义务的定义。**单项履约义务**（performance obligation），是指企业做出的向客户转让可明确区分商品的承诺。该承诺既包括合同中明确约定的承诺，也包括客户在订立合同时基于企业已公开宣布的政策、特定声明或以往的习惯做法等信息而合理预期的企业将会履行的承诺。企业为履行合同而应开展的初始活动，通常不构成履约义务，除非该活动向客户转让了承诺的商品。

对于不同的企业，已承诺的商品或服务的含义也有所不同。常见的情形是：工业企业（制造业）销售自己生产的产品；商业企业（批发和零售业）销售其所购买的商品；作为当事人代为销售商品或者代为提供服务；拥有知识产权的企业向客户（其他企业）提供使用许可；服务类企业为客户提供建筑、交通运输、仓储、邮政、住宿、餐饮、信息传输、软件、信息技术、金融、租赁、科学研究、技术服务、教育、文化、体育和娱乐等的服务；等等。

（2）在某一时段内履行的履约义务。**在某一时段内履行的履约义务**（performance obligation over time），是指满足下列条件之一的履约义务：

1）客户在企业履约的同时即取得并消耗企业履约所带来的经济利益。这是指持续性的、立竿见影的服务，如保洁服务、园林绿化服务、运输服务等。这种业务的一个显著特点是，遇有中途停顿时，不必重新执行已完成的部分。

2）客户能够控制企业履约过程中在建的商品。这是指持续性的、其效果需累积才见的生产和服务，如在产品、在建工程、尚未完成的研发项目、正在进行的建筑安装服务等。例如，东南建设股份公司与客户签订合同，在该客户指定的土地上为其设计并建造厂房。这种情况就是客户能够控制企业履约过程中在建的商品的情形。

3）企业履约过程中所产出的商品具有不可替代用途（即客户定制的专用产品），且该企业在整个合同期间内有权就累计至今已完成的履约部分收取款项。如企业预付全款定制某种商品且该预付款不可撤销的情形。例如，江南制造股份公司与客户签订合同，为其建造特种船舶，该产品具有不可替代用途。如果该客户违约时该公司能够收回成本且获取合理利润，则该合同的履约义务就属于在某一时段内履行的履约义务。如果该客户违约时该公司不能收回成本且获取合理利润，则该合同的履约义务就不属于在某一时段内履行的履约义务。

（3）在某一时点履行的履约义务。**在某一时点履行的履约义务**（performance obligation at a point in time），是指不属于在某一时段内履行的履约义务的那些履约义务。

第3步：确定交易价格。交易价格（transaction price），是指企业因向客户转让商品而预期有权收取的对价金额。企业代第三方收取的款项以及企业预期将退还给客户的款项，应当作为负债进行会计处理，不计入交易价格。企业应当根据合同条款，并结合其以往的习惯做法确定交易价格。此外，还应考虑可变对价、合同中存在的重大融资成分、非现金对价、应付客户对价等因素的影响。

第4步：将交易价格分摊至各单项履约义务。企业应当按照分摊至各单项履约义务的交易价格计量收入。

合同中包含两项或多项履约义务的，企业应当在合同开始日，按照各单项履约义务所承诺商品的单独售价的相对比例，将交易价格分摊至各单项履约义务。企业不得因合同开始日之后单独售价的变动而重新分摊交易价格。

企业在类似环境下向类似客户单独销售商品的价格，应作为确定该商品单独售价的最佳证据。单独售价无法直接观察的，企业应当综合考虑其能够合理取得的全部相关信息，采用市场调整法、成本加成法、余值法等方法合理估计单独售价。在估计单独售价时，企业应当最大限度地采用可观察的输入值，并对类似的情况采用一致的估计方法。

第5步：在履行各单项履约义务时确认收入。

（1）在某一时段内履行的履约义务所对应的收入。对于在某一时段内履行的履约义务，企业应当在该段时间内按照履约进度确认收入，但是，履约进度不能合理确定的除外。

企业应当考虑商品的性质，采用**产出法**（output methods）或**投入法**（input methods）确定恰当的履约进度。

（2）在某一时点履行的履约义务所对应的收入。对于在某一时点履行的履约义务，企业应当在客户取得相关商品控制权的时点确认收入。取得相关商品控制权，是指能够主导该商品的使用并从中获得几乎全部的经济利益。

在判断客户是否已取得商品控制权时，企业应当考虑下列迹象：

1）企业就该商品享有现时收款权利，即客户就该商品负有现时付款义务；

2）企业已将该商品的法定所有权转移给客户，即客户已拥有该商品的法定所有权；

3）企业已将该商品转移给客户，即客户已经取得商品的实际占有；

4）企业已将该商品所有权上的主要风险和报酬转移给客户，即客户已取得该商品所有权上的主要风险和报酬；

5）客户已接受该商品；

6）其他表明客户已取得商品控制权的迹象。

3. 单一业务合同内容的收入确认

《企业会计准则第 14 号——收入》（2017 年修订）所推出的“五步法”适用于各类为企业带来营业收入的合同（无论业务期限长短、业务内容多寡、业务性质如何），在形式上取得了统一。正如《国际财务报告准则第 15 号——客户合同收入》所称，“五步法”是一个更健全的框架，能够适用于复杂的交易。

对于这样一套包罗万象的“五步法”收入确认模型，不能仅仅看到它光彩照人的一面，也要看到其局限性。一方面，这样复杂的收入确认对于社会经济生活中常见的即时完成的单一业务内容而言无疑过于复杂。如果对于业务内容单一的业务合同，仍然固守“五步法”，那未免小题大做了。另一方面，现实中的合同法律关系千变万化，实在难以用一套算法来网罗全部的业务模式。即便是貌似包罗万象的“五步法”收入确认模型，同样也力不能逮。实际上，修订后的收入准则仍然不得不给出了大量关于特定交易的会计处理规则（详见该准则原文及其应用指南）。①

针对单一业务合同内容，可以直接根据财产权利的变化来核算营业收入。

工商企业设“主营业务收入”科目核算企业确认的销售商品、提供服务等主营业务的收入。该科目可按主营业务的种类进行明细核算。该科目贷方登记发生额（增加数），借方登记结转额（减少数）。期末，企业应根据该科目的本期贷方发生额减去本期借方发生额后的净额，借记“主营业务收入”科目，贷记“本年利润”科目，结转后该科目应无余额。

工商企业设“其他业务收入”科目核算企业确认的除主营业务活动以外的其他经营活动实现的收入，包括出租固定资产、出租无形资产、出租包装物和商品、销售材料、用材料进行非货币性资产交换（非货币性资产交换具有商业实质且公允价值能够可靠计量）等实现的收入。该科目贷方登记发生额（增加数），借方登记结转额（减少数）。期末，企业应根据该科目的本期贷方发生额减去本期借方发生额后的净额，借记“其他业务收入”科目，贷记“本年利润”科目，结转后该科目应无余额。

之所以还要把营业收入区分为主营业务收入和其他业务收入，是因为在企业管理实践中，从业绩评价与财务管控等管理需要来看，常常需要分析利润来源究竟是来自主营业务，还是来自兼营业务。会计管理程序常常是实际管理需要的产物。

当然，主营业务和兼营业务的区分并没有统一的标准。对于一家企业而言的主营业务和兼营业务，对于另一家企业而言可能恰恰相反。上述“主营业务收入”科目和“其他业务收入”科目的用法，是以工商企业的常规情形为参照坐标的。企业在实际工作中常常根据管理需要自行确定所适用的科目。

企业应在销售成立时，按已收或应收的全部款项，记录业务活动的对价，即

---

① 如附有销售退回条款的销售、向客户授予知识产权许可、售后回购交易、向客户预收销售商品款项、向客户收取的无须退回的初始费等情形。

借记“银行存款”“应收账款”“应收票据”等科目。按从以上全部款项中减除增值税销项税额后的金额，记录企业通过生产经营所取得的对价，即贷记“主营业务收入”或“其他业务收入”等科目。根据增值税的税制原理，在商品或服务顺利完成给付的情况下，企业不负担增值税，增值税不构成企业的对价或代价。因此，应当将增值税销项税额从企业收取的全部对价中扣除，即不计入营业收入，而是记入“应交税费——应交增值税”账户的销项税额专栏。企业应按增值税专用发票上注明的增值税销项税额，贷记“应交税费——应交增值税（销项税额）”科目。

借：银行存款、应收账款、应收票据等　　[按已收或应收的全部款项]
　贷：主营业务收入（或其他业务收入）
　　　　[按从以上全部款项中减除增值税后的金额]
　　应交税费——应交增值税（销项税额）
　　　　[按增值税专用发票上注明的增值税税额]

结转成本时，企业应按其为了取得上述对价所付出的代价，借记“主营业务成本”或“其他业务成本”等科目，贷记“库存商品”等科目。

例 11-1

中原商贸有限公司是增值税一般纳税人，税务机关核定的增值税纳税期限为一个月。该公司2022年1月6日购入了100件西施浣纱股份有限公司生产的羊驼毛大衣，增值税专用发票上注明的金额共计100 000元，增值税税额为13 000元。商品已经入库，价款已经支付。

借：库存商品	100 000	
应交税费——应交增值税（进项税额）	13 000	
贷：银行存款		113 000

中原商贸有限公司2022年1月26日将100件羊驼毛大衣批发给了另一家公司，不含增值税的销售额为300 000元，增值税税额为39 000元。钱货两清。

该项业务的营业收入属于在某一时点履行的履约义务所对应的收入。中原商贸有限公司在购买方取得该货物的控制权时确认收入。

借：银行存款	339 000	
贷：主营业务收入		300 000
应交税费——应交增值税（销项税额）		39 000

结转主营业务成本时的会计分录如下：

借：主营业务成本	100 000	
贷：库存商品		100 000

从上述示例中不难看出，针对即时完成的单一业务内容来核算营业收入和营业成本时，业务合同的对价减去该合同的代价，就是该合同的毛利。这一逻辑线条还是比较清晰的。

例 11－2

2022 年 1 月 1 日，东南路桥股份公司与某客户签订合同，为其修建 100 公里的高速公路，合同标的额为 5 000 000 000 元。假定本例不考虑增值税等相关税费。

2022 年 12 月 31 日，该公司已完成建造任务 60 公里，预计未来一年内能够全部完工。该合同所包含的一项履约义务，属于在某一时段内履行的履约义务。假设该公司按照已完成的工作量确定履约进度。因此，截至 2022 年 12 月 31 日，该合同的履约进度为 60%（即 60÷100），该公司应确认的收入为 3 000 000 000 元（5 000 000 000×60%）。

借：银行存款　　3 000 000 000

　　贷：主营业务收入　　3 000 000 000

该公司预计合同总成本为 4 500 000 000 元。按照履约进度 60%计算的营业成本为 2 700 000 000 元。

借：主营业务成本　　2 700 000 000

　　贷：合同履约成本　　2 700 000 000

本例略有难度，读者了解大意即可。

11.2.2　投资收益

企业有时需要通过长期股权投资来维护其战略利益，有时出于调节资产结构和债务结构的需要也可能会进行一些金融性质的投资。会计学中把这些投资所获得的回报称作投资收益。

企业设“投资收益”科目核算企业在长期股权投资、证券投资中获得的投资收益（或承受的投资损失）。该科目可按照投资项目进行明细核算。在会计期末结账时，企业应根据当期应结转的金额，借记“投资收益”科目，贷记“本年利润”科目，结转后该科目应无余额。

例 11－3

佳佳禾农业股份公司 2022 年 1 月 2 日投资 300 万元购买了某上市公司的股票，企图获得投机收益，2022 年 1 月 23 日出售该股票得款 390 万元。其账务处理如下：

（1）投资时。

借：交易性金融资产——成本　　3 000 000

　　贷：其他货币资金——存出投资款　　3 000 000

（2）出售股票时。

借：其他货币资金——存出投资款　　3 900 000

　　贷：交易性金融资产——成本　　3 000 000

　　　　投资收益　　900 000

限于篇幅，长期股权投资、债权投资等投资收益的示例此处从略。

11.2.3 其他收益

《企业会计准则第16号——政府补助》（2017年修订）第十一条规定，与企业日常活动相关的政府补助，应当按照经济业务实质，计入其他收益或冲减相关成本费用。

企业设“其他收益”科目核算其计入其他收益的、与企业日常活动相关的政府补助。该科目贷方登记收到的与企业日常活动相关的政府补助，借方登记减少数，期末结转后无余额。

例11-4

华中机电有限公司2022年9月收到当地政府依照科技创新支持计划拨付的政府补助16 000 000元，该补助与该公司的日常经营活动相关。华中机电有限公司的会计处理如下：

借：银行存款　　16 000 000
　贷：其他收益　　16 000 000

11.3 费　用

会计学中所称的“[营业]费用”是指企业为取得本期营业收入而发生的、应从本期营业收入中获得补偿的经营代价。简单地说，[营业]费用就是为了取得营业收入而发生的经营代价。有些经营代价与营业收入存在直接对应关系（接近于正比例关系），如销售货物或提供服务所发生的营业成本（结转的销货成本、劳务成本等）、税金及附加；有些经营代价则与营业收入没有直接的对应关系，如销售费用、管理费用、财务费用等（这些费用通常被称作期间费用）。费用类的各个项目在利润表中作为营业收入的减项单独列示。营业收入与营业费用之差，就是惯常所称的营业利润（营业亏损以负数表示）。

《企业会计准则——基本准则》第三十三条规定，费用是指企业在日常活动中发生的、会导致所有者权益减少的、与向所有者分配利润无关的经济利益的总流出。可见，准则所称的费用是狭义的，仅仅是指企业当期从事经营活动所付出的代价，不包括偶然支出或损失（即营业外支出、资产处置损失）、预期损失（即公允价值变动损失、资产减值损失、信用减值损失）。

费用具有以下三个特征：

（1）费用是企业在日常活动中发生的。这里的“日常活动”同收入中的含义。日常活动中所发生的费用，通常包括营业成本（即主营业务成本、其他业务成本）、税金及附加、销售费用、管理费用、财务费用等。作为对比，非日常活动所形成的经济利益的总流出不能计入费用，而应当计入损失。

（2）费用会导致所有者权益的减少。这一特点区别于偿债所导致的经济利益的总流出。例如，企业清偿债务也会导致经济利益流出企业（如银行存款减少），但不应当计入费用，而应当冲减负债。

(3) 费用是与向所有者分配利润无关的经济利益的总流出。这一特点区别于股东减资所形成的经济利益的总流出。例如，股东按照公司章程撤资时，虽然会导致经济利益流出企业（如银行存款减少），但不应当计入费用，而应当冲减所有者权益。

显然，如果企业经营活动所导致的经济利益的总流出，既不冲减负债，也不直接冲减所有者权益，那么，这样的经济利益的总流出就是应当计入利润表的费用。

费用的确认除了应当符合定义外，至少应当符合以下条件：(1) 与费用相关的经济利益应当很可能流出企业；(2) 经济利益流出企业的结果会导致资产减少或者负债增加；(3) 经济利益的流出额能够可靠计量。

符合费用定义和费用确认条件的项目，应当列入利润表。

费用按性质不同，可分为与营业收入直接相关的费用和期间费用。与营业收入直接相关的费用是指企业本期发生的、与本期营业收入存在直接对应关系、为取得营业收入而发生的直接的经营代价，包括主营业务成本、其他业务成本、税金及附加。期间费用是指企业本期发生的、与本期营业收入没有对应关系、应直接计入当期损益的各项费用，包括管理费用、销售费用和财务费用。

值得注意的是，在现行准则所规定的工商企业的利润表格式中，营业利润不仅仅是营业收入减去营业费用的余数，还包括利得（如公允价值变动损益）和损失（如资产减值损失）。

另外需要提示读者的是，有些会计科目虽然带有“成本”或“费用”字样，但不属于在利润表中列示的项目（即不是损益类科目），如前面章节所提及的“生产成本”“制造费用”“劳务成本”等科目。“生产成本”和“制造费用”科目记录的是为制造存货而发生的直接代价（如直接材料开支、直接人工开支）和间接代价（如车间水电气开支、车间办公开支等），因此，二者都属于资产类科目（有的书上称作成本类科目），而不属于费用类科目（有的书上称作损益类科目）。“劳务成本”科目记录的是留待结转计入营业成本的开支，因此，该科目也在资产负债表日列入资产负债表的“存货”项目。

11.3.1 主营业务成本和其他业务成本

1. 主营业务成本

工商企业设“主营业务成本”科目核算企业确认销售商品、提供服务等主营业务收入时应结转的成本（税金及附加除外，另设科目核算）。该科目可按主营业务的种类进行明细核算。该科目借方登记发生额（增加数），贷方登记结转额（减少数）。会计期末（如月末）结转营业成本时，企业应根据本月销售的各种商品、提供的各种服务等的实际成本，计算应结转的主营业务成本，借记“主营业务成本”科目，贷记“库存商品”“劳务成本”等科目。期末，企业应根据该科目的本期借方发生额减去本期贷方发生额后的净额，借记“本年利润”科目，贷记“主营业务成本”科目，结转后该科目应无余额。

示例请参阅本章11.1节。

2. 其他业务成本

工商企业设“其他业务成本”科目核算企业确认的除主营业务活动以外的其他经营活动所发生的代价（税金及附加除外，另设科目核算），包括销售材料的成本、出租固定资产的折旧额、出租无形资产的摊销额、出租包装物的成本或摊销额等。除主营业务活动以外的其他经营活动发生的相关税费，在“税金及附加”科目核算。采用成本模式计量投资性房地产的，其投资性房地产计提的折旧额或摊销额，也通过该科目核算。该科目借方登记发生额（增加数），贷方登记结转额（减少数）。期末，企业应根据该科目的本期借方发生额减去本期贷方发生额后的净额，借记“本年利润”科目，贷记“其他业务成本”科目，结转后该科目应无余额。

企业记录发生的其他业务成本时，借记“其他业务成本”科目，贷记“原材料”“低值易耗品”“累计折旧”“累计摊销”“应付职工薪酬”等科目。

例 11－5

环球实业有限公司为增值税一般纳税人，某月销售原材料一批，不含增值税的售价为100 000元，增值税税额为13 000元，已经收到转账支票。

（1）销售收款时。

借：银行存款　　113 000

　　贷：其他业务收入　　100 000

　　　　应交税费——应交增值税（销项税额）　　13 000

（2）结转该批原材料账面成本90 000元时。

借：其他业务成本　　90 000

　　贷：原材料　　90 000

例 11－6

神州粮油有限公司2022年1月6日斥资2 120 000元购入了“十四香”酱油的发明专利所有权，增值税专用发票上注明的交易金额为2 000 000元，增值税税额为120 000元。该专利的法律保护期限还有10年。该公司采用直线法摊销无形资产。2023年年初，神州粮油公司作为专利权人在书面合同中授权另一公司实施该项专利。每年年初收取专利使用费300 000元。本例不考虑其他税费等因素。神州粮油公司的会计处理如下：

（1）购入专利权时。

借：无形资产　　2 000 000

　　应交税费——应交增值税（进项税额）　　120 000

　　贷：银行存款　　2 120 000

（2）2022 年摊销无形资产时。

借：管理费用　　200 000

　贷：累计摊销　　200 000

（3）授权他人实施专利后，每年年初收取专利使用费时。

借：银行存款　　300 000

　贷：其他业务收入　　300 000

（4）授权他人实施专利后，每年摊销无形资产时。

借：其他业务成本　　200 000

　贷：累计摊销　　200 000

11.3.2　税金及附加

企业设“税金及附加”科目，核算企业经营活动发生的消费税、城市维护建设税、资源税、教育费附加及房产税、城镇土地使用税、车船税、印花税等相关税费。

该科目借方登记发生额（增加数），贷方登记结转额（减少数）。在纳税期限内计算确定经营活动发生的税金及附加时，借记“税金及附加”科目，贷记“应交税费”等科目。

借：税金及附加　　［按应交的各种税费］

　贷：应交税费——应交消费税

　　　　　　——应交城市维护建设税

　　　　　　——应交教育费附加

　　　　　　——应交资源税

　　　　　　——应交房产税

　　　　　　——应交城镇土地使用税

　　　　　　——应交车船税

期末，企业应根据该科目的本期借方发生额减去本期贷方发生额后的净额，借记“本年利润”科目，贷记“税金及附加”科目，结转后该科目应无余额。

例 11－7

2022 年 12 月，金波家居有限公司计算应交房产税 160 000 元、应交城镇土地使用税 90 000 元、应交车船税 30 000 元。该公司的账务处理如下：

借：税金及附加　　280 000

　贷：应交税费——应交房产税　　160 000

　　　　　　——应交城镇土地使用税　　90 000

　　　　　　——应交车船税　　30 000

11.3.3 销售费用

除金融行业外，企业设“销售费用”科目核算销售货物、提供服务时发生的各种费用，包括保险费、包装费、展览费和广告费、商品维修费、预计产品质量保证损失、运输费、装卸费等，以及为销售本企业商品而专设的销售机构（含销售网点、售后服务网点等）的职工薪酬、业务费、折旧费等经营费用。该科目可按照费用项目进行明细核算。该科目借方登记发生额（增加数），贷方登记结转额（减少数）。期末，企业应根据该科目的本期借方发生额减去本期贷方发生额后的净额，借记“本年利润”科目，贷记“销售费用”科目，结转后该科目应无余额。

企业在销售商品过程中发生的包装费、保险费、展览费和广告费、运输费、装卸费等费用，借记“销售费用”科目，贷记“库存现金”“银行存款”科目。

企业发生的为销售本企业商品而专设的销售机构的职工薪酬、业务开支、固定资产折旧等经营费用，借记“销售费用”科目，贷记“应付职工薪酬”“银行存款”“累计折旧”等科目。

例 11-8

新新乳品有限公司 2022 年 12 月份根据发生的销售费用，进行了如下的会计处理：

（1）计算应付专设的销售机构的职工薪酬 400 000 元。

借：销售费用	400 000	
贷：应付职工薪酬		400 000

（2）开出支票支付电视广告费 636 000 元。收到的增值税专用发票上注明的不含税金额为 600 000 元，税额为 36 000 元，价税合计为 636 000 元。

借：销售费用	600 000	
应交税费——应交增值税（进项税额）	36 000	
贷：银行存款		636 000

11.3.4 财务费用

企业设“财务费用”科目核算其当期记入利润表的筹资代价，包括利息支出及手续费支出、汇兑差额等代价。该科目可按照费用项目进行明细核算。该科目借方登记发生额（增加数），贷方登记结转额（减少数）。记录发生的财务费用时，借记“财务费用”科目，贷记“银行存款”等科目。记录应冲减财务费用的利息收入、汇兑差额时，借记“银行存款”“应付账款”等科目，贷记“财务费用”科目。期末，企业应根据该科目的本期借方发生额减去本期贷方发生额后的净额，借记“本年利润”科目，贷记“财务费用”科目，结转后该科目应无余额。

例 11 - 9

新新乳品有限公司 2022 年 12 月份根据发生的财务费用，进行了如下的会计处理：

（1）转账支付短期借款利息 300 000 元。收到的增值税普通发票上注明的价税合计为 300 000 元。

借：财务费用　　300 000
　贷：银行存款　　300 000

（2）收到银行存款利息 100 000 元。假定该存款利息不征收增值税。

借：银行存款　　100 000
　贷：财务费用　　100 000

11.3.5 管理费用

企业设“管理费用”科目核算企业为组织和管理企业生产经营所发生的管理费用，包括筹建期间的开办费、董事会和行政管理部门在企业的经营管理中发生的或者应由企业统一负担的公司经费（包括行政管理部门职工薪酬、物料消耗、低值易耗品摊销、办公费和差旅费等）、工会经费、董事会费（包括董事会成员津贴、会议费和差旅费等）、聘请中介机构费、咨询费（含顾问费）、诉讼费、业务招待费、技术转让费、研究费用、排污费等。管理费用不多的商品流通企业，可不设置“管理费用”科目，将上述内容一并放在“销售费用”科目核算。该科目可按照费用项目进行明细核算。该科目借方登记发生额（增加数），贷方登记结转额（减少数）。期末，企业应根据该科目的本期借方发生额减去本期贷方发生额后的净额，借记“本年利润”科目，贷记“管理费用”科目，结转后该科目应无余额。

1. 行政管理费用的会计处理

企业发生公司经费等管理费用时，借记“管理费用”科目，贷记“银行存款”等科目。

例 11 - 10

新新乳品有限公司 2022 年 12 月份根据发生的管理费用，进行了如下的会计处理：

（1）应付行政管理部门职工薪酬 230 000 元。

借：管理费用　　230 000
　贷：应付职工薪酬　　230 000

（2）计提行政管理办公大楼的折旧 110 000 元。

借：管理费用　　110 000
　贷：累计折旧　　110 000

（3）用银行存款支付业务招待费（餐费）9 000 元。收到的增值税普通发票上注明的价税合计为 9 000 元。

借：管理费用　　9 000
　贷：银行存款　　9 000

（4）计提工会经费 3 000 元。

借：管理费用　　3 000
　贷：应付职工薪酬——工会经费　　3 000

（5）管理部门人员报销差旅费 8 700 元，以现金支付。

借：管理费用　　8 700
　贷：库存现金　　8 700

（6）本月摊销无形资产 1 800 元。

借：管理费用　　1 800
　贷：累计摊销　　1 800

2. 研发项目研究阶段所发生的开支的会计处理

对于研发项目研究阶段的开支，借记“管理费用”科目，贷记“研发支出”科目。

例 11－11

南方高科有限责任公司 2022 年 11 月启动了一项研发项目。研究开发阶段发生开支 3 800 000 元，其中，原材料价值 3 000 000 元，研发人员工资 800 000 元。

借：研发支出　　3 800 000
　贷：原材料　　3 000 000
　　　应付职工薪酬　　800 000

2022 年年末发现，该项目尚属理论探索阶段，所发生的开支一律计入当期管理费用。

借：管理费用　　3 800 000
　贷：研发支出　　3 800 000

11.4 直接计入当期利润的利得

直接计入当期利润的利得，是指直接计入当期利润表、会导致所有者权益增加的、与所有者投入资本无关的利得。本书将其概括为偶然所得（即营业外收入、资产处置收益）和预期所得（公允价值变动收益）。其中，偶然所得是企业从事营业范围以外的活动所形成的利得，在利润表上列示为“营业外收入”“资产处置收益”；预期所得是市价波动所形成的浮动盈利，会计学上称为公允价值变动收益，列入利润表的“公允价值变动收益”项目中。

素养提升：会计规则的理论逻辑、历史逻辑和实践逻辑

《企业会计准则——基本准则》关于利得或损失的规定

利得，是指由企业非日常活动所形成的、会导致所有者权益增加的、与所有者投入资本无关的经济利益的流入。损失是指由企业非日常活动所发生的、会导致所有者权益减少的、与向所有者分配利润无关的经济利益的流出。

会计准则中把“利得”和“损失”分为两类：其一是直接计入所有者权益（其他综合收益）的利得和损失。这是指不计入当期利润表、会直接导致所有者权益发生增减变动的、与所有者投入资本或者向所有者分配利润无关的利得或损失。常见的例子是其他权益工具投资和其他债权投资由于市价波动所形成的浮动盈亏，参见第 10 章的讲解。其二是直接计入当期利润的利得和损失，这是指应当计入当期损益、会间接导致所有者权益发生增减变动的、与所有者投入资本或者向所有者分配利润无关的利得或损失。常见的例子是资产减值损失和交易性金融资产的公允价值变动损益。

11.4.1 偶然所得（资产处置收益和营业外收入）

1. 资产处置收益

企业设“资产处置损益”科目核算企业出售划分为持有待售的非流动资产（金融工具、长期股权投资和投资性房地产除外）或处置组时确认的处置利得或损失，以及处置未划分为持有待售的固定资产、在建工程、生产性生物资产及无形资产而产生的处置利得或损失。该科目贷方登记发生额（增加数），借方登记结转额（减少数）。企业记录资产处置收益时，借记“银行存款”“固定资产清理”等科目，贷记“资产处置损益”科目。期末，企业应根据该科目的本期贷方发生额大于本期借方发生额的差额，借记“资产处置损益”科目，贷记“本年利润”科目，结转后该科目应无余额。

非货币性资产交换产生的利得或损失也通过“资产处置损益”科目核算。

例 11－12

江南制造股份公司是增值税一般纳税人，该公司 2022 年 6 月 12 日转让了一项外观设计专利，该资产账面余额（账面原价）为 800 000 元，累计摊销为 100 000元，未曾计提减值准备。该公司收到转让款 1 060 000 元，开出的增值税专用发票上注明的交易金额为 1 000 000 元，增值税税额为 60 000 元，价税合计为 1 060 000 元。不考虑附加税费。

借：银行存款	1 060 000	
累计摊销	100 000	
贷：无形资产		800 000
应交税费——应交增值税（销项税额）		60 000
资产处置损益		300 000

2. **营业外收入**

根据现行企业会计准则的规定，企业设“营业外收入”科目核算与企业日常活动无关的政府补助、盘盈利得、捐赠利得等营业范围外的活动所形成的偶然所得。该科目贷方登记发生额（增加数），借方登记结转额（减少数）。企业记录营业外收入时，借记“库存现金”“银行存款”“待处理财产损溢”等科目，贷记“营业外收入”科目。期末，企业应根据该科目的本期贷方发生额减去本期借方发生额后的净额，借记“营业外收入”科目，贷记“本年利润”科目，结转后该科目应无余额。

例 11－13

新星科技有限公司开发的新科技受到社会各界的强烈响应，该公司于 2022 年接受某知名企业家的捐赠 60 000 000 元。其会计分录为：

借：银行存款	60 000 000	
贷：营业外收入		60 000 000

11.4.2 预期所得（公允价值变动收益）

企业设“公允价值变动损益”科目核算其持有的交易性金融资产、交易性金融负债、采用公允价值模式计量的投资性房地产等资产由于公允价值变动所形成的浮动盈亏。该科目可按照投资项目进行明细核算。该账户贷方登记增加数，借方登记减少数。期末，企业应根据该科目的本期贷方发生额减去本期借方发生额后的净额，借记“公允价值变动损益”科目，贷记“本年利润”科目，结转后该科目应无余额。

资产负债表日，企业应按交易性金融资产公允价值高于其账面余额的差额，借记“交易性金融资产——公允价值变动”科目，贷记“公允价值变动损益”科目；公允价值低于其账面余额的差额，做相反的会计分录。

出售交易性金融资产时，按实际收到的金额，借记“银行存款”等科目；按交易性金融资产的账面余额，注销“交易性金融资产”的总账科目和明细科目中的相关记录；按得款数与交易性金融资产账面价值之差，贷记或借记“投资收益”科目。同时，按“交易性金融资产——公允价值变动”科目的余额，借记或贷记“公允价值变动损益”科目，贷记或借记“投资收益”科目。

例 11－14

2022 年 1 月初，江南制造股份公司用闲置的银行存款购入拟短期持有的艺庵科技股票 20 000 股，作为交易性金融资产核算。每股成交价 100 元。交易费用略。其相关的会计处理如下：

借：交易性金融资产——成本	2 000 000	
贷：银行存款		2 000 000

（1）3 月初，收到艺庵科技股票发放现金股利，每股股利 0.5 元。

借：银行存款	10 000	
贷：投资收益		10 000

（2）6 月 30 日，艺庵科技的股票市价飙升至每股 180 元。

借：交易性金融资产——公允价值变动	1 600 000	
贷：公允价值变动损益		1 600 000

（3）8 月初，企业将艺庵科技股票以每股 190 元全部售出。

借：银行存款	3 800 000	
贷：交易性金融资产——成本		2 000 000
——公允价值变动		1 600 000
投资收益		200 000
借：公允价值变动损益	1 600 000	
贷：投资收益		1 600 000

素养提升：会计规则的理论逻辑、历史逻辑和实践逻辑

“公允价值变动损益”的理论问题

“公允价值变动损益”科目是公允价值会计（fair value accounting）的标志。公允价值会计是美国证监会（SEC）主席布里登（Breeden）在 20 世纪 90 年代初推出的一套记账规则。布里登曾参与处理美国 80 年代的储贷危机，他认为，为了及时观测金融机构的证券投资风险程度，有必要让金融机构以公允价值（即最新市价）列报其证券投资，并将浮动盈亏计入利润表。这就是“公允价值变动损益”的来历。后来由于美联储、美国财政部的反对，其设想有所改变，增加了“可供出售金融资产”（即如今所称的其他权益工具投资和其他债权投资）的规则。

11.5　直接计入当期利润的损失

直接计入当期利润的损失，是指应当计入当期利润表、会导致所有者权益减少的、与向所有者分配利润无关的损失。本书将其概括为偶然支出或损失（即营业外支出、资产处置损失）和预期损失（即公允价值变动损失、资产减值损失、信用减值损失）。其中，偶然支出或损失是企业经营活动以外所发生的支出，在利润表上单列为“营业外支出”项目、“资产处置收益”项目（以负数列示）。预期损失是市价波动或估值变动所形成的浮动损失，会计学上称为公允价值变动损失、资产减值损失、信用减值损失，分别列入利润表的“公允价值变动收益”（以负数列示）、“资产减值损失”、“信用减值损失”项目中。

11.5.1 偶然支出或损失（营业外支出和资产处置损失）

1. 营业外支出

企业设“营业外支出”科目核算营业范围外的各项偶然支出，包括公益性捐赠支出、非常损失、盘亏损失、非流动资产毁损报废损失等。非流动资产毁损报废损失通常包括因自然灾害发生毁损、已丧失使用功能等而报废清理产生的损失。

该科目应当按照支出项目进行明细核算。该科目借方登记发生额（增加数），贷方登记结转额（减少数）。记录营业外支出时，借记“营业外支出”科目，贷记“待处理财产损溢”“库存现金”“银行存款”“固定资产清理”等科目。期末，企业应根据该科目的本期借方发生额减去本期贷方发生额后的净额，借记“本年利润”科目，贷记“营业外支出”科目，结转后该科目应无余额。

例 11-15

江南制造股份公司2022年12月31日盘亏一台机器设备，该设备账面余额（账面原价）为900 000元，累计折旧为500 000元，资产减值准备为300 000元。

（1）江南制造股份公司记录盘亏情况时。

借：待处理财产损溢——待处理固定资产损溢　　100 000
　　累计折旧　　500 000
　　固定资产减值准备　　300 000
　贷：固定资产　　900 000

（2）经批准核销该设备时。

借：营业外支出　　100 000
　贷：待处理财产损溢——待处理固定资产损溢　　100 000

2. 资产处置损失

企业记录资产处置损失时，借记“资产处置损益”等科目，贷记“固定资产清理”等科目。期末，企业应根据该科目的本期借方发生额大于本期贷方发生额的差额，借记“本年利润”科目，贷记“资产处置损益”科目，结转后该科目应无余额。

例 11-16

中原高科股份公司是增值税一般纳税人，该公司2022年9月7日转让了一项外观设计专利，该资产账面余额（账面原价）为900 000元，累计摊销为100 000元，未曾计提减值准备。该公司收到转让款530 000元，开出的增值税专用发票上注明的交易金额为500 000元，增值税税额为30 000元，价税合计为530 000元。不考虑附加税费。

借：银行存款　　530 000
　　累计摊销　　100 000

资产处置损益　　300 000
　贷：无形资产　　900 000
　　应交税费——应交增值税（销项税额）　　30 000

上述非流动资产相关业务的会计处理规则比较容易混淆，为帮助初学者理解和识记，本书特做梳理，如表 11－1 所示。

表 11－1　出售的资产项目与记入的会计科目之关系

出售的资产项目	记入的会计科目
因自然灾害发生毁损的固定资产 因丧失使用功能等而报废清理的固定资产	营业外支出
出售固定资产、在建工程、生产性生物资产及无形资产	资产处置损益
划分为持有待售的非流动资产（金融工具、长期股权投资和投资性房地产除外）	
非货币性资产交换产生的利得或损失	
金融工具、长期股权投资和投资性房地产	投资收益

11.5.2　预期损失（资产减值损失和信用减值损失）

1. 资产减值损失

企业设“资产减值损失”科目核算其针对各项资产（金融资产除外）计提资产减值准备时所记录的损失。该科目可按照资产减值损失的项目进行明细核算。该科目借方登记发生额（增加数），贷方登记结转额（减少数）。期末，企业应根据该科目的本期借方发生额减去本期贷方发生额后的净额，借记“本年利润”科目，贷记“资产减值损失”科目，结转后该科目应无余额。

就本书所涉及的项目而言，记录资产减值损失时的会计分录为：

借：资产减值损失
　贷：存货跌价准备
　　长期股权投资减值准备
　　固定资产减值准备
　　在建工程减值准备
　　工程物资减值准备
　　无形资产减值准备
　　……

谨慎性原则
与资产减值损失

某些资产减值准备可在以后期间转回，就本书所涉及的项目而言，转回时的会计分录为：

借：存货跌价准备
　贷：资产减值损失

2. 信用减值损失

企业设“信用减值损失”科目核算其按照《企业会计准则第22号——金融工具确认和计量》（2017年修订）的要求计提各项金融工具减值准备时所记录的预期信用损失。该科目可按照信用减值损失的项目进行明细核算。该科目借方登记发生额（增加数），贷方登记结转额（减少数）。期末，企业应根据该科目的本期借方发生额减去本期贷方发生额后的净额，借记“本年利润”科目，贷记“信用减值损失”科目，结转后该科目应无余额。

就本书所涉及的项目而言，记录信用减值损失时的会计分录为：

借：信用减值损失

　贷：坏账准备

　　债权投资减值准备

　　其他综合收益——其他债权投资减值准备

某些资产减值准备可在以后期间转回，就本书所涉及的项目而言，转回时的会计分录为：

借：坏账准备

　债权投资减值准备

　其他综合收益——其他债权投资减值准备

　贷：信用减值损失

11.6 所得税费用

依法纳税是企业的神圣权利和光荣义务。实务中，税务机关征收企业所得税有查账征收和核定征收两种操作方式，查账征收的方式适用于会计管理比较规范的企业。本节的讲解以查账征收为例。

实行查账征收的企业在办理企业所得税年度汇算清缴业务时，要根据财务会计报告和其他有关资料填写《纳税申报表（A类）》（见表11-2）及其附表。纳税申报表对于初学者略有难度，读者大概了解即可。

税收征收管理法和企业所得税法的有关规定

企业所得税年度纳税申报表包括利润总额计算、应纳税所得额计算、应纳税额计算三个部分。“利润总额计算”中的项目，依照国家统一的会计制度（如企业会计准则、小企业会计准则、企业会计制度、分行业会计制度等）计算填报。“应纳税所得额计算”和“应纳税额计算”中的项目，除根据主表逻辑关系计算以外，通过附表相应栏次填报。

表 11-2 中华人民共和国企业所得税年度纳税申报表（A 类）

行次	类别	项目	金额
1	利润总额计算	一、营业收入（填写 A101010\101020\103000）	
2		减：营业成本（填写 A102010\102020\103000）	
3		减：税金及附加	
4		减：销售费用（填写 A104000）	
5		减：管理费用（填写 A104000）	
6		减：财务费用（填写 A104000）	
7		减：资产减值损失	
8		加：公允价值变动收益	
9		加：投资收益	
10		二、营业利润（1－2－3－4－5－6－7＋8＋9）	
11		加：营业外收入（填写 A101010\101020\103000）	
12		减：营业外支出（填写 A102010\102020\103000）	
13		三、利润总额（10＋11－12）	
14	应纳税所得额计算	减：境外所得（填写 A108010）	
15		加：纳税调整增加额（填写 A105000）	
16		减：纳税调整减少额（填写 A105000）	
17		减：免税、减计收入及加计扣除（填写 A107010）	
18		加：境外应税所得抵减境内亏损（填写 A108000）	
19		四、纳税调整后所得（13－14＋15－16－17＋18）	
20		减：所得减免（填写 A107020）	
21		减：弥补以前年度亏损（填写 A106000）	
22		减：抵扣应纳税所得额（填写 A107030）	
23		五、应纳税所得额（19－20－21－22）	
24	应纳税额计算	税率（25%）	
25		六、应纳所得税额（23×24）	
26		减：减免所得税额（填写 A107040）	
27		减：抵免所得税额（填写 A107050）	
28		七、应纳税额（25－26－27）	
29		加：境外所得应纳所得税额（填写 A108000）	
30		减：境外所得抵免所得税额（填写 A108000）	
31		八、实际应纳所得税额（28＋29－30）	
32		减：本年累计实际已缴纳的所得税额	
33		九、本年应补（退）所得税额（31－32）	
34		其中：总机构分摊本年应补（退）所得税额（填写 A109000）	
35		财政集中分配本年应补（退）所得税额（填写 A109000）	
36		总机构主体生产经营部门分摊本年应补（退）所得税额（填写 A109000）	

企业所得税年度纳税申报表中的“纳税调整后所得”，是在会计利润总额的基

础上，加减纳税调整等金额后计算得出的。由于现行会计准则与税法的差异甚大，因此，企业需要对利润表中的“利润总额”进行调整后才能得出税务机关认可的“纳税调整后所得”“应纳税所得额”。会计与税法的差异（包括收入类、扣除类、资产类等永久性和暂时性差异）通过纳税申报表的附表“纳税调整项目明细表”（见表11－3）予以集中体现。该表中的调整项目主要包括以下几类。

第一类，收入类调整项目，主要是指对以下项目的调整：视同销售收入，未按权责发生制原则确认的收入，按权益法核算长期股权投资对初始投资成本调整确认收益，交易性金融资产初始投资调整，公允价值变动净收益，不征税收入等。

第二类，扣除类调整项目，主要是指对以下项目的调整：视同销售成本，职工薪酬，业务招待费支出，广告费和业务宣传费支出，捐赠支出，利息支出，罚金、罚款和被没收财物的损失，税收滞纳金、加收利息，赞助支出，佣金和手续费支出，与未实现融资收益相关在当期确认的财务费用，与取得收入无关的支出；不征税收入用于支出所形成的费用等。

第三类，资产类调整项目，主要包括：(1) 资产折旧、摊销。(2) 资产减值准备金。(3) 资产损失。(4) 其他。

以上调整项目可以概括为三种情形：其一是利润表中已记录但税法完全不允许据以计算（增减）应纳税所得额而产生的差异，如对公允价值变动净收益、资产减值损失、信用减值损失的调整。其二是利润表中已记录且税法允许据以计算（增减）应纳税所得额，但由于二者的计算规则不同而产生的差异，如对固定资产折旧、无形资产摊销、职工资薪酬、广告费和业务宣传费支出的调整。其三是利润表中未记录但税法允许计入应纳税所得额而产生的差异，如对视同销售收入、视同销售成本的调整。实务中常见的是第一种、第二种情形。

表11－3 A105000 纳税调整项目明细表

行次	项目	账载金额	税收金额	调增金额	调减金额
		1	2	3	4
1	一、收入类调整项目（2＋3＋…＋8＋10＋11）	*	*		
2	（一）视同销售收入（填写A105010）	*			*
3	（二）未按权责发生制原则确认的收入（填写A105020）				
4	（三）投资收益（填写A105030）				
5	（四）按权益法核算长期股权投资对初始投资成本调整确认收益	*	*	*	
6	（五）交易性金融资产初始投资调整	*	*		*
7	（六）公允价值变动净损益		*		
8	（七）不征税收入	*	*		
9	其中：专项用途财政性资金（填写A105040）	*	*		
10	（八）销售折扣、折让和退回				
11	（九）其他				

续表

行次	项目	账载金额	税收金额	调增金额	调减金额
		1	2	3	4
12	二、扣除类调整项目（13+14+…+24+26+27+28+29+30）	*	*		
13	（一）视同销售成本（填写 A105010）	*		*	
14	（二）职工薪酬（填写 A105050）				
15	（三）业务招待费支出				*
16	（四）广告费和业务宣传费支出（填写 A105060）	*	*		
17	（五）捐赠支出（填写 A105070）				
18	（六）利息支出				
19	（七）罚金、罚款和被没收财物的损失		*		*
20	（八）税收滞纳金、加收利息		*		*
21	（九）赞助支出		*		*
22	（十）与未实现融资收益相关在当期确认的财务费用				
23	（十一）佣金和手续费支出				*
24	（十二）不征税收入用于支出所形成的费用	*	*		*
25	其中：专项用途财政性资金用于支出所形成的费用（填写 A105040）	*	*		*
26	（十三）跨期扣除项目				
27	（十四）与取得收入无关的支出		*		*
28	（十五）境外所得分摊的共同支出	*	*		*
29	（十六）党组织工作经费				
30	（十七）其他				
31	三、资产类调整项目（32+33+34+35）	*	*		
32	（一）资产折旧、摊销（填写 A105080）				
33	（二）资产减值准备金		*		
34	（三）资产损失（填写 A105090）				
35	（四）其他				
36	四、特殊事项调整项目（37+38+…+42）	*	*		
37	（一）企业重组及递延纳税事项（填写 A105100）				
38	（二）政策性搬迁（填写 A105110）	*	*		
39	（三）特殊行业准备金（填写 A105120）				
40	（四）房地产开发企业特定业务计算的纳税调整额（填写 A105010）	*			
41	（五）有限合伙企业法人合伙方应分得的应纳税所得额				
42	（六）其他	*	*		
43	五、特别纳税调整应税所得	*	*		
44	六、其他	*	*		
45	合计（1+12+31+36+43+44）	*	*		

注：表中 * 号表示该栏目不适用，不需要填写。

应纳税所得额乘以适用的税率，就得出了企业的应纳税额。

企业设“所得税费用”科目核算其实际缴纳的所得税。记录应纳税额时，借记“所得税费用——当期所得税费用”科目，贷记“应交税费——应交所得税”科目。结转本年利润时，借记“本年利润”科目，贷记“所得税费用——当期所得税费用”科目，结转后，该科目无余额。

例 11－17

亲民农业股份公司 2022 年的利润表上载明的利润总额为 96 168 000 元。纳税申报时，税务机关认定了如下调整事项：

2022 年度计提存货跌价准备记录了资产减值损失 3 200 000 元；

2022 年度取得了国债利息 4 000 000 元；

2022 年度记录了公允价值变动收益 10 000 000 元。

应纳税所得额＝96 168 000＋3 200 000－4 000 000－10 000 000
＝85 368 000(元)

该公司适用的所得税税率为 25%，计算确定的应纳所得税额为 21 342 000 元。

借：所得税费用——当期所得税费用　　21 342 000
　贷：应交税费——应交所得税　　21 342 000

结转本年利润时。

借：本年利润　　21 342 000
　贷：所得税费用——当期所得税费用　　21 342 000

以上介绍的所得税费用只是当期实际缴纳的所得税。除此以外，会计准则还要求企业计算“递延所得税费用”。也就是说，利润表上列示的所得税费用是“当期所得税费用”加上“递延所得税费用”所得到的合计数。由于递延所得税并不是实际的纳税义务而仅仅是预期的所得税费用，且其理论依据尚存争议，超出了本书的范围，因此本书此处从略。感兴趣者可参阅《企业会计准则第 18 号——所得税》及其相关讲解材料。

11.7 利　润

11.7.1 利润的计算和结转

根据《企业会计准则——基本准则》的规定，企业的利润总额是按照以下等式计算确定的：

利润＝营业收入－狭义费用＋(计入当期利润的利得－计入当期利润的损失)

我国工商企业的利润表（见表 11－1）上带有“利润”字样的项目有三个，即营业利润、利润总额和净利润。其中，利润总额正是按照上述等式计算的。

利润表中所称的营业利润，是指营业收入减营业成本、税金及附加、销售费用、管理费用、财务费用，加其他收益、投资收益、公允价值变动收益、资产/

信用减值损失（损失以负数表示）、资产处置收益后的金额。利润表中所称的利润总额，是指营业利润加上营业外收入、减去营业外支出后的金额。利润表中所称的净利润，是指利润总额减去所得税费用后的金额。

本节主要阐释净利润的计算和结转。企业设“本年利润”科目核算其当年实现的净利润（或发生的净亏损）。该科目仅用于年末结转本年利润，结转完毕后，该科目无余额。

企业期末计算利润时，一方面，将收入、利得账户的发生额合计数转入“本年利润”账户的贷方；另一方面，将费用、损失账户的发生额合计数和所得税费用转入“本年利润”的借方，这个过程就是会计学惯常所称的结转本年利润。

结转收入、利得账户的发生额合计数时，会计分录是：

借：主营业务收入
　　其他业务收入
　　公允价值变动损益（假设该账户贷方发生额大于借方发生额）
　　投资收益
　　资产处置损益（假设该账户贷方发生额大于借方发生额）
　　其他收益
　　营业外收入
　贷：本年利润

结转费用、损失账户的发生额合计数和所得税费用时，会计分录是：

借：本年利润
　贷：主营业务成本
　　　其他业务成本
　　　税金及附加
　　　资产减值损失
　　　信用减值损失
　　　销售费用
　　　管理费用
　　　财务费用
　　　营业外支出
　　　所得税费用

若当年为净利润，则按“本年利润”账户贷方发生额与借方发生额的差额借记“本年利润”科目，贷记“利润分配——未分配利润”科目。这样就使得“本年利润”科目的借方发生额与贷方发生额相等，达到了把该账户“清空”的效果。如为净亏损，做相反的会计分录。

例 11－18

星海高科有限公司 2022 年度结转本年利润的业务及会计处理如下：

公司该年度“主营业务收入”科目贷方发生额为 70 000 000 元，“其他业务收入”科目贷方发生额为 30 000 000 元，“营业外收入”科目贷方发生额为

20 000 000 元，这些科目未曾出现借方发生额。

公司该年度“主营业务成本”科目借方发生额为 30 000 000 元，“其他业务成本”科目借方发生额为 20 000 000 元，“税金及附加”科目借方发生额为 10 000 000 元，“管理费用”科目借方发生额为 1 000 000 元，“财务费用”科目借方发生额为 2 000 000 元，“销售费用”科目借方发生额为 7 000 000 元，“营业外支出”科目借方发生额为 10 000 000 元，“所得税费用”科目借方发生额为 10 000 000 元，这些科目未曾出现贷方发生额。

（1）结转收入、利得账户。

借：主营业务收入	70 000 000	
其他业务收入	30 000 000	
营业外收入	20 000 000	
贷：本年利润		120 000 000

（2）结转费用、损失账户。

借：本年利润	90 000 000	
贷：主营业务成本		30 000 000
其他业务成本		20 000 000
税金及附加		10 000 000
管理费用		1 000 000
财务费用		2 000 000
销售费用		7 000 000
营业外支出		10 000 000
所得税费用		10 000 000

（3）结转本年的净利润。

借：本年利润	30 000 000	
贷：利润分配——未分配利润		30 000 000

11.7.2 税后利润的分配

税后利润应按《公司法》第八章的规定进行分配，参见本书第 10 章。

11.8 每股收益[①]

《企业会计准则第 34 号——每股收益》要求已经或者将要公开发行**普通股**（ordinary share；common stock）或潜在普通股的公司在利润表下部单独披露其基本每股收益和稀释每股收益。潜在普通股是指能够据以获得普通股的金融合同

① 本节内容与会计处理无关，不做教学要求，仅供课后阅读。

（金融术语称作金融工具，financial instrument），在我国目前阶段主要是指可转换公司债券、认股权证、股份期权等。

基本每股收益（basic earnings-per-share，basic EPS）是指平均分摊到每股普通股的归属于普通股股东的净利润（或净亏损）。这是比较纯粹的、惯常所称的每股收益。用公式来表示就是：

$$\text{基本每股收益}=\frac{\text{归属于普通股股东的净利润}}{\text{当期实际发行在外普通股的加权平均数}}$$

式中，当期实际发行在外普通股的加权平均数可按下列公式计算：

$$\begin{aligned}\begin{matrix}\text{当期实际发行在外}\\\text{普通股的加权平均数}\end{matrix}=&\begin{matrix}\text{期初发行在外的}\\\text{普通股股数}\end{matrix}+\begin{matrix}\text{当期新发行的}\\\text{普通股股数}\end{matrix}\times\begin{matrix}\text{已发行}\\\text{时间}\end{matrix}\\&\div\begin{matrix}\text{报告期}\\\text{时间}\end{matrix}-\begin{matrix}\text{当期回购的}\\\text{普通股股数}\end{matrix}\times\begin{matrix}\text{已回购}\\\text{时间}\end{matrix}\div\begin{matrix}\text{报告期}\\\text{时间}\end{matrix}\end{aligned}$$

式中，已发行时间、报告期时间和已回购时间一般按照天数计算；在不影响计算结果合理性的前提下，也可以采用简化的计算方法，如按月数计算。新发行普通股股数应当根据发行合同的具体条款，从应收对价之日（一般为股票发行日）起计算确定。通常包括下列情况：

（1）为收取现金而发行的普通股股数，从应收现金之日起计算。

（2）因债务转资本而发行的普通股股数，从停计债务利息之日或结算日起计算。

（3）非同一控制下的企业合并，作为对价发行的普通股股数，从购买日起计算；同一控制下的企业合并，作为对价发行的普通股股数，应当视同列报最早期间期初就已发行在外，计入各列报期间普通股的加权平均数。

（4）为收购非现金资产而发行的普通股股数，从确认收购之日起计算。

例 11－19

信达高科股份有限公司 2022 年期初发行在外的普通股为 20 000 万股；3 月 29 日新发行普通股 12 500 万股；10 月 1 日回购普通股 6 300 万股，以备将来奖励职工之用。该公司当年实现净利润 13 600 万元。2022 年基本每股收益计算如下：

发行在外普通股的

加权平均数　＝20 000×12/12＋12 500×9/12－6 300×3/12

＝27 800（万股）

或　＝20 000×3/12＋（20 000＋12 500）×6/12

＋（20 000＋12 500－6 300）×3/12

＝27 800（万股）

基本每股收益＝13 600/27 800＝0.49（元/股）

思考题

1. 结合利润表中的报表项目，哪些报表项目体现了公允价值理念的影响？

2. 企业利润表中是如何分步填列净利润数据的？企业管理层若要增大净利润数字，通常可以从哪些方面入手？请绘制利润表予以简要说明。

3. 利润表与纳税申报表有哪些联系和区别？

练习题

甲公司为增值税一般纳税人，适用的增值税税率为 13%，商品销售价格不含增值税；确认销售收入时逐笔结转销售成本。

2022 年 12 月份，甲公司发生如下经济业务：

(1) 12 月 2 日，向乙公司销售 A 产品，销售价格为 600 万元，实际成本为 540 万元。产品已发出，款项存入银行。销售前，该产品已计提跌价准备 5 万元。

(2) 12 月 8 日，收到丙公司退回的 B 产品并验收入库，当日支付退货款并收到税务机关出具的《开具红字增值税专用发票通知单》。该批产品系当年 8 月份售出并已确认销售收入，销售价格为 200 万元，实际成本为 120 万元。

(3) 12 月 10 日，与丁公司签订为期 6 个月的劳务合同，合同总价款为 400 万元，待完工时一次性收取。至 12 月 31 日，实际发生劳务成本 50 万元（均为职工薪酬），估计为完成该合同还将发生劳务成本 150 万元。假定该项劳务交易的结果能够可靠估计，甲公司按实际发生的成本占估计总成本的比例确定劳务的完工进度；该劳务不属于增值税应税劳务。

(4) 12 月 31 日，将本公司生产的 C 产品作为福利发放给生产工人，市场销售价格为 80 万元，实际成本为 50 万元。

假定除上述资料外，不考虑其他相关因素。

要求： 根据上述资料，逐项编制甲公司相关经济业务的会计分录。（答案中的金额单位用万元表示。）

第 11 章判断题
即测即评

第 11 章选择题
即测即评

第 12 章 Chapter 12 财务会计报告

素养提升

1. 深入学习习近平总书记关于财经工作的重要论述，理解会计人员依法编制的财务会计报告在严肃财经纪律、维护财经秩序、健全财会监督机制中的重要作用，培养学生的职业使命感和荣誉感。

2. 结合中国特色社会主义法治体系学习会计法规体系，基于《中华人民共和国会计法》《企业财务会计报告条例》，帮助学生理解《企业会计准则第 30 号——财务报表列报》《企业会计准则第 31 号——现金流量表》的相关规定，培养学生的法律思维和专业分析能力。

3. 坚持问题导向和实践导向。引导学生通过了解包括监管部门、投资者、管理层等在内的财务会计报告信息使用者对于财务会计报告的看法，总结财务报表目前存在的局限性，并尝试提出改进建议。

学习目标

1. 掌握：资产负债表和利润表的编制方法。
2. 理解：财务会计报告的组成内容。
3. 了解：现金流量表和所有者权益变动表的结构；报表附注的主要内容。

12.1 财务会计报告概述

企业必须按照国家统一的会计制度的规定定期编制财务会计报告。《企业财务会计报告条例》（2000 年 6 月 21 日国务院第 287 号令发布）所称的财务会计报告（又称**财务报告**，financial report），是指企业对外提供的反映企业某一特定日期的财务状况和某一会计期间的经营成果、现金流量的文件。财务会计报告分为年度、半年度、季度和月度财务会计报告。年度、半年度财务会计报告应当包括会计报表、会计报表附注和财务情况说明书，其中，会计报表应当包括资产负债表、利润表、现金流量表及相关附表。

12.1.1 财务会计报告的组成

《企业会计准则第30号——财务报表列报》（2014年修订）规定，财务报表是对企业财务状况、经营成果和现金流量的结构性表述。财务报表至少应当包括下列组成部分：（1）资产负债表；（2）利润表；（3）现金流量表；（4）所有者权益（或股东权益）变动表；（5）附注。财务报表上述组成部分具有同等的重要程度。这些概念之间的关系如图12-1所示。

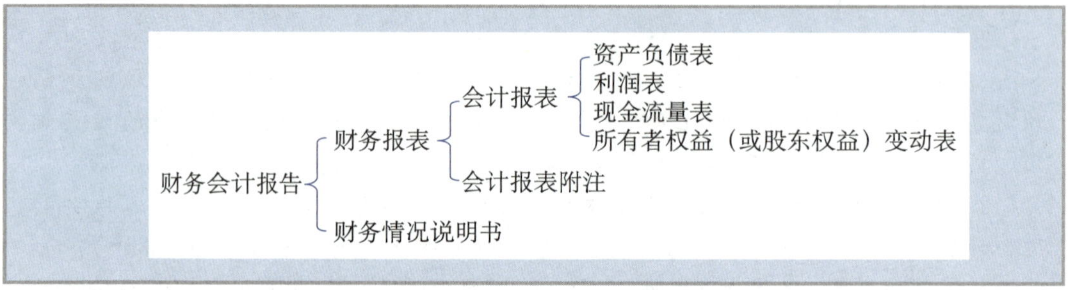

图12-1 年度、半年度财务会计报告的组成

季度、月度财务会计报告通常仅指会计报表（至少应当包括资产负债表和利润表）。

会计学中将会计期间短于一个完整的会计年度的财务会计报告统称为**中期财务报告**（interim financial report），如半年度报告、季度报告、月度报告等。

实务中，根据财务报表编报主体的不同，有**个别财务报表**（separate financial statement）和**合并财务报表**（consolidated financial statement）之分。个别财务报表是指反映某个单一企业的财务状况、经营成果和现金流量情况等信息的财务报表。合并财务报表是指企业集团中的母公司以母公司和全部子公司的个别财务报表为基础而编制的综合反映企业集团的财务状况、经营成果和现金流量情况等信息的财务报表。

本章主要讲解《企业财务会计报告条例》《企业会计准则第30号——财务报表列报》《企业会计准则第31号——现金流量表》的相关规定。本章所讲解的财务报表是个别财务报表意义上的财务报表。关于合并财务报表，请参见《企业会计准则第20号——企业合并》和《企业会计准则第33号——合并财务报表》。

12.1.2 财务报表列报的基本要求

会计准则中所称的列报，兼指在会计报表中“列示”账务数据和在会计报表附注中“披露”账外信息。

财务报表列报应遵循如下基本要求：

（1）企业应当以持续经营为基础，根据实际发生的交易和事项，按照《企业会计准则——基本准则》和其他各项会计准则的规定进行确认和计量，在此基础上编制财务报表。企业不应以附注披露代替确认和计量，不恰当的确认和计量也不能通过充分披露相关会计政策予以纠正。如果按照各项会计准则规定披露的信息不足以让报表使用者了解特定交易或事项对企业财务状况和经营成果的影响，企业还应当披露其他的必要信息。

（2）在编制财务报表的过程中，企业管理层应当利用所有可获得信息来评价企业自报告期末起至少 12 个月的持续经营能力。评价时，需要考虑宏观政策风险、市场经营风险、企业目前或长期的盈利能力、偿债能力、财务弹性以及企业管理层改变经营政策的意向等因素。评价结果表明对持续经营能力产生重大怀疑的，企业应当在附注中披露导致对持续经营能力产生重大怀疑的因素以及企业拟采取的改善措施。企业如有近期获利经营的历史且有财务资源支持，则通常表明以持续经营为基础编制财务报表是合理的。企业正式决定或被迫在当期或将在下一个会计期间进行清算或停止营业的，则表明以持续经营为基础编制财务报表不再合理。在这种情况下，企业应当采用其他基础编制财务报表，并在附注中声明财务报表未以持续经营为基础编制的事实、披露未以持续经营为基础编制的原因和财务报表的编制基础。

（3）除现金流量表按照收付实现制原则编制外，企业应当按照权责发生制原则编制财务报表。

（4）财务报表项目的列报应当在各个会计期间保持一致，不得随意变更，但下列情况除外：1）会计准则要求改变财务报表项目的列报；2）企业经营业务的性质发生重大变化或对企业经营影响较大的交易或事项发生后，变更财务报表项目的列报能够提供更可靠、更相关的会计信息。

（5）性质或功能不同的项目应当在财务报表中单独列报，但不具有重要性的项目除外。性质或功能类似的项目，其所属类别具有重要性的，应当按其类别在财务报表中单独列报。如果某些项目的重要性程度不足以在资产负债表、利润表、现金流量表或所有者权益变动表中单独列示，但对附注却具有重要性，则应当在附注中单独予以披露。

重要性（materiality），是指在合理预期下，财务报表某项目的省略或错报会影响使用者据此做出经济决策的，该项目具有重要性。重要性应当根据企业所处的具体环境，从项目的性质和金额两方面予以判断，且对各项目重要性的判断标准一经确定，不得随意变更。判断项目性质的重要性，应当考虑该项目在性质上是否属于企业日常活动，是否显著影响企业的财务状况、经营成果和现金流量等因素；判断项目金额大小的重要性，应当考虑该项目金额占资产总额、负债总额、所有者权益总额、营业收入总额、营业成本总额、净利润、综合收益总额等直接相关项目金额的比重或所属报表单列项目金额的比重。

（6）财务报表中的资产项目和负债项目的金额、收入项目和费用项目的金额、直接计入当期利润的利得项目和损失项目的金额不得相互抵销，但其他会计准则另有规定的除外。一组类似交易形成的利得和损失应当以净额列示，但具有重要性的除外。资产或负债项目按扣除备抵项目后的净额列示，不属于抵销。非日常活动产生的利得和损失，以同一交易形成的收益扣减相关费用后的净额列示更能反映交易实质的，不属于抵销。

（7）当期财务报表的列报，至少应当提供所有列报项目上一个可比会计期间的比较数据，以及与理解当期财务报表相关的说明，但其他会计准则另有规定的除外。财务报表的列报项目发生变更的，应当至少对可比期间的数据按照当期的列报要求进行调整，并在附注中披露调整的原因和性质，以及调整的各项目金额。对可比数据进行调整不切实可行的，应当在附注中披露不能调整的原因。不切实可行，是指企业在做出所有合理努力后仍然无法采用某项会计准则规定。

（8）企业应当在财务报表的显著位置至少披露下列各项：1）编报企业的名称；2）资产负债表日或财务报表涵盖的会计期间；3）人民币金额单位；4）财务报表是合并财务报表的，应当予以标明。

（9）企业至少应当按年编制财务报表。年度财务报表涵盖的期间短于一年的，应当披露年度财务报表的涵盖期间、短于一年的原因以及报表数据不具可比性的事实。

12.2 资产负债表

12.2.1 资产负债表的内容和结构

资产负债表（balance sheet，B/S）是反映企业在某一特定日期的财务状况的会计报表，也称**财务状况表**（statement of financial position）。因其列报的是时点数据，故有教材称其为静态报表。

我国工商企业的资产负债表格式（见表12-1）：资产列于左侧，负债和所有者权益（或股东权益）分别列于右侧的上端、下端；另将资产区分为流动资产和非流动资产，将负债区分为流动负债和非流动负债，分类列示。

表12-1 资产负债表

会企01表

编制单位：　　　　年　月　日　　　　单位：元

资产	期末余额	年初余额	负债和所有者（股东）权益	期末余额	年初余额
流动资产：			流动负债：		
货币资金			短期借款		
交易性金融资产			交易性金融负债		
衍生金融资产			衍生金融负债		
应收票据			应付票据		

续表

资产	期末余额	年初余额	负债和所有者（股东）权益	期末余额	年初余额
应收账款			应付账款		
应收款项融资			预收款项		
预付款项			合同负债		
其他应收款			应付职工薪酬		
存货			应交税费		
合同资产			其他应付款		
持有待售资产			持有待售负债		
一年内到期的非流动资产			一年内到期的非流动负债		
其他流动资产			其他流动负债		
流动资产合计			流动负债合计		
非流动资产：			非流动负债：		
债权投资			长期借款		
其他债权投资			应付债券		
长期应收款			其中：优先股		
长期股权投资			永续债		
其他权益工具投资			租赁负债		
其他非流动金融资产			长期应付款		
投资性房地产			预计负债		
固定资产			递延收益		
在建工程			递延所得税负债		
生产性生物资产			其他非流动负债		
油气资产			非流动负债合计		
使用权资产			负债合计		
无形资产			所有者权益（或股东权益）：		
开发支出			实收资本（或股本）		
商誉			其他权益工具		
长期待摊费用			其中：优先股		
递延所得税资产			永续债		
其他非流动资产			资本公积		
非流动资产合计			减：库存股		
			其他综合收益		
			专项储备		
			盈余公积		
			未分配利润		
			所有者权益（或股东权益）合计		
资产总计			**负债和所有者权益（或股东权益）总计**		

素养提升：会计规则的理论逻辑、历史逻辑和实践逻辑

“余额表”和“平衡表”

Balance 在会计和金融领域的常用含义是“账户余额”，因此英文“balance sheet”的中文直译通常是“余额表”，也就是把有余额的账户的余额列报在一起的报表。有的书上把它译作“平衡表”也有一定的道理，因为资产负债表上的确存在“资产＝负债＋所有者权益”这样的平衡关系。

1．流动资产

满足下列条件之一的资产，应当归类为流动资产：(1) 预计在一个正常营业周期中变现、出售或耗用；(2) 主要为交易目的而持有；(3) 预计在资产负债表日起一年内变现；(4) 自资产负债表日起一年内，交换其他资产或清偿负债的能力不受限制的现金或现金等价物。上述正常营业周期，是指自企业购买用于加工的资产起，至其实现营业目的（即收取现金、现金等价物或确立相应的债权）的期间，通常短于一年。对于生产周期较长等原因导致正常营业周期长于一年的情形，虽然相关资产往往超过一年才变现、出售或耗用，但仍应当划分为流动资产。对于难以确定正常营业周期的情形，应当以一年（12个月）作为正常营业周期。

2．非流动资产

流动资产以外的资产应当归类为非流动资产，并应按其性质分类列示。被划分为持有待售资产的非流动资产应当归类为流动资产。

3．流动负债

满足下列条件之一的负债，应当归类为流动负债：(1) 预计在一个正常营业周期中清偿；(2) 主要为交易目的而持有；(3) 自资产负债表日起一年内到期应予以清偿；(4) 企业无权自主地将清偿推迟至资产负债表日后一年以上。企业对资产和负债进行流动性分类时，应当采用相同的正常营业周期。企业正常营业周期中的经营性负债项目即使在资产负债表日后超过一年才予清偿的，也应当划分为流动负债。经营性负债项目包括应付票据、应付账款、应付职工薪酬等，这些项目属于企业正常营业周期中使用的营运资金的一部分。

4．非流动负债

流动负债以外的负债应当归类为非流动负债，并按其性质分类列示。被划分为持有待售负债的非流动负债应当归类为流动负债。

对于在资产负债表日起一年内到期的负债，企业有意图且有能力自主地将清偿义务展期至资产负债表日后一年以上的，应当归类为非流动负债；不能自主地将清偿义务展期的，即使在资产负债表日后、财务报告批准报出日前签订了重新安排清偿计划协议，该项负债也应当归类为流动负债。

5. 所有者权益

资产负债表中所有者权益应当按照实收资本（或股本）、其他权益工具、资本公积、其他综合收益、专项储备、盈余公积、未分配利润等项目分项列示。

12.2.2 资产负债表的列报方法

1. “年初余额”栏的填列方法

“年初余额”栏内各项目数字，应根据上年年末资产负债表“期末余额”栏内所列数字填列。若本年度资产负债表规定的各个项目的名称和内容与上年度不一致，则应对上年年末资产负债表各项目的名称和数字按本年度的规定进行调整，按调整后的数字填入本表“年初余额”栏内。

2. “期末余额”栏的列报方法

资产负债表各项目的“期末余额”，分别按照以下方式列报：

一是根据总账科目余额填列。如其他权益工具投资、交易性金融负债、短期借款、应付职工薪酬、实收资本、盈余公积等项目。

二是根据多个总账科目的余额的加总数字填列。如货币资金项目，需要根据库存现金、银行存款、其他货币资金三个总账科目的期末借方余额计算填列。

三是根据总账科目余额减去其备抵科目（如减值准备、累计折旧、累计摊销）余额后的净额填列。如固定资产、无形资产等。

四是根据明细账科目余额分析计算填列。如一年内到期的非流动资产、一年内到期的非流动负债等。

五是根据总账科目和明细账科目的余额分析计算填列。如长期借款、其他流动资产等。

六是综合运用上述方法填列。如存货项目，要根据原材料、低值易耗品、生产成本、制造费用等科目的加总数字减去存货跌价准备之后的净额列报。

3. 资产负债表中的各项目的具体填列方法

(1)“货币资金”项目，反映企业库存现金、银行存款、外埠存款、银行汇票存款、银行本票存款、信用卡存款、信用证保证金存款等的合计数。本项目应根据“库存现金”“银行存款”“其他货币资金”科目期末余额的合计数填列。

(2)“交易性金融资产”项目，列报分类为以公允价值计量且其变动计入当期损益的金融资产，以及直接指定为以公允价值计量且其变动计入当期损益的金融资产的账面价值。本项目应根据“交易性金融资产”科目的相关明细科目期末余额分析填列。自资产负债表日起超过一年到期且预期持有超过一年的以公允价值计量且其变动计入当期损益的非流动金融资产的期末账面价值，在“其他非流动金融资产”项目反映。

(3)“衍生金融资产”项目，列报衍生工具的借方余额。本项目应根据“衍生工具”科目的期末余额分析填列。

(4)“应收票据”项目，反映资产负债表日以摊余成本计量的、企业因销售商品和提供服务等收到的商业汇票，包括银行承兑汇票和商业承兑汇票。本项目应根据“应收票据”科目的期末余额，减去“坏账准备”科目中相关坏账准备期末余额后的金额分析填列。

(5)“应收账款”项目，反映资产负债表日以摊余成本计量的、企业因销售商品和提供服务等经营活动应收取的款项。本项目应根据“应收账款”和“预收账款”科目所属各明细科目的期末借方余额合计，减去“坏账准备”科目中相关坏账准备期末余额后的金额分析填列。

(6)“应收款项融资”项目，反映资产负债表日以公允价值计量且其变动计入其他综合收益的应收票据和应收账款等。

(7)“预付款项”项目，反映企业按照购货合同规定预付给供应单位的款项等。本项目应根据“预付账款”和“应付账款”科目所属各明细科目的期末借方余额合计数，减去“坏账准备”科目中有关预付款项计提的坏账准备期末余额后的金额填列。如“预付账款”科目所属有关明细科目期末有贷方余额的，应在资产负债表“应付账款”项目内填列。

(8)“其他应收款”项目，根据“应收利息”“应收股利”“其他应收款”科目的期末余额合计数，减去“坏账准备”科目中相关坏账准备期末余额后的金额填列。其中的“应收利息”仅反映相关金融工具已到期可收取但于资产负债表日尚未收到的利息。基于实际利率法计提的金融工具的利息应包含在相应金融工具的账面余额中。

(9)“存货”项目，反映企业期末在库、在途和在加工中的各项存货的账面价值，需要根据“原材料”“生产成本”“库存商品”“低值易耗品”等科目的期末余额合计数，减去“存货跌价准备”科目期末余额后的金额填列。

(10)“合同资产”和“合同负债”等项目。企业应按照《企业会计准则第14号——收入》(2017年修订)的相关规定，根据本企业履行履约义务与客户付款之间的关系在资产负债表中列示合同资产或合同负债。“合同资产”“合同负债”项目，应分别根据“合同资产”“合同负债”科目的相关明细科目期末余额分析填列，同一合同下的合同资产和合同负债应当以净额列示，其中净额为借方余额的，应当根据其流动性在“合同资产”或“其他非流动资产”项目中填列，已计提减值准备的，还应减去“合同资产减值准备”科目中相关的期末余额后的金额填列；其中净额为贷方余额的，应当根据其流动性在“合同负债”或“其他非流动负债”项目中填列。

(11)“持有待售资产”项目，反映资产负债表日划分为持有待售类别的非流动资产及划分为持有待售类别的处置组中的流动资产和非流动资产的期末账面价值。本项目应根据“持有待售资产”科目的期末余额，减去“持有待售资产减值准备”科目的期末余额后的金额填列。

（12）“一年内到期的非流动资产”项目，通常反映预计自资产负债表日起一年内变现的非流动资产。对于按照相关会计准则采用折旧（或摊销、折耗）方法进行后续计量的固定资产、使用权资产、无形资产和长期待摊费用等非流动资产，折旧（或摊销、折耗）年限（或期限）只剩一年或不足一年的，或预计在一年内（含一年）进行折旧（或摊销、折耗）的部分，不得归类为流动资产，仍在各该非流动资产项目中填列，不转入“一年内到期的非流动资产”项目。

（13）“其他流动资产”项目，反映企业除上述流动资产以外的其他流动资产。本项目应根据有关科目的期末余额填列。

（14）“债权投资”项目，反映资产负债表日企业以摊余成本计量的长期债权投资的期末账面价值。本项目应根据“债权投资”科目的相关明细科目期末余额，减去“债权投资减值准备”科目中相关减值准备的期末余额后的金额分析填列。自资产负债表日起一年内到期的长期债权投资的期末账面价值，在“一年内到期的非流动资产”项目反映。企业购入的以摊余成本计量的一年内到期的债权投资的期末账面价值，在“其他流动资产”项目反映。

（15）“其他债权投资”项目，反映资产负债表日企业分类为以公允价值计量且其变动计入其他综合收益的债权投资的期末账面价值。本项目应根据“其他债权投资”科目的相关明细科目期末余额分析填列。自资产负债表日起一年内到期的长期债权投资的期末账面价值，在“一年内到期的非流动资产”项目反映。企业购入的以公允价值计量且其变动计入其他综合收益的一年内到期的债权投资的期末账面价值，在“其他流动资产”项目反映。

（16）“长期应收款”项目，反映融资租赁合同的应收款项，以及采用实质上具有融资性质的分期收款方式销售商品（或提供劳务）所形成的债权。本项目按照“长期应收款”科目的借方余额减去相应的“未实现融资收益”科目的金额列报。计提坏账准备的，还应减去“坏账准备”科目的相关金额。

（17）“长期股权投资”项目，反映企业对子公司、联营企业和合营企业的长期股权投资。本项目应根据“长期股权投资”科目的期末余额，减去“长期股权投资减值准备”科目期末余额后的金额填列。

（18）“其他权益工具投资”项目，反映企业指定为以公允价值计量且其变动计入其他综合收益的非交易性权益工具投资的期末账面价值。本项目应根据“其他权益工具投资”科目的期末余额填列。

（19）“投资性房地产”项目，反映企业为赚取租金或资本增值，或两者兼有而持有的房地产。本项目应根据“投资性房地产”科目的期末余额填列。

（20）“固定资产”项目，反映资产负债表日企业固定资产的期末账面价值（即固定资产原价减去累计折旧和累计减值准备后的净额）和企业尚未清理完毕的固定资产清理净损益。本项目应根据“固定资产”科目的期末余额，减去“累计折旧”和“固定资产减值准备”科目的期末余额后的金额，以及“固定资产清理”科目的期末余额填列。

（21）“在建工程”项目，反映资产负债表日企业尚未达到预定可使用状态的在建工程的期末账面价值（即在建工程的期末余额减去在建工程减值准备的期末余额后的净额）和企业为在建工程准备的各种物资的期末账面价值（即工程物资的期末余额减去工程物资减值准备的期末余额后的净额）。本项目应根据“在建工程”科目的期末余额，减去“在建工程减值准备”科目的期末余额后的金额，以及“工程物资”科目的期末余额，减去“工程物资减值准备”科目的期末余额后的金额填列。

（22）“生产性生物资产”项目，反映企业为产出农产品、提供劳务或出租等目的而持有的生物资产，包括经济林、薪炭林、产畜和役畜等。本项目应根据“生产性生物资产”科目的期末余额填列。

（23）“使用权资产”项目，反映资产负债表日承租人企业持有的使用权资产的期末账面价值。本项目应根据“使用权资产”科目的期末余额，减去“使用权资产累计折旧”和“使用权资产减值准备”科目的期末余额后的金额填列。

（24）“无形资产”项目，反映企业持有的专利权、非专利技术、商标权、著作权、土地使用权等无形资产的成本减去累计摊销和减值准备后的净值。本项目应根据“无形资产”科目的期末余额，减去“累计摊销”和“无形资产减值准备”科目期末余额后的净额填列。

（25）“开发支出”项目，反映企业开发无形资产过程中能够资本化形成无形资产成本的支出部分。本项目应当根据“研发支出”科目中所属的“资本化支出”明细科目期末余额填列。

（26）“长期待摊费用”项目，反映企业已经发生但应由本期和以后各期负担的分摊期限在一年以上的各项费用。“长期待摊费用”项目中摊销年限（或期限）只剩一年或不足一年的，或者预计在一年内（含一年）进行摊销的部分，仍在“长期待摊费用”项目中列示，不转入“一年内到期的非流动资产”项目。

（27）“递延所得税资产”项目，反映企业确认的可抵扣暂时性差异产生的所得税资产。本项目应根据“递延所得税资产”科目的期末余额填列。

（28）“短期借款”项目，反映企业向银行或者其他金融机构等借入的期限在一年以下（含一年）的各种借款。本项目应根据“短期借款”科目的期末余额填列。

（29）“交易性金融负债”项目，反映资产负债表日企业承担的交易性金融负债，以及企业持有的直接指定为以公允价值计量且其变动计入当期损益的金融负债的期末账面价值。本项目应根据“交易性金融负债”科目的相关明细科目期末余额填列。

（30）“衍生金融负债”项目，列报衍生工具的贷方余额。本项目应根据“衍生工具”科目的期末余额分析填列。

（31）“应付票据”项目，反映资产负债表日以摊余成本计量的，企业因购买材料、商品和接受服务等开出、承兑的商业汇票，包括银行承兑汇票和商业承兑汇票。本项目应根据“应付票据”科目的期末余额填列。

（32）“应付账款”项目，反映资产负债表日以摊余成本计量的，企业因购买材料、商品和接受服务等经营活动应支付的款项。本项目应根据“应付账款”和“预付账款”科目所属的相关明细科目的期末贷方余额合计数填列。

（33）“预收款项”项目，反映企业按照销货合同规定预收购买单位的款项。本项目应根据“预收账款”和“应收账款”科目所属各明细科目的期末贷方余额合计数填列。如“预收账款”科目所属有关明细科目有借方余额的，应在资产负债表“应收票据”或“应收账款”项目内填列。

（34）“应付职工薪酬”项目，反映企业根据有关规定应付给职工的工资、职工福利费、社会保险费、住房公积金、工会经费、职工教育经费、非货币性福利、辞退福利等各种薪酬。本项目应根据“应付职工薪酬”科目期末贷方余额填列。

（35）“应交税费”项目，反映企业按照税法规定计算应缴纳的各种税费。本项目应根据“应交税费”科目的期末贷方余额填列；如“应交税费”科目期末为借方余额，应以“－”号填列。

（36）“其他应付款”项目，应根据“应付利息”“应付股利”“其他应付款”科目的期末余额合计数填列。其中的“应付利息”仅反映相关金融工具已到期应支付但于资产负债表日尚未支付的利息。基于实际利率法计提的金融工具的利息应包含在相应金融工具的账面余额中。

（37）“持有待售负债”项目，反映资产负债表日处置组中与划分为持有待售类别的资产直接相关的负债的期末账面价值。本项目应根据“持有待售负债”科目的期末余额填列。

（38）“一年内到期的非流动负债”项目，反映企业非流动负债中将于资产负债表日后一年内到期部分的金额，如将于一年内偿还的长期借款。本项目应根据有关科目的期末余额填列。

（39）“长期借款”项目，反映企业向银行或其他金融机构借入的尚未归还的一年期以上（不含一年）的各项借款。本项目应根据“长期借款”科目所属明细科目的期末余额填列。

（40）“应付债券”项目，反映企业发行的尚未偿还的各种长期债券的本息。本项目应根据“应付债券”科目所属明细科目的期末余额填列。

（41）“租赁负债”项目，反映资产负债表日承租人企业尚未支付的租赁付款额的期末账面价值。本项目应根据“租赁负债”科目的期末余额填列。自资产负债表日起一年内到期应予以清偿的租赁负债的期末账面价值，在“一年内到期的非流动负债”项目反映。

（42）“长期应付款”项目，反映资产负债表日企业除长期借款和应付债券以外的其他各种长期应付款项的期末账面价值。本项目应根据“长期应付款”科目的期末余额，减去相应的“未确认融资费用”科目期末余额后的金额，以及“专项应付款”科目的期末余额填列。

（43）“预计负债”项目，反映企业确认的对外提供担保、未决诉讼、产品质量保证、重组义务、亏损合同等预计负债。本项目应根据“预计负债”科目的期末余额填列。

（44）“递延收益”项目，反映企业确认的需要在相关资产使用寿命内按照合理、系统的方法分期计入损益的与资产相关的政府补助。本项目应根据“递延收益”科目的期末余额填列。“递延收益”项目中摊销期限只剩一年或不足一年的，或预计在一年内（含一年）进行摊销的部分，不得归类为流动负债，仍在本项目中填列，不转入“一年内到期的非流动负债”项目。

(45)“递延所得税负债”项目，反映企业确认的应纳税暂时性差异产生的所得税负债。本项目应根据“递延所得税负债”科目的期末余额填列。

(46)“实收资本（或股本)”项目，反映企业各投资者实际投入的资本（或股本）总额。本项目应根据“实收资本（或股本)”科目的期末余额填列。

(47)“其他权益工具”项目，反映资产负债表日企业发行在外的除普通股以外分类为权益工具的金融工具的期末账面价值。对于资产负债表日企业发行的金融工具，分类为金融负债的，应在“应付债券”项目填列，对于优先股和永续债，还应在“应付债券”项目下的“优先股”项目和“永续债”项目分别填列；分类为权益工具的，应在“其他权益工具”项目填列，对于优先股和永续债，还应在“其他权益工具”项目下的“优先股”项目和“永续债”项目分别填列。

(48)“资本公积”项目，反映企业资本公积的期末余额。本项目应根据“资本公积”科目的期末余额填列。

(49)“其他综合收益”项目，反映企业其他综合收益的期末余额。本项目应根据“其他综合收益”科目的期末余额填列。

(50)“专项储备”项目，反映高危行业企业按国家规定提取的安全生产费的期末账面价值。本项目应根据“专项储备”科目的期末余额填列。

(51)“盈余公积”项目，反映企业盈余公积的期末余额。本项目应根据“盈余公积”科目的期末余额填列。

(52)“未分配利润”项目，反映企业尚未分配的利润。本项目应根据“本年利润”科目和“利润分配”科目的余额计算填列。未弥补的亏损在本项目内以“—”号填列。

12.3 利润表

12.3.1 利润表的内容和结构

利润表（income statement；earnings statement；operating statement；statement of operations）又称**损益表**（profit and loss statement，P&L)，是反映企业在一定会计期间的经营成果的会计报表。因其所记载的是期间数据，故有教材称其为动态报表。

费用应当按照功能分类，分为从事经营业务发生的成本、管理费用、销售费用和财务费用等（见表12-2)。现行企业会计准则所规定的利润表格式逐步列示了“营业利润”、“利润总额”和“净利润”，这种格式的利润表被称作**多**

步式利润表（multiple-step income statement）。与此相对的概念是单步式利润表，顾名思义，就是指用全部收入减去全部费用，一步得出净利润数字的利润表格式。

表 12-2　利润表

会企 02 表

编制单位：　　　　　________年____月　　　　　单位：元

项目	本期金额	上期金额
一、营业收入		
减：营业成本		
税金及附加		
销售费用		
管理费用		
研发费用		
财务费用		
其中：利息费用		
利息收入		
加：其他收益		
投资收益（损失以“—”号填列）		
其中：对联营企业和合营企业的投资收益		
以摊余成本计量的金融资产终止确认收益（损失以“—”号填列）		
净敞口套期收益（损失以“—”号填列）		
公允价值变动收益（损失以“—”号填列）		
信用减值损失（损失以“—”号填列）		
资产减值损失（损失以“—”号填列）		
资产处置收益（损失以“—”号填列）		
二、营业利润（亏损以“—”号填列）		
加：营业外收入		
减：营业外支出		
三、利润总额（亏损总额以“—”号填列）		
减：所得税费用		
四、净利润（净亏损以“—”号填列）		
（一）持续经营净利润（净亏损以“—”号填列）		
（二）终止经营净利润（净亏损以“—”号填列）		
五、其他综合收益的税后净额		
（一）不能重分类进损益的其他综合收益		
1. 重新计量设定受益计划变动额		
2. 权益法下不能转损益的其他综合收益		

续表

项目	本期金额	上期金额
3. 其他权益工具投资公允价值变动		
4. 企业自身信用风险公允价值变动		
（二）将重分类进损益的其他综合收益		
1. 权益法下可转损益的其他综合收益		
2. 其他债权投资公允价值变动		
3. 金融资产重分类计入其他综合收益的金额		
4. 其他债权投资信用减值准备		
5. 现金流量套期储备		
6. 外币财务报表折算差额		
六、综合收益总额		
七、每股收益：		
（一）基本每股收益		
（二）稀释每股收益		

12.3.2 利润表的列报方法

1. “上期金额”栏的列报方法

对季度、半年度和年度利润表而言，利润表“上期金额”栏内各项数字，应根据上年该期利润表“本期金额”栏内所列数字填列。若上年该期利润表规定的各个项目名称和内容与本期不一致，则应对上年该期利润表各项目的名称和数字按本期的规定进行调整，填入利润表“上期金额”栏内。

2. “本期金额”栏的列报方法

利润表“本期金额”栏内各项数字一般应根据损益类科目的本期实际发生额分析填列。

（1）“营业收入”项目，反映企业经营主要业务和其他业务所确认的收入总额。本项目应根据“主营业务收入”和“其他业务收入”科目的发生额分析填列。

（2）“营业成本”项目，反映企业经营主营业务和其他业务所发生的成本总额。本项目应根据“主营业务成本”和“其他业务成本”科目的发生额分析填列。

（3）“税金及附加”项目，反映企业经营业务应负担的消费税、城市维护建设税、教育费附加、地方教育附加、资源税、房产税、城镇土地使用税、车船税、土地增值税等。本项目应根据“税金及附加”科目的发生额分析填列。

（4）“销售费用”项目，反映企业在销售商品过程中发生的包装费、广告费等费用和为销售本企业商品而专设的销售机构的职工薪酬、业务费等经营费用。

本项目应根据“销售费用”科目的发生额分析填列。

(5)“管理费用”项目，反映企业为组织和管理生产经营发生的管理费用。本项目应根据“管理费用”科目的发生额分析填列。

(6)“研发费用”项目，反映企业进行研究与开发过程中发生的费用化支出，以及计入管理费用的自行开发无形资产的摊销。本项目应根据“管理费用”科目下的“研究费用”明细科目的发生额，以及“管理费用”科目下的“无形资产摊销”明细科目的发生额分析填列。

(7)“财务费用”项目下的“利息费用”项目，反映企业为筹集生产经营所需资金等而发生的应予费用化的利息支出。本项目应根据“财务费用”科目的相关明细科目的发生额分析填列。该项目作为“财务费用”项目的其中项，以正数填列。“财务费用”项目下的“利息收入”项目，反映企业按照相关会计准则确认的应冲减财务费用的利息收入。本项目应根据“财务费用”科目的相关明细科目的发生额分析填列。该项目作为“财务费用”项目的其中项，以正数填列。

(8)“其他收益”项目，反映计入其他收益的政府补助，以及其他与日常活动相关且计入其他收益的项目。本项目应根据“其他收益”科目的发生额分析填列。企业作为个人所得税的扣缴义务人，根据《中华人民共和国个人所得税法》收到的扣缴税款手续费，应作为其他与日常活动相关的收益在本项目中填列。

(9)“投资收益”项目，反映企业以各种方式对外投资所取得的收益。本项目应根据“投资收益”科目的发生额分析填列；如为投资损失，以“－”号填列。

(10)“以摊余成本计量的金融资产终止确认收益”项目，反映企业因转让等情形导致终止确认以摊余成本计量的金融资产而产生的利得或损失。本项目应根据“投资收益”科目的相关明细科目的发生额分析填列；如为损失，以“－”号填列。

(11)“净敞口套期收益”项目，反映净敞口套期下被套期项目累计公允价值变动转入当期损益的金额或现金流量套期储备转入当期损益的金额。本项目应根据“净敞口套期损益”科目的发生额分析填列；如为套期损失，以“－”号填列。

(12)“公允价值变动收益”项目，反映企业应当计入当期损益的资产或负债的公允价值变动收益。本项目应根据“公允价值变动损益”科目的发生额分析填列；如为净损失，以“－”号填列。

(13)“信用减值损失”项目，反映企业按照《企业会计准则第 22 号——金融工具确认和计量》(2017 年修订)的要求计提的各项金融工具减值准备所形成的预期信用损失。本项目应根据“信用减值损失”科目的发生额分析填列。

(14)“资产减值损失”项目，反映企业各项资产发生的减值损失。本项目应根据“资产减值损失”科目的发生额分析填列。

(15)“资产处置收益”项目，反映企业出售划分为持有待售的非流动资产(金融工具、长期股权投资和投资性房地产除外)或处置组(子公司和业务除外)时确认的处置利得或损失，以及处置未划分为持有待售的固定资产、在建工程、生产性生物资产及无形资产而产生的处置利得或损失。非货币性资产交换中换出非流动资产(金融工具、长期股权投资和投资性房地产除外)产生的利得或损失也包括在本项目内。本项目应根据“资产处置损益”科目的发生额分析填列；如为处置损失，以“－”号填列。

(16)“营业利润”项目，反映企业实现的营业利润。如为亏损，本项目以“－”号填列。

(17)“营业外收入”项目，反映企业发生的除营业利润以外的收益，主要包括与企业日常活动无关的政府补助、盘盈利得、捐赠利得（企业接受股东或股东的子公司直接或间接的捐赠，经济实质属于股东对企业的资本性投入的除外）等。本项目应根据“营业外收入”科目的发生额分析填列。

(18)“营业外支出”项目，反映企业发生的除营业利润以外的支出，主要包括公益性捐赠支出、非常损失、盘亏损失、非流动资产毁损报废损失等。本项目应根据“营业外支出”科目的发生额分析填列。非流动资产毁损报废损失通常包括因自然灾害发生毁损、已丧失使用功能等原因而报废清理产生的损失。

(19)“利润总额”项目，反映企业实现的利润。如为亏损，本项目以“－”号填列。

(20)“净利润”项目，反映企业实现的净利润。如为净亏损，本项目以“－”号填列。其中，“持续经营净利润”和“终止经营净利润”项目，分别反映净利润中与持续经营相关的净利润和与终止经营相关的净利润；如为净亏损，以“－”号填列。这两个项目应按照《企业会计准则第42号——持有待售的非流动资产、处置组和终止经营》的相关规定分别列报。

(21)“其他综合收益的税后净额”项目，反映企业根据企业会计准则规定未在损益中确认的各项利得和损失扣除所得税影响后的净额。本项目主要根据“其他综合收益”科目的明细账数据分析填列。

1)“其他权益工具投资公允价值变动”项目，反映企业指定为以公允价值计量且其变动计入其他综合收益的非交易性权益工具投资发生的公允价值变动。本项目应根据“其他综合收益”科目的相关明细科目的发生额分析填列。

2)“企业自身信用风险公允价值变动”项目，反映企业指定为以公允价值计量且其变动计入当期损益的金融负债，由企业自身信用风险变动引起的公允价值变动而计入其他综合收益的金额。本项目应根据“其他综合收益”科目的相关明细科目的发生额分析填列。

3)“其他债权投资公允价值变动”项目，反映企业分类为以公允价值计量且其变动计入其他综合收益的债权投资发生的公允价值变动。企业将一项以公允价值计量且其变动计入其他综合收益的金融资产重分类为以摊余成本计量的金融资产，或重分类为以公允价值计量且其变动计入当期损益的金融资产时，之前计入其他综合收益的累计利得或损失从其他综合收益中转出的金额作为本项目的减项。本项目应根据“其他综合收益”科目的相关明细科目的发生额分析填列。

4)“金融资产重分类计入其他综合收益的金额”项目，反映企业将一项以摊余成本计量的金融资产重分类为以公允价值计量且其变动计入其他综合收益的金融资产时，计入其他综合收益的原账面价值与公允价值之间的差额。本项目应根据“其他综合收益”科目的相关明细科目的发生额分析填列。

5）“其他债权投资信用减值准备”项目，反映企业按照《企业会计准则第 22 号——金融工具确认和计量》（2017 年修订）第十八条分类为以公允价值计量且其变动计入其他综合收益的金融资产的损失准备。本项目应根据“其他综合收益”科目下的“信用减值准备”明细科目的发生额分析填列。

6）“现金流量套期储备”项目，反映企业套期工具产生的利得或损失中属于套期有效的部分。本项目应根据“其他综合收益”科目下的“套期储备”明细科目的发生额分析填列。

（22）“综合收益总额”项目，反映企业净利润与其他综合收益的合计金额。

（23）每股收益。“基本每股收益”的计算参见本书第 11 章。

12.4 现金流量表

12.4.1 现金流量表的内容与结构

现金流量表（cash flow statement），是指反映企业一定会计期间内的现金和现金等价物的流入和流出情况的报表。

素养提升：结合中国特色社会主义法治体系学习相关法规

“现金”的新概念和“现金等价物”

《企业会计准则第 31 号——现金流量表》中所称的**“现金”**（cash），是指库存现金和可以随时用于支付的存款，不能随时用于支取的存款不属于该准则所称的“现金”。这与惯常所称的现金概念有所不同。

该准则所称的**“现金等价物”**（cash equivalents），是指企业持有的期限短、流动性强、易于转换为已知金额现金、价值变动风险很小的投资。“期限短”，一般是指从购买日起 3 个月内到期。现金等价物通常包括 3 个月内到期的债券投资。至于权益性投资（即股权性质的投资），由于其变现的金额通常不确定，因而财务分析中一般不视为现金等价物。企业应当根据具体情况确定现金等价物的范围，一经确定不得随意变更。

现金流量，是指现金和现金等价物的流入和流出的数量。企业从银行提取现金、用现金购买短期到期的国库券等现金和现金等价物之间的转换不属于现金流量。

现金流量表中区分经营活动、投资活动和筹资活动的现金流入总额和现金流出总额，分别列报了这三类活动所产生的现金流量净额，最后汇总列示了企业的现金及现金等价物的净增加额（见表 12－3）。

表 12-3 现金流量表

会企 03 表

编制单位： ____年____月 单位：元

项目	本期金额	上期金额
一、经营活动产生的现金流量：		
销售商品、提供劳务收到的现金		
收到的税费返还		
收到其他与经营活动有关的现金		
经营活动现金流入小计		
购买商品、接受劳务支付的现金		
支付给职工以及为职工支付的现金		
支付的各项税费		
支付其他与经营活动有关的现金		
经营活动现金流出小计		
经营活动产生的现金流量净额		
二、投资活动产生的现金流量：		
收回投资收到的现金		
取得投资收益收到的现金		
处置固定资产、无形资产和其他长期资产收回的现金净额		
处置子公司及其他营业单位收到的现金净额		
收到其他与投资活动有关的现金		
投资活动现金流入小计		
购建固定资产、无形资产和其他长期资产支付的现金		
投资支付的现金		
取得子公司及其他营业单位支付的现金净额		
支付其他与投资活动有关的现金		
投资活动现金流出小计		
投资活动产生的现金流量净额		
三、筹资活动产生的现金流量：		
吸收投资收到的现金		
取得借款收到的现金		
收到其他与筹资活动有关的现金		
筹资活动现金流入小计		
偿还债务支付的现金		
分配股利、利润或偿付利息支付的现金		
支付其他与筹资活动有关的现金		
筹资活动现金流出小计		
筹资活动产生的现金流量净额		
四、汇率变动对现金及现金等价物的影响		
五、现金及现金等价物净增加额		
加：期初现金及现金等价物余额		
六、期末现金及现金等价物余额		

鉴于学术界对现金流量表的意义尚存争议且其编制方法超出了本书范围，以下阐释以帮助读者阅读现金流量表为主，而不再关注如何编制现金流量表。实务工作中鲜有手工编制现金流量表者，大多是用财务软件编制而成的。

12.4.2　现金流量表的列报规则

企业应当分别按照现金流入和现金流出的总额列报其现金流量信息，但是，代客户收取或支付的现金以及周转快、金额大、期限短项目的现金流入和现金流出可以按净额列报。

自然灾害损失、保险索赔等特殊项目，应当根据其性质，分别归并到经营活动、投资活动和筹资活动现金流量类别中单独列报。

外币现金流量及境外子公司的现金流量，应当采用现金流量发生日的即期汇率或按照系统合理的方法确定的、与现金流量发生日即期汇率近似的汇率折算。汇率变动对现金的影响额应作为调节项目，在现金流量表中单设“汇率变动对现金及现金等价物的影响”项目。

1. 经营活动产生的现金流量的列示

经营活动是指企业投资活动和筹资活动以外的所有交易和事项。

在现金流量表中，企业应当采用直接法列示经营活动产生的现金流量。直接法是指通过现金收入和现金支出的主要类别列示经营活动的现金流量。同时，企业还应在现金流量表补充资料中，采用间接法列示经营活动产生的现金流量。

间接法是指以本期净利润为起点，通过调整不涉及现金的收入、费用、营业外收支以及经营性应收应付等项目的增减变动，调整不属于经营活动的现金收支项目，从而计算并列报经营活动产生的现金流量的方法。企业会计准则要求企业在现金流量表补充资料中采用间接法反映经营活动产生的现金流量情况，其目的是对现金流量表中采用直接法反映的经营活动现金流量进行核对和补充说明，但实践中往往很难核对相符。在采用间接法列示经营活动产生的现金流量时，需要对以下几类项目进行调整：(1) 没有实际支付现金的费用，如固定资产折旧、无形资产摊销、计提资产减值准备等其他非现金项目；(2) 没有实际收到现金的收入；(3) 不属于经营活动的损益；(4) 经营性应收和应付项目的变动。

2. 投资活动产生的现金流量的列示

投资活动是指企业长期资产的购建和不包括在现金等价物范围内的投资及其处置活动。

3. 筹资活动产生的现金流量的列示

筹资活动是指导致企业资本及债务规模和构成发生变化的活动。

现金流量表补充资料在附注中披露，如表 12-4 所示。

表 12-4 现金流量表补充资料

补充资料	本期金额	上期金额
1. 将净利润调节为经营活动现金流量：		
净利润		
加：资产减值准备		
固定资产折旧、油气资产折耗、生产性生物资产折旧		
无形资产摊销		
长期待摊费用摊销		
处置固定资产、无形资产和其他长期资产的损失（收益以"－"号填列）		
固定资产报废损失（收益以"－"号填列）		
公允价值变动损失（收益以"－"号填列）		
财务费用（收益以"－"号填列）		
投资损失（收益以"－"号填列）		
递延所得税资产减少（增加以"－"号填列）		
递延所得税负债增加（减少以"－"号填列）		
存货的减少（增加以"－"号填列）		
经营性应收项目的减少（增加以"－"号填列）		
经营性应付项目的增加（减少以"－"号填列）		
其他		
经营活动产生的现金流量净额		
2. 不涉及现金收支的重大投资和筹资活动：		
债务转为资本		
一年内到期的可转换公司债券		
融资租入固定资产		
3. 现金及现金等价物净变动情况：		
现金的期末余额		
减：现金的期初余额		
加：现金等价物的期末余额		
减：现金等价物的期初余额		
现金及现金等价物净增加额		

12.5 所有者权益变动表

12.5.1 所有者权益变动表的内容与结构

所有者权益变动表（statement of changes in equity）是列示所有者权益各个组成部分当期增减变动情况的报表（如表 12-5 所示）。该表中一些项目所涉及的知识点超出了本书的范围，初学者大体了解即可。

表 12－5　所有者权益变动表

会企 04 表

编制单位：　　　　年度　　　　单位：元

项目	本年金额											上年金额										
	实收资本（或股本）	其他权益工具			资本公积	减：库存股	其他综合收益	专项储备	盈余公积	未分配利润	所有者权益合计	实收资本（或股本）	其他权益工具			资本公积	减：库存股	其他综合收益	专项储备	盈余公积	未分配利润	所有者权益合计
		优先股	永续债	其他									优先股	永续债	其他							
一、上年年末余额																						
加：会计政策变更																						
前期差错更正																						
其他																						
二、本年年初余额																						
三、本年增减变动金额（减少以“－”号填列）																						
（一）综合收益总额																						
（二）所有者投入和减少资本																						
1. 所有者投入的普通股																						
2. 其他权益工具持有者投入资本																						
3. 股份支付计入所有者权益的余额																						
4. 其他																						
（三）利润分配																						
1. 提取盈余公积																						

续表

项目	本年金额											上年金额										
	实收资本（或股本）	其他权益工具			资本公积	减:库存股	其他综合收益	专项储备	盈余公积	未分配利润	所有者权益合计	实收资本（或股本）	其他权益工具			资本公积	减:库存股	其他综合收益	专项储备	盈余公积	未分配利润	所有者权益合计
		优先股	永续债	其他									优先股	永续债	其他							
2. 对所有者（或股东）的分配																						
3. 其他																						
（四）所有者权益内部结转																						
1. 资本公积转增资本（或股本）																						
2. 盈余公积转增资本（或股本）																						
3. 盈余公积弥补亏损																						
4. 设定受益计划变动额结转留存收益																						
5. 其他综合收益结转留存收益																						
6. 其他																						
四、本年年末余额																						

12.5.2　所有者权益变动表的填列方法

1. “上年金额”栏的列报方法

所有者权益变动表“上年金额”栏内各项目数字，应根据上年度所有者权益变动表“本年金额”栏内所列数字填列。若上年度所有者权益变动表的各个项目的名称和内容与本年度不一致，则应对上年度所有者权益变动表各项目的名称和数字按本年度的规定进行调整，填入所有者权益变动表“上年金额”栏内。

2. “本年金额”栏的列报方法

所有者权益变动表“本年金额”栏内各项目数字一般应根据“实收资本（或股本）”“资本公积”“盈余公积”“其他综合收益”“利润分配”“库存股”“以前年度损益调整”等科目的发生额分析填列。

3. 所有者权益变动表各项目的列报说明

（1）“上年年末余额”项目，反映企业上年资产负债表中实收资本（或股本）、资本公积、盈余公积、未分配利润的年末余额。

（2）“会计政策变更”和“前期差错更正”项目，分别反映企业采用追溯调整法处理的会计政策变更的累积影响金额和采用追溯重述法处理的会计差错更正的累积影响金额。本项目应根据“盈余公积”“利润分配”“以前年度损益调整”等科目的发生额分析填列。

（3）“综合收益总额”项目，反映企业当年实现的综合收益的金额，应根据“净利润”和“其他综合收益”等科目的发生额分析填列。

（4）“所有者投入和减少资本”项目，反映企业当年所有者投入的资本和减少的资本。其中：

1）“所有者投入的普通股”项目，反映企业接受投资者投入形成的股本、股本溢价，并对应列在“实收资本”和“资本公积”栏。

2）“其他权益工具持有者投入资本”项目，反映企业发行的除普通股以外分类为权益工具的金融工具的持有者投入资本的金额。本项目应根据金融工具类科目的相关明细科目的发生额分析填列。

3）“股份支付计入所有者权益的金额”项目，反映企业处于等待期的权益结算的股份支付当年计入资本公积的金额，并对应列在“资本公积”栏。

（5）“利润分配”下各项目，反映当年对所有者（或股东）分配的利润（或股利）金额和按照规定提取的盈余公积金额，并对应列在“未分配利润”和“盈余公积”栏，其中：

1）“提取盈余公积”项目，反映企业按规定提取的盈余公积。

2）“对所有者（或股东）分配”项目，反映对所有者（或股东）分配的利润（或股利）金额。

（6）“所有者权益内部结转”下各项目，反映不影响当年所有者权益总额的所有者权益各组成部分之间当年的增减变动，包括资本公积转增资本（或股本）、盈余公积转增资本（或股本）、盈余公积弥补亏损等各项金额。其中，“其他综合收益结转留存收益”项目，主要反映：1）企业指定为以公允价值计量且其变动计入其他综合收益的非交易性权益工具投资终止确认时，之前计入其他综合收益的累计利得或损失从其他综合收益中转入留存收益的金额；2）企业指定为以公允价值计量且其变动计入当期损益的金融负债终止确认时，之前由企业自身信用风险变动引起而计入其他综合收益的累计利得或损失从其他综合收益中转入留存收益的金额等。该项目应根据“其他综合收益”科目的相关明细科目的发生额分析填列。

12.6 会计报表附注

会计报表附注是财务会计报告的重要组成部分。企业应当按照规定披露附注信息，至少应包括下列内容。

1. 企业的基本情况

（1）企业注册地、组织形式和总部地址。

（2）企业的业务性质和主要经营活动。

（3）母公司以及集团最终母公司的名称。

（4）财务报告的批准报出者和财务报告批准报出日，或者以签字人及其签字日期为准。

（5）营业期限有限的企业，还应当披露有关其营业期限的信息。

2. 会计报表的编制基础

3. 遵循企业会计准则的声明

企业应当声明编制的财务报表符合企业会计准则的要求，真实完整地反映了企业的财务状况、经营成果和现金流量等有关信息。

4. 重要会计政策和会计估计

重要会计政策的说明，包括财务报表项目的计量基础和在运用会计政策过程中所做的重要判断等。重要会计估计的说明，包括可能导致下一个会计期间内资产、负债账面价值重大调整的会计估计的确定依据等。

企业应当披露采用的重要会计政策和会计估计，并结合企业的具体实际披露其重要会计政策的确定依据和财务报表项目的计量基础，以及其会计估计所采用的关键假设和不确定因素。

5. 会计政策和会计估计变更以及差错更正的说明

企业应当按照《企业会计准则第 28 号——会计政策、会计估计变更和差错更正》的规定，披露会计政策和会计估计变更以及差错更正的情况。

6. 报表重要项目的说明

企业应当按照资产负债表、利润表、现金流量表、所有者权益变动表及其项目列示的顺序，对报表重要项目的说明采用文字和数字描述相结合的方式进行披露。报表重要项目的明细金额合计，应当与报表项目金额相衔接。

企业应当在附注中披露费用按照性质分类的利润表补充资料，可将费用分为耗用的原材料、职工薪酬费用、折旧费用、摊销费用等。

7. 或有和承诺事项、资产负债表日后非调整事项、关联方关系及其交易等需要说明的事项

8. 有助于财务报表使用者评价企业管理资本的目标、政策及程序的信息

9. 其他综合收益各项目的信息

企业应当在附注中披露下列关于其他综合收益各项目的信息：

（1）其他综合收益各项目及其所得税影响；

（2）其他综合收益各项目原计入其他综合收益、当期转出计入当期损益的金额；

（3）其他综合收益各项目的期初和期末余额及其调节情况。

10. 终止经营的披露

企业应当在附注中披露终止经营的收入、费用、利润总额、所得税费用和净利润，以及归属于母公司所有者的终止经营利润。

终止经营，是指满足下列条件之一的已被企业处置或被企业划归为持有待售的、在经营和编制财务报表时能够单独区分的组成部分：(1) 该组成部分代表一项独立的主要业务或一个主要经营地区；(2) 该组成部分是拟对一项独立的主要业务或一个主要经营地区进行处置计划的一部分；(3) 该组成部分是仅仅为了再出售而取得的子公司。

同时满足下列条件的企业组成部分（或非流动资产，下同）应当确认为持有待售：该组成部分必须在其当前状况下仅根据出售此类组成部分的惯常条款即可立即出售；企业已经就处置该组成部分做出决议，如按规定需得到股东批准的，应当已经取得股东大会或相应权力机构的批准；企业已经与受让方签订不可撤销的转让协议；该项转让将在一年内完成。

11. 资产负债表日后宣布发放的股利的披露

企业应当在附注中披露在资产负债表日后、财务报告批准报出日前提议或宣布发放的股利总额和每股股利金额（或向投资者分配的利润总额）。

12.7 其他财务会计报告

会计学书籍中所称的“其他财务会计报告”仅仅是一个学术探讨使用的术

语，并不存在一个公认的定义。一般，它泛指财务情况说明书、董事会报告（管理当局讨论和分析）、社会责任报告、盈利预测报告等报告文件。这些报告通常是由财务会计部门牵头制作的，但会计数据在其中所占的比重并不是很高。

国务院2000年发布的《企业财务会计报告条例》规定，年度、半年度财务会计报告应当包括财务情况说明书。财政部2006年发布的企业会计准则体系并未针对其他财务会计报告做出规定。证监会、国资委等分别在各自职责范围内要求行政管理相对人（上市公司、国有企业等）提交管理当局讨论和分析、董事会报告、社会责任报告、财务预测报告等报告。

1. 财务情况说明书

财务情况说明书是财务报表的说明性文件。《企业财务会计报告条例》规定，财务情况说明书至少应当对下列情况做出说明：（1）企业生产经营的基本情况；（2）利润实现和分配情况；（3）资金增减和周转情况；（4）对企业财务状况、经营成果和现金流量有重大影响的其他事项。

2. 董事会报告（管理当局讨论和分析）

证监会发布的《公开发行证券的公司信息披露内容与格式准则第2号——年度报告的内容与格式》（2021年修订）规定，公司管理层讨论与分析中应当对业务经营信息和财务报告数据，以及报告期内发生和未来将要发生的重大事项，进行讨论、分析，以有助于投资者了解其经营成果、财务状况及未来可能的变化。公司可以运用逐年比较、数据列表或其他方式对相关事项进行列示，以增进投资者的理解。披露应当遵守以下的原则：

（1）披露内容应当具有充分的可靠性。引用的数据、资料应当有充分的依据，如果引用第三方的数据、资料作为讨论与分析的依据，应当注明来源，并判断第三方的数据、资料是否具有足够的权威性。

（2）披露内容应当具有充分的相关性。公司应当充分考虑并尊重投资者的投资需要，披露的内容应当能够帮助投资者更加充分地理解公司未来变化的趋势。公司应当重点讨论和分析重大的投资项目、资产购买、兼并重组、在建工程、研发项目、人才培养和储备等方面在报告期内的执行情况和未来的计划。

（3）披露内容应当具有充分的关联性。分析与讨论公司的外部环境、市场格局、风险因素等内容时，所述内容应当与公司的经营成果、财务状况具有足够的关联度，应当充分考虑公司的外部经营环境（包括但不限于经济环境、行业环境等）和内部资源条件（包括但不限于资产、技术、人员、经营权等），结合公司的战略和营销等管理政策，以及公司所从事的业务特征，进行有针对性的讨论与分析，并且保持逻辑的连贯性。

（4）鼓励公司披露管理层在经营管理活动中使用的关键业绩指标。可以披露指标的假定条件和计算方法以及公司选择这些指标的依据，重点讨论与分析指标变化的原因和趋势。关键业绩指标由公司根据行业、自身特点，选择对业绩敏感度较高且公司有一定控制能力的要素确定。

（5）讨论与分析应当从业务层面充分解释导致财务数据变动的根本原因及其反映的可能趋势，而不能只是重复财务报告的内容。

（6）公司应当保持业务数据统计口径的一致性、可比性，如确需调整，公司应当披露变更口径的理由，并同时提供调整后的过去一年的对比数据。

（7）语言简明清晰、通俗易懂，力戒空洞、模板化。

3. 社会责任报告

国资委 2008 年发布的《关于中央企业履行社会责任的指导意见》要求中央企业建立社会责任报告制度，有条件的企业要定期发布社会责任报告或可持续发展报告，公布企业履行社会责任的现状、规划和措施，完善社会责任沟通方式和对话机制，及时了解和回应利益相关者的意见建议，主动接受利益相关者和社会的监督。

4. 盈利预测报告

证监会发布的《上市公司证券发行管理办法》（2020 年修改）规定，盈利预测报告是向社会公开发行证券的公司对其盈利前景所做的说明，通常为招股说明书和上市公告书中自愿披露的信息。公开募集证券说明书所引用的审计报告、盈利预测审核报告、资产评估报告、资信评级报告，应当由有资格的证券服务机构出具，并由至少两名有从业资格的人员签署。上市公司披露盈利预测的，利润实现数如未达到盈利预测的 80%，除因不可抗力外，其法定代表人、盈利预测审核报告签字注册会计师应当在股东大会及中国证监会指定报刊上公开做出解释并道歉；中国证监会可以对法定代表人处以警告。利润实现数未达到盈利预测的 50%的，除因不可抗力外，中国证监会在 36 个月内不受理该公司的公开发行证券申请。

此外，上市公司公布的年度报告中还包含有审计报告，一般置于财务报表的前面。审计报告是指注册会计师根据《中国注册会计师审计准则》的规定，在实施审计工作的基础上对被审计单位财务报表发表审计意见的书面文件。注册会计师应当将已审计的财务报表附于审计报告后。审计报告应当包括下列要素：标题，收件人，引言段，管理层对财务报表的责任段，注册会计师的责任段，审计意见段，注册会计师的签名和盖章，会计师事务所的名称、地址及盖章，报告日期。

素养提升：结合中国特色社会主义法治体系学习相关法规

财务会计报告的编制要求

本专栏摘录了《企业财务会计报告条例》的相关内容。

企业应当于年度终了编报年度财务会计报告。国家统一的会计制度规定企业应当编报半年度、季度和月度财务会计报告的，从其规定。年度结账日为公历年度每年的 12 月 31 日；半年度、季度、月度结账日分别为公历年度每半年、每季、每月的最后一天。

企业在编制年度财务会计报告前，应当按照下列规定，全面清查资产、核实债务：(1) 结算款项，包括应收款项、应付款项、应交税费等是否存在，与债务、债权单位的相应债务、债权金额是否一致；(2) 原材料、在产品、自制半成品、库存商品等各项存货的实存数量与账面数量是否一致，是否有报废损失和积压物资等；(3) 各项投资是否存在，投资收益是否按照国家统一的会计制度规定进行确认和计量；(4) 房屋建筑物、机器设备、运输工具等各项固定资产的实存数量与账面数量是否一致；(5) 在建工程的实际发生额与账面记录是否一致；(6) 需要清查、核实的其他内容。企业清查、核实后，应当将清查、核实的结果及其处理办法向企业的董事会或者相应机构报告，并根据国家统一的会计制度的规定进行相应的会计处理。企业应当在年度中间根据具体情况，对各项财产物资和结算款项进行重点抽查、轮流清查或者定期清查。

企业在编制财务会计报告前，除应当全面清查资产、核实债务外，还应当完成下列工作：(1) 核对各会计账簿记录与会计凭证的内容、金额等是否一致，记账方向是否相符；(2) 依照本条例规定的结账日进行结账，结出有关会计账簿的余额和发生额，并核对各会计账簿之间的余额；(3) 检查相关的会计核算是否按照国家统一的会计制度的规定进行；(4) 对于国家统一的会计制度没有规定统一核算方法的交易、事项，检查其是否按照会计核算的一般原则进行确认和计量以及相关账务处理是否合理；(5) 检查是否存在因会计差错、会计政策变更等原因需要调整前期或者本期相关项目。在前款规定工作中发现问题的，应当按照国家统一的会计制度的规定进行处理。企业编制年度和半年度财务会计报告时，对经查实后的资产、负债有变动的，应当按照资产、负债的确认和计量标准进行确认和计量，并按照国家统一的会计制度的规定进行相应的会计处理。

企业应当按照国家统一的会计制度规定的会计报表格式和内容，根据登记完整、核对无误的会计账簿记录和其他有关资料编制会计报表，做到内容完整、数字真实、计算准确，不得漏报或者任意取舍。

12.8 资产负债表与利润表编制示例

1. 基本资料

天工机电股份有限公司注册资本为人民币 20 000 000 元。公司章程、营业执照上注明的营业范围是机电设备的生产和销售业务。该公司为增值税一般纳税人，其产品适用的增值税税率为 13%。该公司适用的所得税税率为 25%。

该公司 2022 年 1 月 1 日的科目余额如表 12-6 所示。

表 12-6　天工机电股份公司 2022 年 1 月 1 日科目余额表　单位：元

科目名称	期初余额	科目名称	期初余额
库存现金	820 000	短期借款	2 600 000
银行存款	9 000 000	应付账款	0
其他货币资金	0	预收账款	1 200 000
交易性金融资产	0	应交税费	0
应收账款	0	应付职工薪酬	0
预付账款	1 300 000	应付股利	0
其他应收款	0	长期借款	6 000 000
原材料	20 000 000	股本	20 000 000
低值易耗品	80 000	资本公积	80 000 000
生产成本	0	盈余公职	70 000 000
制造费用	0	未分配利润	30 000 000
库存商品	15 000 000		
存货跌价准备	0		
长期股权投资	67 600 000		
固定资产	130 000 000		
累计折旧	−40 000 000		
在建工程	0		
固定资产清理	0		
无形资产	6 900 000		
累计摊销	−900 000		
研发支出	0		
总计	209 800 000	总计	209 800 000

2. 经济业务

天工机电股份公司 2022 年度的业务资料如下：

(1) 到银行申请了银行汇票，拟用于原料采购，银行汇票金额为 500 000 元。

(2) 企业用银行汇票支付材料价款，增值税专用发票上注明的价款为 400 000 元，增值税税额为 52 000 元，价税合计为 452 000 元。材料已验收入库。

(3) 收到银行自动退回的银行汇票余款 48 000 元。

(4) 从神武科技股份公司购入原材料并验收入库，增值税专用发票上注明的不含税金额为 1 000 000 元，增值税税额为 130 000 元，价税合计为 1 130 000 元。由于上一年度已经向该公司预付定金 900 000 元，因此，此次补付了账款 230 000 元。

(5) 车间领用原材料，材料账面价值为 9 000 000 元。

(6) 计算直接生产人员的工资，金额合计为 1 270 000 元。工资尚待集中发放。

（7）计算车间发生的与生产有关的各种间接开支合计 1 290 000 元，其中，车间管理人员工资 690 000 元，车间固定资产折旧 600 000 元。工资尚待集中发放。

（8）将制造费用分配计入各种产品的生产成本。为简化起见，不再列举生产成本的明细科目。

（9）产品生产完工，搬入仓库。库存商品的入账价值为 11 560 000 元。

（10）计算分配企业总部管理人员和销售部门人员的工资合计 1 230 000 元，其中，行政管理部门人员工资 1 000 000 元，专设销售机构人员工资 230 000 元。工资尚待集中发放。

（11）实际集中发放工资共计 3 190 000 元，已经通过银行转账划入各位职工的个人银行账户。代扣代缴个人所得税的会计处理从略。

（12）向江南制造股份公司销售磨床，增值税专用发票上注明的不含税金额为 6 600 000 元，增值税税额为 858 000 元，价税合计为 7 458 000 元。上一年度已经预收定金 1 000 000 元。此次收到该客户补付的账款 6 458 000 元。

（13）结转向江南制造股份公司销售磨床的销售成本 4 300 000 元。

（14）向东方机电有限公司销售数控加工机床，增值税专用发票上注明的不含税金额为 5 000 000 元，增值税税额为 650 000 元，价税合计为 5 650 000 元。产品已发出，并代垫运杂费 6 000 元。尚未收到上述款项。

（15）结转向东方机电有限公司销售的数控加工机床的销售成本 2 600 000 元。

（16）收到东方机电有限公司支付的价款 5 650 000 元和代垫运杂费6 000元。

（17）买入需要安装的一套数控加工机床作为本公司的固定资产使用，取得的增值税专用发票上注明的不含税金额为 600 000 元，增值税税额为 78 000 元，价税合计为 678 000 元。

（18）支付数控加工机床的调试费和培训费 70 000 元。

（19）数控加工机床达到可使用状态，作为固定资产管理。

（20）对车间以外的固定资产计提折旧合计 900 000 元，其中，应计入管理费用的折旧额为 600 000 元，应计入销售费用的折旧额为 300 000 元。

（21）加工车间有一台普通车床，由于导轨及齿轮破损等原因，经批准转入清理，该车床原价 100 000 元，已计提累计折旧 65 000 元。

（22）清理变卖车床过程中以现金支付 800 元的清理费，取得了 36 000 元报废残值收入并存入银行。

（23）结转清理车床的营业外收入。

（24）公司斥资 200 000 元购入某项专利的所有权，该专利的法律保护期间还有 10 年。款项已经转账支付。

（25）摊销购入的该项专利，摊销额计入管理费用。

（26）转账支付研发部门的开发阶段支出 60 000 元，该支出符合资本化条件，计入研发支出。

（27）假定本例涉及增值税的业务均是在税务机关核定的一个纳税期间内完成的。公司按照当期的纳税义务足额缴纳增值税 1 248 000 元。

（28）支付城市维护建设税 87 360 元、教育费附加 37 440 元。

（29）转账支付办公费 800 000 元、咨询费 50 000 元；以现金购买印花税税票 3 000 元并自行完税。

（30）转账支付本年度的房产税 300 000 元、城镇土地使用税 60 000 元、车船税 9 000 元。

（31）支付广告费 9 000 元。

（32）支付借款利息 460 000 元，假定均不符合资本化条件。

（33）斥资 5 000 000 元购入隆中科技股份公司的普通股股票进行短期投资。

（34）资产负债表日，购买的隆中科技股份公司的股票市值上升至 5 600 000 元。

（35）收到按成本法核算的长期股权投资所分派的现金股利 876 000 元，按准则规定进行会计处理，全部计入投资收益。

（36）计提存货跌价准备 780 000 元。

（37）结转各收入类科目的发生额。

（38）结转各费用类科目的发生额。

（39）依法纳税申报后缴纳企业所得税 350 400 元。（本例中只考虑实际缴纳的所得税而不关注递延所得税的计算问题。感兴趣者请参考《企业会计准则第 12 号——所得税》的相关讲解资料。）

（40）把所得税费用结转计入本年利润。

（41）把本年利润结转记入“利润分配——未分配利润”账户。

（42）依照公司法的规定，该公司提取的法定盈余公积已经超过注册资本的 50%，因此，不再提取法定盈余公积。公司股东大会决定：提取任意盈余公积 600 000 元，分配普通股现金股利 300 000 元。

（43）将利润分配各明细科目余额转入“未分配利润”明细科目，结转本年利润。

3. 账务处理

（1）借：其他货币资金——银行汇票　　500 000
　　贷：银行存款　　500 000

（2）借：原材料　　400 000
　　　应交税费——应交增值税（进项税额）　　52 000
　　贷：其他货币资金——银行汇票　　452 000

（3）借：银行存款　　48 000
　　贷：其他货币资金——银行汇票　　48 000

（4）借：原材料　　1 000 000
　　　应交税费——应交增值税（进项税额）　　130 000
　　贷：预付账款　　900 000
　　　　银行存款　　230 000

（5）借：生产成本　　9 000 000
　　贷：原材料　　9 000 000

（6）借：生产成本	1 270 000	
贷：应付职工薪酬		1 270 000
（7）借：制造费用	1 290 000	
贷：应付职工薪酬		690 000
累计折旧		600 000
（8）借：生产成本	1 290 000	
贷：制造费用		1 290 000
（9）借：库存商品	11 560 000	
贷：生产成本		11 560 000
（10）借：管理费用	1 000 000	
销售费用	230 000	
贷：应付职工薪酬		1 230 000
（11）借：应付职工薪酬	3 190 000	
贷：银行存款		3 190 000
（12）借：银行存款	6 458 000	
预收账款	1 000 000	
贷：主营业务收入		6 600 000
应交税费——应交增值税（销项税额）		858 000
（13）借：主营业务成本	4 300 000	
贷：库存商品		4 300 000
（14）借：应收账款	5 656 000	
贷：主营业务收入		5 000 000
应交税费——应交增值税（销项税额）		650 000
银行存款		6 000
（15）借：主营业务成本	2 600 000	
贷：库存商品		2 600 000
（16）借：银行存款	5 656 000	
贷：应收账款		5 656 000
（17）借：在建工程	600 000	
应交税费——应交增值税（进项税额）	78 000	
贷：银行存款		678 000
（18）借：在建工程	70 000	
贷：银行存款		70 000
（19）借：固定资产	670 000	
贷：在建工程		670 000
（20）借：管理费用	600 000	
销售费用	300 000	
贷：累计折旧		900 000

(21) 借：固定资产清理	35 000	
累计折旧	65 000	
贷：固定资产		100 000
(22) 借：固定资产清理	800	
贷：库存现金		800
借：银行存款	36 000	
贷：固定资产清理		36 000
(23) 借：固定资产清理	200	
贷：营业外收入		200
(24) 借：无形资产	200 000	
贷：银行存款		200 000
(25) 借：管理费用	20 000	
贷：累计摊销		20 000
(26) 借：研发支出	60 000	
贷：银行存款		60 000
(27) 借：应交税费——应交增值税（已交税金）	1 248 000	
贷：银行存款		1 248 000
(28) 借：税金及附加	124 800	
贷：应交税费——应交城市维护建设税		87 360
——应交教育费附加		37 440
借：应交税费——应交城市维护建设税	87 360	
——应交教育费附加	37 440	
贷：银行存款		124 800
(29) 借：管理费用	850 000	
税金及附加	3 000	
贷：银行存款		850 000
库存现金		3 000
(30) 借：管理费用	369 000	
贷：应交税费——应交房产税		300 000
——应交城镇土地使用税		60 000
——应交车船税		9 000
借：应交税费——应交房产税	300 000	
——应交城镇土地使用税	60 000	
——应交车船税	9 000	
贷：银行存款		369 000
(31) 借：销售费用	9 000	
贷：银行存款		9 000
(32) 借：财务费用	460 000	
贷：银行存款		460 000

(33) 借：交易性金融资产——成本	5 000 000	
贷：银行存款		5 000 000
(34) 借：交易性金融资产——公允价值变动	600 000	
贷：公允价值变动损益		600 000
(35) 借：银行存款	876 000	
贷：投资收益		876 000
(36) 借：资产减值损失	780 000	
贷：存货跌价准备		780 000
(37) 借：主营业务收入	11 600 000	
投资收益	876 000	
公允价值变动损益	600 000	
营业外收入	200	
贷：本年利润		13 076 200
(38) 借：本年利润	11 645 800	
贷：主营业务成本		6 900 000
税金及附加		127 800
资产减值损失		780 000
销售费用		539 000
管理费用		2 839 000
财务费用		460 000
(39) 借：所得税费用——当期所得税费用	357 600	
贷：应交税费——应交所得税		357 600
借：应交税费——应交所得税	357 600	
贷：银行存款		357 600
(40) 借：本年利润	357 600	
贷：所得税费用——当期所得税费用		357 600
(41) 借：本年利润	1 072 800	
贷：利润分配——未分配利润		1 072 800
(42) 借：利润分配——提取任意盈余公积	600 000	
贷：盈余公积——任意盈余公积		600 000
借：利润分配——应付现金股利	300 000	
贷：应付股利		300 000
(43) 借：利润分配——未分配利润	900 000	
贷：利润分配——提取盈余公积		600 000
——应付现金股利		300 000

4. 账簿资料

各总账账簿的登记情况如下（明细账簿的情况此处从略）。

库存现金

期初余额	820 000		
		(22)	800
		(29)	3 000
期末余额	816 200		

银行存款

期初余额	9 000 000		
(3)	48 000	(1)	500 000
(12)	6 458 000	(4)	230 000
(16)	5 656 000	(11)	3 190 000
(22)	36 000	(14)	6 000
(35)	876 000	(17)	678 000
		(18)	70 000
		(24)	200 000
		(26)	60 000
		(27)	1 248 000
		(28)	124 800
		(29)	850 000
		(30)	369 000
		(31)	9 000
		(32)	460 000
		(33)	5 000 000
		(39)	357 600
期末余额	8 721 600		

其他货币资金

期初余额	0		
(1)	500 000	(2)	452 000
		(3)	48 000
期末余额	0		

交易性金融资产

期初余额	0		
(33)	5 000 000		
(34)	600 000		
期末余额	5 600 000		

应收账款

期初余额	0		
(14)	5 656 000	(16)	5 656 000
期末余额	0		

预付账款

期初余额	1 300 000		
		(4)	900 000
期末余额	400 000		

原材料

期初余额	20 000 000		
(2)	400 000	(5)	9 000 000
(4)	1 000 000		
期末余额	12 400 000		

低值易耗品

期初余额	80 000		
期末余额	80 000		

生产成本

期初余额	0		
(5)	9 000 000	(9)	11 560 000
(6)	1 270 000		
(8)	1 290 000		
期末余额	0		

制造费用

期初余额	0		
(7)	1 290 000	(8)	1 290 000
期末余额	0		

库存商品

期初余额	15 000 000		
(9)	11 560 000	(13)	4 300 000
		(15)	2 600 000
期末余额	19 660 000		

存货跌价准备

		期初余额	0
		(36)	780 000
		期末余额	780 000

长期股权投资

期初余额	67 600 000		
期末余额	67 600 000		

固定资产

期初余额	130 000 000		
(19)	670 000	(21)	100 000
期末余额	130 570 000		

累计折旧

		期初余额	40 000 000
(21)	65 000	(7)	600 000
		(20)	900 000
		期末余额	41 435 000

在建工程

期初余额	0		
(17)	600 000	(19)	670 000
(18)	70 000		
期末余额	0		

固定资产清理

期初余额	0		
(21)	35 000	(22)	36 000
(22)	800		
(23)	200		
期末余额	0		

无形资产

期初余额	6 900 000		
(24)	200 000		
期末余额	7 100 000		

累计摊销

		期初余额	900 000
		(25)	20 000
		期末余额	920 000

研发支出

期初余额	0		
(26)	60 000		
期末余额	60 000		

短期借款

		期初余额	2 600 000
		期末余额	2 600 000

预收账款

		期初余额	1 200 000
(12)	1 000 000		
		期末余额	200 000

应交税费

		期初余额	0
(2)	52 000	(12)	858 000
(4)	130 000	(14)	650 000
(17)	78 000	(28)	124 800
(27)	1 248 000	(30)	369 000
(28)	124 800	(39)	357 600
(30)	369 000		
(39)	357 600		
		期末余额	0

应付职工薪酬

		期初余额	0
(11)	3 190 000	(6)	1 270 000
		(7)	690 000
		(10)	1 230 000
		期末余额	0

应付股利

		期初余额	0
		(42)	300 000
		期末余额	300 000

长期借款

		期初余额	6 000 000
		期末余额	6 000 000

股本

		期初余额	20 000 000
		期末余额	20 000 000

资本公积

		期初余额	80 000 000
		期末余额	80 000 000

盈余公积

		期初余额	70 000 000
		(42)	600 000
		期末余额	70 600 000

利润分配

		期初余额	30 000 000
(42)	900 000	(41)	1 072 800
(43)	900 000	(43)	900 000
		期末余额	30 172 800

主营业务收入

(37)	11 600 000	(12)	6 600 000
		(14)	5 000 000

投资收益

(37)	876 000	(35)	876 000

公允价值变动收益

(37)	600 000	(34)	600 000

营业外收入

(37)	200	(23)	200

主营业务成本

(13)	4 300 000	(38)	6 900 000
(15)	2 600 000		

税金及附加

(28)	124 800	(38)	127 800
(29)	3 000		

销售费用

(10)	230 000	(38)	539 000
(20)	300 000		
(31)	9 000		

管理费用

(10)	1 000 000	(38)	2 839 000
(20)	600 000		
(25)	20 000		
(29)	850 000		
(30)	369 000		

财务费用

(32)	460 000	(38)	460 000

资产减值损失

(36)	780 000	(38)	780 000

所得税费用

(39)	357 600	(40)	357 600

本年利润

(38)	11 645 800	(37)	13 076 200
(40)	357 600		
(41)	1 072 800		

5. 期末的科目余额表（见表 12-7）

表 12-7 天工机电股份公司 2022 年 12 月 31 日科目余额表 单位：元

科目名称	期末余额	科目名称	期末余额
库存现金	816 200	短期借款	2 600 000
银行存款	8 721 600	应付账款	0
其他货币资金	0	预收账款	200 000
交易性金融资产	5 600 000	应交税费	0
应收账款	0	应付职工薪酬	0
预付账款	400 000	应付股利	300 000
其他应收款	0	长期借款	6 000 000
原材料	12 400 000	股本	20 000 000
低值易耗品	80 000	资本公积	80 000 000
生产成本	0	盈余公职	70 600 000
制造费用	0	未分配利润	30 172 800
库存商品	19 660 000		
存货跌价准备	−780 000		

续表

科目名称	期末余额	科目名称	期末余额
长期股权投资	67 600 000		
固定资产	130 570 000		
累计折旧	－41 435 000		
在建工程	0		
固定资产清理	0		
无形资产	7 100 000		
累计摊销	－920 000		
研发支出	60 000		
总计	209 872 800	总计	209 872 800

6. 编制利润表与资产负债表（见表12－8和表12－9）

表12－8 资产负债表

编制单位：天工机电股份公司　　2022年12月31日　　单位：元

资产	年初余额	期末余额	负债和股东权益	年初余额	期末余额
流动资产：			流动负债：		
货币资金	9 820 000	9 537 800	短期借款	2 600 000	2 600 000
交易性金融资产	0	5 600 000	应付票据	0	0
应收票据	0	0	应付账款	0	0
应收账款	0	0	预收款项	1 200 000	200 000
预付款项	1 300 000	400 000	应交税费	0	0
其他应收款	0	0	应付职工薪酬	0	0
存货	35 080 000	31 360 000	其他应付款	0	300 000
流动资产合计	46 200 000	46 897 800	流动负债合计	3 800 000	3 100 000
非流动资产：			非流动负债：		
长期股权投资	67 600 000	67 600 000	长期借款	6 000 000	6 000 000
固定资产	90 000 000	89 135 000	非流动负债合计	6 000 000	6 000 000
在建工程	0	0	负债合计	9 800 000	9 100 000
无形资产	6 000 000	6 180 000	股东权益：		
开发支出	0	60 000	股本	20 000 000	20 000 000
非流动资产合计	163 600 000	162 975 000	资本公积	80 000 000	80 000 000
			盈余公职	70 000 000	70 600 000
			未分配利润	30 000 000	30 172 800
			股东权益合计	200 000 000	200 772 800
资产总计	209 800 000	209 872 800	负债和股东权益总计	209 800 000	209 872 800

表 12-9　利润表

编制单位：天工机电股份公司　　2022 年度　　单位：元

项目	金额
一、营业收入	11 600 000
减：营业成本	6 900 000
税金及附加	127 800
销售费用	539 000
管理费用	2 839 000
财务费用	460 000
加：公允价值变动收益	600 000
投资收益	876 000
资产减值损失	780 000
二、营业利润	1 430 200
加：营业外收入	200
减：营业外支出	0
三、利润总额	1 430 400
减：所得税费用	357 600
四、净利润	1 072 800

思考题

1. 有人认为资产负债表比利润表更重要，如何评价其观点？
2. 现金流量表的作用是什么？

练习题

1. W 股份有限公司 2022 年有关资料如下：

(1) 1 月 1 日部分总账及其所属明细账余额如表 12-10 所示。

表 12-10　总账及明细账余额　　单位：万元

科目名称		借或贷	期末余额
总账	明细账		
应收账款	——A 公司	借	600
坏账准备		贷	30
长期股权投资	——B 公司	借	2 500
固定资产	——厂房	借	3 000

续表

科目名称		借或贷	期末余额
总账	明细账		
累计折旧		贷	900
固定资产减值准备		贷	200
应付账款	——C公司	借	150
	——D公司	贷	1 050
长期借款	——甲银行	贷	300

注：(1) 该公司未单独设置“预付账款”科目。
(2) 表中长期借款为2021年10月1日从银行借入，借款期限2年，年利率5%，每年付息一次。

(2) 2022年W股份有限公司发生如下业务：

1) 3月10日，收回上年已作为坏账转销的应收A公司账款70万元并存入银行。

2) 4月15日，收到C公司发来的材料一批并验收入库，增值税专用发票注明货款100万元，增值税税额13万元，其款项上年已预付。

3) 4月20日，对厂房进行更新改造，发生后续支出总计500万元，所替换的旧设施账面价值为300万元（该设施原价500万元，已提折旧167万元，已提减值准备33万元）。该厂房于12月30日达到预定可使用状态，其后续支出符合资本化条件。

4) 1—4月该厂房已计提折旧100万元。

5) 6月30日，从乙银行借款200万元，期限3年，年利率6%，每半年付息一次。

6) 10月份以票据结算的经济业务有（不考虑增值税）：持银行汇票购进材料500万元；持银行本票购进库存商品300万元；签发6个月的商业汇票购进物资800万元。

7) 12月31日，经计算本月应付职工工资200万元，应计提社会保险费50万元。同日，以银行存款预付下月住房租金2万元，该住房供公司高级管理人员免费居住。

8) 12月31日，经减值测试，应收A公司账款预计未来现金流量现值为400万元。

9) W股份有限公司对B公司的长期股权投资采用权益法核算，其投资占B公司有表决权股份的30%。2022年B公司实现净利润9 000万元。长期股权投资在资产负债表日不存在减值迹象。

除上述资料外，不考虑其他因素。

要求： 计算W股份有限公司2022年12月31日资产负债表下列项目的年末余额。

(1) 应收账款；

(2) 预付款项；

(3) 长期股权投资；

(4) 固定资产；

(5) 应付账款；

(6) 应付职工薪酬；

(7) 长期借款。

2. 甲公司为增值税一般纳税人，适用的增值税税率为 13%，商品、原材料售价中不含增值税。假定销售商品、原材料和提供劳务均符合收入确认条件，其成本在确认收入时逐笔结转，不考虑其他因素。2022 年 4 月，甲公司发生如下交易或事项：

(1) 销售商品一批，按商品标价计算的金额为 200 万元，由于是成批销售，甲公司给予客户 10% 的商业折扣并开具了增值税专用发票，款项尚未收回。该批商品实际成本为 150 万元。

(2) 向本公司行政管理人员发放自产产品作为福利，该批产品的实际成本为 8 万元，市场售价为 10 万元。

(3) 向乙公司转让一项软件的使用权，一次性收取使用费 20 万元并存入银行，且不再提供后续服务。

(4) 销售一批原材料，增值税专用发票注明售价 80 万元，款项收到并存入银行。该批材料的实际成本为 59 万元。

(5) 将以前会计期间确认的与资产相关的政府补助在本月分配计入当月收益 300 万元。

(6) 确认本月设备安装劳务收入。该设备安装劳务合同总收入为 100 万元，预计合同总成本为 70 万元，合同价款在前期签订合同时已收取。采用完工百分比法确认劳务收入。截至本月末，该劳务的累计完工进度为 60%，前期已累计确认劳务收入 50 万元、劳务成本 35 万元。

(7) 以银行存款支付管理费用 20 万元、财务费用 10 万元、营业外支出 5 万元。

要求：

(1) 逐笔编制甲公司上述交易或事项的会计分录（“应交税费”科目要写出明细科目及专栏名称）。

(2) 计算甲公司 2022 年 4 月的营业收入、营业成本、营业利润、利润总额。

第 12 章判断题
即测即评

第 12 章选择题
即测即评

第 13 章 Chapter 13 财务报表分析

素养提升

1. 引导学生通过深入分析不同利益相关者的利益诉求，理解管理层、投资者、债权人、监管层等报表使用者所关注的财务指标类型。

2. 通过介绍不同财务指标的优点与局限性，帮助学生理解各个财务指标的内在关联，培养其辩证思维能力。

3. 理论联系实际，带领学生认识实践中使用财务分析指标进行证券估值的常用做法并对其进行辩证分析，提高学生的独立思考能力。

学习目标

1. 掌握：偿债能力分析、管理效率分析和盈利能力分析常用财务指标的计算方法。

2. 理解：综合分析体系的设计理念。

3. 了解：财务报表分析的局限性。

13.1 财务报表分析的目的与方法

13.1.1 财务报表分析的目的

财务报表数据集中反映了企业的财务状况和经营成果，据此进行分析可以了解企业过往表现和现状。从企业经营管理的角度来看，财务报表可以帮助企业管理层分析自身的管理质量，还可以帮助其他利益相关者分析企业的经营管理水平，具体而言：债权人（商业银行和债券投资者）可以利用财务报表作为其信用决策的参考；投资者（上市公司现有投资者及潜在投资者）可以通过财务报表分析修正其投资预期；供应商可以根据企业的财务指标来确定其赊销决策；等等。从国民经济管理的角度来看，财税、统计、工商等经济监管部门需要通过分析企业的财务报表来了解特定企业乃至该企业所属行业及产业的发展状况，从而制定有效的宏观经济调控政策。

就短期利益而言，债权人比较重视债务人的偿债能力，股东优先关注企业的盈利能力。就长期利益而言，所有的报表使用者都需要关注企业的管理水平、市场占有率、产品质量或服务水平、品牌信誉等关乎企业发展前途的决定性因素。而财务报表分析恰能提供评价管理水平的综合分析指标体系。

13.1.2　财务报表分析的方法

至于如何进行财务报表分析，法律法规并无规定。在实际工作中，可谓见仁见智，说法和做法五花八门。以下简单介绍国内外教材中的相应知识点。

1. 比较分析法

顾名思义，比较分析法试图通过数据之间的对比来揭示其差异和规律。

比较分析法按比较对象（参照物）可大致分为：(1) 纵向比较（趋势分析）。即与本公司历史上不同时期的指标相比，分析相关指标的发展趋势。(2) 横向比较。即与同类的特定公司（如竞争对手）的指标或行业平均水平进行对比。(3) 预算差异分析。即把实际执行结果与计划指标进行比较。

比较分析法按比较内容可大致分为：(1) 总金额的比较。也就是对总资产、净资产、净利润等总量指标的时间序列分析，根据其变化趋势评估其增长潜力。有时也用于同业对比，考察公司的相对规模和竞争地位。(2) 结构百分比的比较。例如，分析资产负债表、利润表中的各个项目占某个合计数的比重。这种做法可以帮助报表使用者及时发现有显著问题的项目，提示其进一步分析的方向。(3) 财务比率的比较。财务比率是相对数，由于排除了规模的影响，因而便于不同企业之间做比较。需要注意的是，虽然财务比率计算简单，但解释起来并不容易。

2. 因素分析法

因素分析法，是依据财务指标与其决定因素之间的因果关系，确定各个因素变化对该指标影响程度的一种分析方法。具体又分为以下几种：

(1) 差额分析法。例如，对固定资产账面价值变动情况的分析，可分解为对固定资产原值、累计折旧和固定资产减值准备的分析。

(2) 指标分解法。例如，对资产报酬率的分析，可分解为对资产周转率和销售净利率的分析。

(3) 连环替代法。在因果关系已经明确界定的情况下，可以按照自己认为合理的顺序，逐项测算各个自变量的变动对因变量所造成的影响。

(4) 定基替代法。分别用分析值替代标准值，测定各因素对财务指标的影响。例如，对标准成本的差异分析。

计算财务比率是财务报表分析的基本技术。以下以工商企业为例，着重介绍偿债能力分析、管理效率分析和盈利能力分析的常用指标及其计算方法。金融、石油天然气等行业的报表分析，本书不涉及。

13.2 偿债能力分析

偿债能力分析（solvency analysis）旨在揭示企业偿付短期债务和长期债务的能力。企业法人不能清偿到期债务，并且资产不足以清偿全部债务或者明显缺乏清偿能力的，须依照《中华人民共和国企业破产法》的规定清理债务。显然，企业管理当局需要确保有能力偿付到期债务，否则有陷入破产清算境地之虞。

13.2.1 短期偿债能力分析

在评价企业的短期偿债能力时，常用的财务比率有流动比率、速动比率和现金比率。

1. 流动比率

流动比率（current ratio）是指流动资产与流动负债的比率。其计算公式为：

$$\text{流动比率}=\frac{\text{流动资产}}{\text{流动负债}}$$

流动资产主要包括货币资金、短期投资、应收及预付款项、存货和一年内到期的非流动资产等，即资产负债表中的期末流动资产合计；流动负债主要包括短期借款、应付及预收款项、各种应交款项、一年内到期的非流动负债等，即资产负债表中的期末流动负债合计。

流动比率究竟多高才算合适，并无放之四海而皆准的具体数值标准，实践中需要结合企业的行业特性、信用等级等因素进行具体分析。一般这个比率越高，说明企业偿还流动负债的能力越强，流动负债得到偿还的保障越大。但是，过高的流动比率可能意味着企业的流动资产比重偏高，未能有效地利用资金，而此类情形可能会影响企业的获利能力。可见，计算出来的流动比率是偏高还是偏低，只有结合行业平均水平、企业的历史水平进行比较才能知道。

通常认为，对于制造业企业而言，流动比率以不低于2为宜，因为通常假定存货这一流动性欠佳的项目占这类企业的流动资产的一半。但这没有什么理论依据，仅为经验之谈。

流动比率只是对短期偿债能力的粗略估计。并非全部的流动资产都能用来偿债，企业需要保持必要的流动资产用于持续经营。

2. 速动比率

速动比率（quick ratio）是指速动资产与流动负债的比率。有的教材中把这一指标称作**酸性测试比率**（acid test ratio）。其中：

$$速动资产=流动资产-存货$$

速动比率的计算公式为：

$$速动比率=\frac{速动资产}{流动负债}=\frac{流动资产-存货}{流动负债}$$

由于速动资产中剔除了存货这一流动性欠佳的项目，因此，速动资产与流动负债的比率更能够体现出企业偿付短期债务的能力。一般速动比率越高，说明企业的短期偿债能力越强。

通常认为，对于制造业企业而言，速动比率以不低于 1 为佳，也是因为通常假定存货这一流动性欠佳的项目占这类企业的流动资产的一半。当然，这也没有什么理论依据，仅是经验之谈。

在使用速动比率分析企业的偿债能力时，要注意分析应收账款的可回收性对该指标的影响。如果应收账款中有较大部分不易收回，那么再高的速动比率也无法证明企业具有较强的偿付短期债务的能力。

3. 现金比率

有的企业干脆就用现金比率来测度短期偿债能力。现金比率是现金类资产与流动负债的比率。此处的“现金”为金融分析意义上的用语，与惯常的理解不同，在实践中其计算口径因人而异，缺乏共识。其计算公式为：

$$现金比率=\frac{现金+现金等价物}{流动负债}$$

13.2.2　长期偿债能力分析

所谓长期偿债能力，是指企业偿还全部负债的能力，或许称作总体偿债能力更为妥当。在评价长期偿债能力时，常用的财务比率是资产负债率（或权益乘数）、利息保障倍数。

1. 资产负债率

资产负债率（debt asset ratio）是负债总额与资产总额的比率，它反映企业的资产总额中有多少是通过举债得到的。其计算公式为：

$$资产负债率=\frac{负债总额}{资产总额}\times 100\%$$

一般资产负债率越低，偿债越有保证，融资的空间越大。

资产负债率有一个变体——**权益乘数**（equity multiplier），其公式如下：

$$权益乘数=\frac{资产总额}{股东权益}\times 100\%$$

资产负债率越大，权益乘数也就越大。二者都反映了企业积极举借债务、以小搏大的程度，因此，教材中常常将此类指标统称为财务杠杆比率。

2. 利息保障倍数

利息保障倍数是指**息税前利润**（earnings before interest and tax，EBIT）相对于利息费用的倍数。这个指标是从欧美教材中翻译过来的。由于我国的会计报表格式中并未单列息税前利润，因此，就需要间接地用"净利润＋利息费用＋所得税费用"计算得到。利息保障倍数的计算公式如下：

$$利息保障倍数=\frac{息税前利润}{利息费用}$$
$$=\frac{净利润+利息费用+所得税费用}{利息费用}$$

从数字来看，利息保障倍数越大，公司拥有的偿还利息的缓冲资金越多，利息支付越有保障。反之，如果利息保障倍数小于1，表明自身产生的经营效益不能支持现有的债务规模。

在分析企业的偿债能力时，应注意表外因素（如长期经营租赁合同、或有事项等）的影响。

例 13－1

某公司上市以来，以5年间股本扩张360%的骄人业绩创造了中国股市的神话。然而，一篇公开发表的600字短文却宣告了神话的终结。根据该公司2022年的年度财务会计报告所计算的偿债能力比率如下：

$$流动比率=\frac{433\ 106\ 703.98}{560\ 713\ 384.09}=0.77$$

$$速动比率=\frac{433\ 106\ 703.98-236\ 384\ 086.72}{560\ 713\ 384.09}=0.35$$

该公司财务指标的趋势分析如表13－1所示。

表13－1　近三年的财务指标

财务比率	2020年	2021年	2022年
流动比率	1.92	1.07	0.77
速动比率	1.11	0.54	0.35
应收账款周转率	7.40	12.74	44.92
流动资产周转率	2.71	3.39	4.01
固定资产周转率	7.85	2.31	1.15

续表

财务比率	2020 年	2021 年	2022 年
经营活动所获现金÷营业收入	0.19	0.43	0.43
资产负债率	0.23	0.25	0.23
净资产收益率	0.26	0.26	0.17

可见，该公司流动比率和速动比率呈下降趋势，资产流动性越来越差；该公司应收账款周转率增长迅速；净资产收益率开始下降。

各大银行立即停止向该公司提供贷款，该公司引起了监管层的关注。

13.3 管理效率分析

在评价企业的管理效率时，常用的财务指标有总资产周转率、存货周转率和应收账款周转率等。

1. 总资产周转率

总资产周转率（total asset turnover ratio）是企业营业收入与平均资产总额的比率。其计算公式为：

$$\text{总资产周转率}=\frac{\text{营业收入}}{\text{平均资产总额}}$$

$$\text{平均资产总额}=\frac{\text{期初资产总额}+\text{期末资产总额}}{2}$$

一般用主营业务收入来代表营业收入。

对于同样的营业规模而言，占用的资产越少则管理效率越高，总资产周转率越高，说明企业利用其资产进行经营的效率越高。

例 13-2

甲公司与乙公司 2022 年均实现主营业务收入 36 000 000 元。前者的平均资产总额为 6 000 000 元，后者的平均资产总额为 9 000 000 元，试评价二者的管理效率。

$$\text{甲公司的总资产周转率}=\frac{36\,000\,000}{6\,000\,000}=6$$

$$\text{乙公司的总资产周转率}=\frac{36\,000\,000}{9\,000\,000}=4$$

就上述指标而言，甲公司的管理效率高于乙公司。

2. 存货周转率

存货周转率（inventory turnover ratio）是企业一定时期的营业成本与平均

存货的比率。其计算公式为：

$$存货周转率=\frac{营业成本}{平均存货}$$

$$平均存货=\frac{期初存货余额+期末存货余额}{2}$$

存货周转率越高，说明存货周转越快，营运资金占用在存货上的金额也越少。但是，存货周转率过高，也可能说明企业管理方面存在一些问题，如存货数量过少，甚至经常缺货，或者采购次数过于频繁，批量太小等。

存货周转率过低，常常意味着企业在产品销售方面存在一定的问题，但也有可能是企业增大库存的结果。具体分析时，需结合产品竞争态势等实际情况做出判断。

根据存货周转率可以推算出存货周转天数。其计算公式为：

$$存货周转天数=\frac{360}{存货周转率}$$

存货周转天数表示存货周转一次所需要的时间，天数越少说明存货周转越快。

例 13-3

甲公司与乙公司 2022 年的销售成本均为 24 000 000 元。前者的平均存货为 3 000 000 元，后者的平均存货为 4 000 000 元，试评价二者的管理效率。

$$甲公司存货周转率=\frac{24\ 000\ 000}{3\ 000\ 000}=8$$

$$乙公司存货周转率=\frac{24\ 000\ 000}{4\ 000\ 000}=6$$

就上述指标而言，甲公司的管理效率高于乙公司。

3. 应收账款周转率

应收账款周转率（receivable turnover ratio）是企业一定时期的营业收入净额与应收账款平均余额的比率，又称应收账款周转次数。它反映了企业收账的效率。其计算公式为：

$$应收账款周转率=\frac{营业收入净额}{应收账款平均余额}$$

$$应收账款平均余额=\frac{期初应收账款余额+期末应收账款余额}{2}$$

应收账款周转率越高，说明企业催收账款的速度越快。应收账款周转率如果偏低，则说明企业催收账款的效率太低，或者信用政策过于宽松，但这里有一个“度”的问题，过于苛刻的信用政策也是不提倡的。

根据应收账款周转率可以推算出应收账款周转天数。应收账款周转天数，也称为应收账款的收现期，表明催收应收账款平均需要的天数。其计算公式为：

$$应收账款周转天数=\frac{360}{应收账款周转率}$$

例 13-4

甲公司与乙公司 2022 年实现的主营业务收入均为 36 000 000 元。前者的应收账款平均余额为 3 000 000 元，后者的应收账款平均余额为 2 000 000 元，试评价二者的管理效率。

$$甲公司应收账款周转率=\frac{36\,000\,000}{3\,000\,000}=12$$

$$乙公司应收账款周转率=\frac{36\,000\,000}{2\,000\,000}=18$$

就上述指标而言，乙公司的管理效率高于甲公司。

参照上述比率的分析思路，有的教材中提到了固定资产周转率、流动资产周转率等指标，鉴于其原理与上述指标无异，此处从略。

13.4 盈利能力分析

在评价获利能力时，常用的指标有资产报酬率、净资产报酬率、销售毛利率和销售净利率等。对于上市公司而言，还可以计算其每股收益。

1. 资产报酬率

资产报酬率（return on assets，ROA）是企业在一定时期内的净利润与平均资产总额的比率。其计算公式为：

$$资产报酬率=\frac{净利润}{平均资产总额}\times 100\%$$

显然，资产报酬率越高，说明企业的获利能力越强。

2. 净资产报酬率

净资产报酬率，又称**股东权益报酬率**（return on equity，ROE），是企业在一定时期内的净利润与平均净资产的比率。其计算公式为：

$$净资产报酬率=\frac{净利润}{平均净资产}\times 100\%$$

$$平均净资产=\frac{期初净资产+期末净资产}{2}$$

股东权益报酬率也可以用以下指标表示：

$$股东权益报酬率=资产报酬率\times 权益乘数$$

3. 销售毛利率

销售毛利率是企业的销售毛利与销售收入的比率。其计算公式为：

$$销售毛利率=\frac{销售毛利}{销售收入}\times 100\%$$
$$=\frac{销售收入-销售成本}{销售收入}\times 100\%$$

销售毛利率越大，表明企业选择的经营项目的盈利水平越高。

4. 销售净利率

销售净利率（profit margin），又称销售贡献率，是企业净利润与销售收入的比率。其计算公式为：

$$销售净利率=\frac{净利润}{销售收入}\times 100\%$$

销售净利率越高，说明企业通过扩大销售获取收益的能力越强。

实际工作中，有些企业根据上述指标的思路设计出了“成本费用净利率”，此处从略。

针对上市公司的财务分析常常会用到“每股收益”指标，其计算方法参见本书第11章。

13.5 综合分析

前述分析指标都有所侧重，而管理层常常需要对企业进行总体的财务分析。那么，有没有可能构建出一个相互联系的指标分析体系呢？对此，美国杜邦公司的财务经理给出了肯定的回答，这就是**杜邦分析体系**（DuPont system of analysis）。

我们注意到，净资产报酬率可以拆分为资产报酬率与权益乘数的乘积，即

$$净资产报酬率=资产报酬率\times 权益乘数$$

而资产报酬率又可以拆分为总资产周转率与销售净利率的乘积，即

$$资产报酬率=总资产周转率\times 销售净利率$$

所以，可以把净资产报酬率表示为三个指标的连乘积：

$$净资产报酬率=\frac{净利润}{销售收入}\times\frac{销售收入}{平均资产总额}\times\frac{平均资产总额}{净资产}$$
$$=销售净利率\times 总资产周转率\times 权益乘数$$

由上式可见，净资产报酬率的因素被归纳为三点：一是经营项目的盈利性，由销售净利率来代表；二是企业管理的效率，由总资产周转率来代表；三是企业的举债经营能力，由权益乘数来代表。因此，要想获得较高的净资产报酬率就应从寻找好的经营项目、提高管理质量和加强财务运作等方面入手。对上述三点进

一步展开分析，便可以有针对性地提出提高净资产报酬率的改进意见。

素养提升：会计规则的理论逻辑、历史逻辑和实践逻辑

杜邦分析体系的理论背景

西方流行的财务理论认为，企业财务管理的目标是实现股东财富最大化，而股东权益报酬率（即净资产报酬率）所反映的正是股东投入资金的获利水平。杜邦公司的财务经理所设计出的以股东权益报酬率为核心的指标分析体系，就是以股东的私人利益为中心的。

例 13-5

市场分析人士发现，C，A，D 三家公司的净资产报酬率显示，C 公司的净资产报酬率远远低于另外两家。采用杜邦分析方法所计算的主要财务指标如表 13-2 所示。

表 13-2　杜邦分析示例

项目	C 公司	A 公司	D 公司
销售净利率	0.052	0.078	0.051
总资产周转率	1.3	1.68	2.17
资产报酬率	0.067 6	0.131	0.110 7
权益乘数	1.57	1.93	2.51
净资产报酬率	0.106	0.252 9	0.277 8

由表 13-2 可见，C 公司在管理质量（以总资产周转率为代表）和融资水平（以权益乘数为代表）方面明显落后，这是导致该公司的净资产报酬率偏低的主要原因。

13.6　财务报表分析的局限性

在进行财务报表分析时，要从报表本身的局限性和分析方法的局限性这两个方面着手，深入理解财务报表分析的局限性。

第一，要认识到财务会计处理程序本身的局限性。会计本身并不着眼于预测企业的业绩，它的基本功能是列示企业的业绩以及由此形成的财产权利。报表数据所呈现出的某种趋势仅具有参考价值。

第二，要注意会计制度所导致的数据口径变化的潜在影响。近年来，会计准则逐步引入了估计、现值等所谓的“国际会计惯例”，导致财务报表中出现了大量的金融预期，即缺乏法律事实的信息。在分析财务报表时，应注意剔除交易性金融资产等项目所导致的报表数据波动的影响。

第三，要注意慎重选择参照系。进行财务分析时，需要有一个“参照系”，例如，与企业的历史水平相比较，与同行业平均水平或行业先进水平比较，与计划预算相比较等，否则单个指标没有什么说服力。横向比较时需要使用同业标准，而同业的平均数只有一般性的参考价值，不一定有代表性。选一组有代表性的公司的指标并求其平均数作为同业标准，可能比整个行业的平均数更有意义。但是，不少公司跨行业经营，没有明确的行业归属，这使同业比较变得更加困难。

第四，警惕数字陷阱。比率的计算结果常常会误导报表使用者。例如，如果分母数值很小，则比率常常会大得出奇。

思考题

在运用财务报表评价企业的业绩时，应当注意哪些主要问题？

练习题

1. 甲公司为增值税一般纳税人，适用的增值税税率是 13%，企业所得税税率是 25%，年末一次确认全年所得税费用。商品、材料销售均不含增值税，商品、材料销售成本随销售收入的确认逐笔结转，本年利润采用表结法核算。有关资料如下：

资料 1：2022 年甲公司营业收入为 1 500 万元，销售净利率为 12.3%，净资产报酬率为 5.6%。

资料 2：2022 年 1—11 月甲公司损益类科目累计发生额如表 13－3 所示。

表 13－3　　单位：万元

科目名称	借方发生额	贷方发生额	科目名称	借方发生额	贷方发生额
主营业务收入		1 650	销售费用	42	
主营业务成本	1 320		管理费用	38	
其他业务收入		160	财务费用	19	
其他业务成本	85		营业外收入		90
税金及附加	26		营业外支出	78	

资料 3：2022 年 12 月份甲公司发生如下交易或事项：

(1) 12 月 5 日，向乙公司销售商品一批，开出的增值税专用发票上注明的价款为 60 万元，增值税税额为 7.8 万元，销售商品实际成本为 45 万元。提货单和增值税专用发票已交购货方，并收到购货方开出的商业承兑汇票。

(2) 12 月 10 日，向丙公司销售 A 材料一批。该批材料的销售价格为 5 万元，增值税税额为 0.65 万元，销售材料实际成本为 4 万元。A 材料已发出，销售款项存入银行。

(3) 12 月 18 日，结转固定资产净收益 8 万元。

(4) 12 月 31 日，计提公司管理部门固定资产折旧 5 万元，摊销公司管理部门用无形资产成本 8 万元。

(5) 12 月 31 日，确认本月应交城市维护建设税 2 万元、教育费附加 1 万元。

(6) 12 月 31 日，确认本年所得税费用 75 万元。

资料 4：2022 年甲公司平均净资产为 3 000 万元。

假定除上述资料外，不考虑其他相关因素。

要求：

(1) 根据资料 3 中第 (1) 至 (6) 项业务，编制甲公司相应的会计分录。

(2) 根据资料 2、资料 3 所编制的会计分录，编制甲公司 2022 年度利润表。

(3) 根据编制的甲公司 2022 年度利润表、资料 1、资料 4，计算甲公司 2022 年度下列财务指标：销售净利率；销售毛利率；净资产报酬率。

(4) 比较甲公司 2021 年度和 2022 年度销售净利率、净资产报酬率的变化，简要评价企业的获利能力。

2. 某公司 2022 年度财务报表主要资料如下：

(1) 资产负债表数据如表 13-4 所示。

表 13-4 资产负债表

2022 年 12 月 31 日　　单位：千元

资产	金额	负债和股东权益	金额
流动资产：		流动负债：	
货币资金	310	应付账款	852
应收账款	1 344	其他流动负债	468
存货	966	流动负债合计	1 320
流动资产合计	2 620	⋮	
固定资产	1 170	非流动负债合计	1 026
		实收资本	1 444
资产总计	3 790	负债和股东权益总计	3 790

(2) 2022 年度的利润表显示，净利润为 229 200 元。

要求：

(1) 列出计算公式，计算表 13-5 中该公司的财务比率指标。

(2) 与行业平均水平比较，简要评价该公司的财务状况和获利能力。

表 13-5

财务比率	本公司	行业平均水平
流动比率		2
速动比率		1

续表

财务比率	本公司	行业平均水平
资产负债率		50%
资产报酬率（ROA）		5%
净资产报酬率（ROE）		10%

第13章判断题
即测即评

第13章选择题
即测即评

图书在版编目（CIP）数据

会计学：立体化数字教材版/徐经长，孙蔓莉，周华主编. —7 版. —北京：中国人民大学出版社，2023.1

中国人民大学会计系列教材

ISBN 978-7-300-31147-0

Ⅰ.①会… Ⅱ.①徐… ②孙… ③周… Ⅲ.①会计学-高等学校-教材 Ⅳ.①F230

中国版本图书馆 CIP 数据核字（2022）第 198938 号

国家级教学成果奖

“十二五”普通高等教育本科国家级规划教材

中国人民大学会计系列教材

会计学（第 7 版·立体化数字教材版）

主编 徐经长 孙蔓莉 周 华

Kuaijixue

出版发行	中国人民大学出版社		
社　　址	北京中关村大街 31 号	**邮政编码**	100080
电　　话	010－62511242（总编室）		010－62511770（质管部）
	010－82501766（邮购部）		010－62514148（门市部）
	010－62511173（发行公司）		010－62515275（盗版举报）
网　　址	http://www.crup.com.cn		
经　　销	新华书店		
印　　刷	涿州市星河印刷有限公司	**版　　次**	2010 年 5 月第 1 版
开　　本	787 mm×1092 mm　1/16		2023 年 1 月第 7 版
印　　张	19.75 插页 1	**印　　次**	2025 年 5 月第 6 次印刷
字　　数	462 000	**定　　价**	48.00 元

版权所有　侵权必究　　　印装差错　负责调换

中国人民大学出版社　管理分社

教师教学服务说明

中国人民大学出版社管理分社以出版工商管理和公共管理类精品图书为宗旨。为更好地服务一线教师，我们着力建设了一批数字化、立体化的网络教学资源。教师可以通过以下方式获得免费下载教学资源的权限：

- 在中国人民大学出版社网站 www.crup.com.cn 进行注册，注册后进入“会员中心”，在左侧点击“我的教师认证”，填写相关信息，提交后等待审核。我们将在一个工作日内为您开通相关资源的下载权限。

- 如您急需教学资源或需要其他帮助，请加入教师 QQ 群或在工作时间与我们联络。

中国人民大学出版社　管理分社

教师 QQ 群：648333426(工商管理)　114970332(财会)　648117133(公共管理)
教师群仅限教师加入，入群请备注（学校+姓名）

联系电话：010-62515735，62515987，62515782，82501048，62514760

电子邮箱：glcbfs@crup.com.cn

通讯地址：北京市海淀区中关村大街甲 59 号文化大厦 1501 室（100872）

管理书社　　人大社财会　　公共管理与政治学悦读坊